全新译本

1839—1861年

中国南方的
社会动乱

Social Disorder in
South China
1839~1861

大门口的陌生人

STRANGERS AT THE GATE

[美] 魏斐德————著

梁禾————译

新星出版社 NEW STAR PRESS

魏斐德(1937—2006)

译者的话

对中文读者来说美国历史学家魏斐德(Frederic E. Wakeman Jr.)并不陌生。魏先生研究中国历史有其独特视角与深厚功底,他的著述从明朝的建立,一路纵横穿越历史长河,直达改革开放后的当代中国,其涵盖面的深广为史学界所罕见,其叙事风格与理论阐释之深刻则被公认为史学之典范。魏先生的主要著作如今都有中文译本。

《大门口的陌生人:1839—1861年中国南方的社会动乱》* 初版于1966年,迄今已经历了半个多世纪的跌宕洗涤,然而作者在书中所构建的相关历史画面与内涵阐释,至今依然生动完整;其开一代先锋的里程碑式叙事,至今仍保持了其权威性,多年来也一直是大学的历史教科书。而完成这部著作时,作者年仅28岁。

作者以闻名中外的"三元里事件"为《大门口的陌生人》之开篇,进而考察研究鸦片战争中及之后以广州地区为中心的抗英运动。本书重建再现了当年的团练运动、士绅阶层的功能、朝廷的应对、英国势力强行进入广州以及他们的对华贸易等,并对这一系列复杂事件与现象进行了深层次的剖析。作者在还原史实的同时,揭示了各种现象产生的原因及其内在相互作用的因果关系。读者能在书中"耳闻""目睹"各种人物的动与静,能感知到时代的脉动与张力。这是作者历史叙事的特点:

* 后文简称《大门口的陌生人》。——编者注从事物内部出发来重构展现往昔，并让读者身临其境地感受其过程。而通常，人们阅读某个历史论述，更像是看一个展览的解说，读到的是一种旁白，更多的是信息和前因后果的单向解释，而非见证和感受事物发展变化的过程与内在机制。魏先生作为史学大师的功力正是在于：能驾轻就熟地让纷繁而错综复杂的事物与现象渐渐地自动呈现出其内在的关联与动因，使人在阅读中有一个心身投入的参与过程。魏先生历史著述的另一特点是：紧扣人物，尽量逼真地把他们勾画出来。人，才是制造产生历史的要素。然而，历史人物早已离我们远去，如何再现他们？如何揭示他们的内心世界？这对史学研究者是最具挑战性的。在魏先生的毕生研究与著述中，除了缜密周全地考证史料外，他从未放松对研究对象的全方位体察：日常生息、气候、经济、朝廷政策、农业收成、社会治安、百姓的生计、社群及人际往来、集市的兴衰等，全都在他凝视考察的范围里。也就是说，魏先生对自己所研究的人与社会始终怀有极大的兴趣和关注，在尽可能发挥历史想象的同时，牢牢守住一个中立者的冷静视角，而让人物自己在读者面前踊跃展现。如是，今昔遥远的时空距离渐渐融化消失于作者的字里行间，各种人物从书本里走出来，在读者面前活起来。此外，这部篇幅并不长的著作，包含了极其丰富重大的历史主题，揭示了传统中国在与西方互动中根深蒂固的本土意识形态与立场，民族主义与爱国主义的早期萌芽，在那时已经相继绽开。

今天中国已经是全球第二大经济体，自豪地享有更高的世界地位。随之而来的，则是对世界的重大责任与担当。而在当下的国际生态下，国内仍在发生一些排外事件，可以说其源头与思想根基均集中体现在该著作论述的历史阶段中。本书最后一章叙述了英军在平定了对他们的抵抗，成功地开启双边贸易后，却决定撤离回归的历史，这一历史事件及影响对审视当今中英关系及事务仍具有重要意义。此外，在全球化的今天，在中国与其他各国不断地持续互动，以及国家间不可避免地互相牵扯影响的现实下，如何选择平等互利共处的最佳途径，已是涉及造福于本民族与全人类命运的大计。前车之鉴，以免后车之覆，当"大门口的陌生人"已经成了你迫切希望请进来的客人，而你自己则可能成为进入他乡异地的"陌生人"时，我们更需重温和反思当年的思维模式，从而真正走向文明的高峰。

新星出版社的这个中译本，是该著作的第二个中译版。20世纪80年代的首次中译本，无疑对此著作引入华语世界做了巨大贡献。然而早年的时代局限与当时中国学术的状况等，都让当时的翻译受到了一定的限制。因此作为译者，我希望此中译版除了勘误和弥补漏译之外，也在总体上更上一层楼，能把作者的叙述声音更切近完整地传递给中文读者。

梁　禾

2021年夏于加州湾区

中译本前言

欧立德[1]

第一次读魏斐德《大门口的陌生人》的情形，依然历历在目。那是1983年秋天，我刚刚完成了在台北和沈阳两年的语言培训和课程，心怀老师们的鼓励，回到大学攻读东亚研究的硕士学位，对接下来要攻读的博士学位只有模糊的想法。报考博士的截止日期快要到了，我去见指导老师，她向我解释说，决定申请哪所学校，不仅要考虑学校的声望，还要考虑自己想从事什么样的学术研究。

我全然不知该怎么回应导师的建议。

"好吧，你想跟谁学呢？你自己想写什么样的历史著作？"她问我。

我不知道如何回答这样的问题。

我自己清楚的是，我想把研究重点放在中国近代史，但对如何选择适合我的博士去读，我并没有把握。再说了，这些又有什么区别呢？在我看来，只要学校有名气，可以提供一点经费支持，我能够做研究就万事大吉。我不确定是否有选择的机会，甚至有没有学校录取我都不确定。

"拿着，"导师看出了我一脸迷茫，从书架上取下一本书，递给我说，"读读这本，下周再来，告诉我你的想法。"

我看了看书名《大门口的陌生人》，"对一本历史书来说，这名字起得有点儿与众不同"，我心里这样想。向导师道谢后，我离开了。

周末，我第一次翻开《大门口的陌生人》。魏斐德重新讲述了19世

---

[1] 欧立德（Mark C. Elliott），美国哈佛大学教授。

纪中期英国人打开广州城的那段历史,全书采用自下而上的叙事方法,引人入胜,事件错综复杂,叙述也纵横交织,不仅有人们熟悉的英国人对那段时期的记述,而且嵌入了华南迅速变化的社会、经济格局下发生的其他故事,它颠覆了我以前从中英文教科书上了解到的简单明了的叙事。我一口气读完了整本书,就像读一本小说。整个写法多少有小说的风格,到处都是戏剧性的场面,似乎可以搬上舞台,或拍成电影,并且书中修辞华丽,这是我以前在学术著作中从来没有读到过的,比如这样的句子:"马克思—列宁主义出现了,儒家学说气息奄奄"(第137页);"排外仇恨蔓延开来,徐广缙企图将计就计,而在他的背后,人们已隐约可见圆明园闪烁的火光"(第98页)。当然,后来我发现,作者早年曾怀有成为一名小说家的想法,而且在大学毕业几年后还发表过一部短篇小说。我后来还了解到,《大门口的陌生人》是最早将新社会史学的方法引入中国研究的著作之一,也是从中国社会梳理出多个视角,并将这些融为一体,重新进行叙述的最早著作之一。这就是"中国中心观的历史研究"("China-centered history"),只是当时还没有这种说法罢了。

过了一周,我去向导师还这本书时,坦率地对她说:"这本书太棒了!我还不知道历史能这样写。"她笑了,好像早就料到我会如此反应,说:"好啊,既然是这样,你也许应该申请去伯克利大学,跟随魏斐德学习。"这话真的应验了。

《大门口的陌生人》一经面世,人们立即就看出了魏斐德在尝试做一些不一样的事情,而且一致认为他已经取得了成功。有评论者说,魏斐德的论证有赖于风格和理论,同时也证据坚实,并指出,"书的整个结构是有点儿发散,但仍能拢为一体"。[1] 有的读者对于魏斐德涉及的各种社会现象探求更深层的意义,比如团练的出现,农民叛乱问题日益严

---

[1] 魏安国:《大门口的陌生人:1839—1861年中国南方的社会动乱》,《亚洲研究杂志》,1967年8月,第26卷第4期,第702页。

重，士绅阶层的分裂，强势宗族的作用，清帝国中央与地方政治以及满汉之间的紧张关系，民众的民族主义（或者极类似的东西），等等。《大门口的陌生人》篇幅不太长，但人们却可以发现它写到了这个领域的整个前景所包含的无数个题目，在其后的20年乃至更长远的时间里，都会成为独立的研究焦点。

《大门口的陌生人》一经出版，就赢得了世界各地读者的普遍好评。这本书"精彩！……使人着迷！"慕尼黑大学的傅海波（Herbert Franke）写道，"书中几乎每一页都提供了启发性的观察和解释……一部精湛之作。"[1] 有评论者认为，这本书"清晰易懂，特别好看"[2]，研究"细致入微"[3]。澳大利亚的菲茨格兰德（C. P. Fitzgerald）撰文说，"这本书应该得到每一位研究中国近代史的历史学家的重视。"[4] 当然，并不是每位学者都认可这本书的独创性。邓嗣禹评论说，《大门口的陌生人》是本很难评价的书，"因为它缺乏连贯性和中心论点"[5]。即使是对本书不吝赞美之词的学者，也会保留一些批评意见。吕西安·比昂科（Lucien Bianco）极力推荐这本书，赞扬书中将外交关系和社会史结合起来，他最后说："要穷尽这本著作太过丰富的全部主题，还有许多可以说的。要知道，一本书包罗万象并不为过，这本书提到了很多问题，但并非作者都自有研究心得。"[6]

对一些人来说，《大门口的陌生人》或许过于雄心勃勃，但正因如此，这本书对我自己和许许多多的其他人来说，才极具启发意义。《大门口的陌生人》是作者提交的博士论文，它很快就出版了，这给人印象至深。魏斐德当然是奇才，可在完成博士论文的一年后就将它出版，这是少有人能达到的成就，即令他是神童。魏斐德的博士论文1965年提

---

[1] 傅海波：《亚洲史杂志》，1971年，第5卷第1期，第71—72页。
[2] Hugh Baker：《亚非学院院刊》，1967年，第30卷第3期，第728页。
[3] 施威雪：《美国历史评论》，1967年10月，第73卷第1期，第196页。
[4] 菲茨格兰德：《太平洋事务》，1967—1968年，第40卷第3、4期，第373页。
[5] 邓嗣禹：《政治学季刊》，1968年12月，第83卷第4期，第658页。
[6] 吕西安·比昂科：《历史评论》，1968年，第240卷第2期，第518—519页。（原注释附法文原文）

交,由列文森(Joseph Levenson)、弗朗·茨舒曼(Franz Schurmann)、沃尔夫冈·埃伯哈德(Wolfgang Eberhard)签名同意通过答辩。我们将博士论文和本书比较,显然可以看出没有做什么修改。本书仅拿去了博士论文中的《城市》这一章,将它的大部分内容放在了第四章和附录中。论文的其余内容全都保留了下来,章节和标题都与论文的完全一样,只作了细微的调整(例如,本书开篇几页内容,曾是博士论文的"序言",现在调整为本书第一章的一部分)。主要增加的内容是导言部分(其中有一句名言"让我们进入地方史吧")和两个新的附录,一个是关于人口压力,另一个是经济问题。换句话说,《大门口的陌生人》在这位28岁的年轻作者脑海中已经完全成形,并在他担任助理教授第一年后付印,此时他还不到30岁。

阅读下面这段简短的论文摘要,我们从中可以感受到魏斐德本人激动的心情,摘要不是以通常枯燥乏味的格式写成,而是采用了广告文案的风格:

> 本论文叙述了二十年的中国历史。这段历史始于19世纪30年代的最后一段宁静日子,欧洲的"野蛮人"仍手托帽子恭敬地与骄傲而闭塞的清帝国臣民进行贸易,而这一时期结束时,清帝国因叛乱而分裂,同时受到征服中的西方军队的攻击。这种文化冲击下首当其冲的,是广州这座了不起的港口周围富饶而肥沃的地区。论文考察了鸦片战争期间及其后西方对广州冲击下的经济、社会与政治的各个方面。最重要的是,论文重点关注广东的排外运动与团练的发展,从1841年的三元里事件到1858年反抗英法联军占领广州,并试图分析,这样的社会发展是如何与塑造近代中国的其他因素关联起来的,如欧洲帝国主义、灾难性的太平天国运动、清帝国分裂与地方各自为政、中国民族主义的兴起。

上述任何一个话题，都足以写一篇学位论文，然而，对于像魏斐德这样天赋极高、充满好奇心的人来说，书写历史的全部目的就是试图用所有搜集到的线索编织成一幅历史图景。

近半个世纪后，我们再回顾《大门口的陌生人》，依然觉得它成就斐然。再次阅读这本著作，魏斐德完美衔接的风格——深入探察经验细节，然后再将它们与更宏大的历史发展或重要而深刻的理论见解联系起来——得到了充分体现，这使得本书保持着独特的新鲜感和魅力。这本书至今仍继续出现在课程大纲中，而且对于将要重新讨论19世纪中期中国近代史转折点或者研究晚清叛乱的任何学者而言，本书依然是重要参考，这一点没有什么人会怀疑。后来的学者，比如茅海建在《天朝的崩溃》（2005年）一书中，都再次肯定了魏斐德关于三元里事件性质的主要结论。本书涉猎广泛，一些问题（如鸦片战争对地方非法经济的影响等），即使到现在也少有研究。

第一次接触本书的中国读者将经历一次真正的探险。你会发现，作者以一种让你完全没有想到的方式讲述你本以为已经了解的一些历史。严肃的学术研究以一种激动人心和具有挑战性的方式呈现——正如我多年前发现的一样，是的，历史可以这般书写！——但像魏斐德这样能写出如此出彩的中国经典近代史著作的写作者实在是凤毛麟角。我们所有有幸跟随魏斐德学习的人，十分高兴地看到出色的新译著将把导师的这本极了不起的历史著作带给这个国家的新一代读者；魏斐德从这个国家获得了很多，也为这个国家奉献了很多。

（韩华 译）

目 录

译者的话 / 1
中译本前言（欧立德）/ 1

序 / 1

第一部　三元里：爱国主义政治（1839—1841）

第一章　三元里事件 / 9
第二章　广东的团练 / 22
第三章　士绅与三元里 / 30
第四章　我们当中的汉奸 / 44
第五章　我们和他们 / 56

第二部　大门口的陌生人：抵抗政治（1842—1849）

第六章　忠义还是反叛？ / 67
第七章　入城的两难境地 / 78
第八章　黄竹岐村：来不及了 / 89
第九章　1849 年的胜利 / 99

第三部　叛乱与反动：地方主义政治（1850—1856）

  第十章　阶层与宗族 / 119

  第十一章　华南的秘密社会 / 128

  第十二章　广东与太平天国运动 / 138

  第十三章　缩紧勒绳 / 145

  第十四章　红巾叛乱 / 153

  第十五章　大清洗 / 164

第四部　广州被攻克：合作政治（1857—1861）

  第十六章　攻占广州 / 175

  第十七章　广东的团练局 / 181

  第十八章　抵抗运动 / 185

  第十九章　离去 / 192

附　录

  附录一　人口增长压力 / 199

  附录二　书院与社学 / 201

  附录三　"房地产危机" / 206

  附录四　相关的经济考量 / 207

  附录五　广东省军需收支（1854—1857）/ 210

  附录六　红巾叛乱 / 213

参考文献 / 217

序

太平天国运动（1851—1864）是世界上最糟的一场内战。跨越长江流域各省的旅行者们，在那曾经人口密集的各地连日所见的，却是腐烂的尸体、冒烟的村子以及被遗弃的家犬。宁波已经变成了一座"死人之城"：50万百姓消失了，河道里"满是死尸和臭气冲天的污秽"。连续15年的屠杀和饥荒，让中国丧失了约一两千万条人命。

内战的损耗超出了人们对历史的想象，甚至更糟：这位历史学家[1]，他不好意思地承认自己很像福楼拜笔下《淳朴的心》（Coeur Simple）中的主人公，对这场大屠杀本身毫无兴趣。的确，太平天国运动之后荒芜接踵而来，这时期可以说是对马尔萨斯人口论[2]的一个增补：那些地区在之后的修复期里得以喘息而重振。但这并非我们一再关注这场起义的原因。这位历史学家之所以受其吸引，是因太平天国运动在中国历史长河中成了一道分水岭。从线性走向看，这个民族的近代史，正是从这些动乱岁月里开始的。首先，帝国分裂成地方势力，然后清王朝衰弱，被推翻，最后出现军阀割据。然而，我们一旦接受这个历史线性下滑走向，混乱便随之产生：起义是一个历史阶段的结束，还是另一个历史阶段的开始？太平天国运动不过是中国农民历来造反的一个新形式而已？抑或

---

1 即作者本人。——译注
2 马尔萨斯认为：人口的增长率要远远超过粮食生长（所以最终人赖以生存的粮食会短缺）。

是，它蕴含了各种新生力量，将在未来的年代里塑造并改变中国？

说中国没有变化显得很不入时。于是我们仍尽力在王朝更替类型上做区分，要不就是强调除政治以外的社会长期性发展。然而，朝代循环的的确确存在——只要看看儒家史学者对它的描述，以及那些不识字的农民们就知道了，他们相信每一个朝代最终都会遇到大难时刻，而那时天命会授权于一个新朝代的建立者。于是乎，原来如此，将来亦如此：在可预见的未来，尽管会有不同，但没有任何进步可言，而是一系列的循环、重现、重复。

这种对中国历史想象的老生常谈，随着西方入侵亚洲而被打破了。古老的循环论一下子变成了一种线性论。虽然清王朝很可能显现出了朝代衰败的各种常有征兆，但相对儒家王朝（而不是一个具体朝代）概念的溃散来说，这个传统的衰败意义就显得逊色。中国已不可避免地卷入了全球史中，史无前例。

在欧洲文艺复兴之前，我们没有世界史，也没有全球史。对许多人来说，根本没有全球一说。欧洲、中东、非洲、亚洲、美洲——每一处都被汤因比(Arnold J.Toynbee)称为"明白易懂的历史单元"。这其中有互动，甚至有碰撞——地中海世界便是最著名的例子，但它们的历史均自成一体。罗马帝国派往汉朝的"使者"们，甚至还有去唐王朝的希腊人和阿拉伯人，他们都是在另一个时期，去另一个地方、另一个世界的旅行者而已。仅仅在蒙古人统治时期（1280—1367），中国和地中海之间才有了真正的桥梁。而明朝实际上却又割断了那个连接。到了18世纪，这个东亚最大的地域势力从政治和形式上都自我封闭为一个行踪神秘的世界。所有来自这个文明以外的人们，对它来说均属蛮夷，不值一瞥，更谈不上惧怕。

然而，就在这段忘却中，一个新的全球历史正在形成。比如，对一位欧洲船长来说，驾驶一艘装载了香料和丝绸的货船，在海上航行25,700公里，已是可想象的事了。随着时间的推移，更能想象的是，英国或荷兰巨轮上的押运员已经能够在相隔半个地球的距离外,来操纵一些地区了。克莱武(Robert Clive)在普拉西(Plassey)的胜仗[1],展示了人类发展的一个新阶段:被欧化了的"第三世界"。

> 亚洲天亮,墓碑出现,
> 什罗普郡人的名字可见;
> 尼罗河潮水泛滥,
> 塞文人的尸体被淹。[2]

如是,欧洲本体已经开始变化。到了1768年,哈格里夫斯(James Hargreave)的珍妮纺纱机和阿克莱特(Richard Arlwright)的多轴纺织机组合,已在英国被用于棉织。过了不到15年,考特(Henry Cort)发明的搅铁法,提高了生铁冶炼技术。到了1835年,甚至连法国落后的冶金工业的生铁产量都达到30多万吨,而克虏伯(Alfred Krupp)已经为他的炼钢厂引进了蒸汽机。是好是坏我们姑且不论,世界正在经济上变得异于往昔,工业上日益更新。

然而,中国在时间和空间上都远离着这场人类革新演变。她越长久地保持孤立,当这个最后的、庞大的、独立的历史单元的文化禁锢被粉碎时,她所受到的震颤就越强烈。那突如其来冲击的剧烈程度,已众所周知——林则徐主持的虎门销烟,首次海战,英国的进攻和封锁,简言之,鸦片战争(1839—1842)使中国的大门被打开。

现在,两个进程,内部的与全球的,汇合起来了,甚至混为一体。随着历史氛围的演变,记忆犹新的事件被注入新的难以辨认的含义。一种惯常的衰败迹象,可能预示着彻底的变化。于是乱作一团,甚至在今

---

[1] 1757年6月,在克莱武上校率领下,英国东印度公司在普拉西,即Palashi——西孟加拉地区,击败了印度人,从而巩固并扩张了东印度公司的势力范围。——译注
[2] 什罗普郡(Shropshire)为英国地名,赛文(Severn)为河流,意在指出各大洲地区已经交错相连。——译注

天，人们对太平天国运动的革命意义仍吃不准：是反叛还是革命？属传统型的还是全新的现象？

近代史学家们主要采用了四种观点，来证明太平天国运动者并非仅仅在形式上略不同于传统盗贼的土匪。

第一种假设是马克思主义的简化式，它坚持认为：西方经济帝国主义导致了开埠后一个新劳工阶层的产生及因鸦片战争而失业的茶运船民阶层的形成。正是反叛者流氓无产阶级（Lumpenproletariat）的背景，使起义具有原始革命的性质。

第二种观点基于最终平定了起义的士绅阶层的角色。以往，士绅阶层面对起义总有选择余地，他们可以支持执政的朝廷，也可以与有望成功的起义领袖达成某种合作，以图自身登上皇帝宝座。但这次，太平天国运动攻击了儒家士绅们广为接受的现状，使他们没有任何选择余地。仅出于自身保命，他们不得不选择支持日渐衰弱的朝廷，而非站在威胁着社会传统的革命运动一边。

第三种观点最微妙。它认为，承认太平天国天王的合法性，意味着对一种新式统治者的认可。洪秀全和他的追随者并非认为清廷失宠于万能的天命，而是他们接受了一种新的超凡而合理的万能源泉，即天堂里的上帝，它取代了儒家的王权概念。

最后一种观点代表了许多人的想法。他们认为公有财产制和叛乱者的千年王国说代表了一种新型的、异国式的乌托邦，而它只能存在于洪秀全的基督教经书里。

显然，针对这每一种观点，都有相对的反驳。马克思主义者们被告知：所谓的流氓无产阶级，无非是中国传统说法中的"无业游民"而已。而第二种有关士绅们的论点，遭到支持太平天国的学者们的反驳。也有人指出：在不够具体了解地方反起义势力的情况下，不能如此笼统地一概而论。对第三种观点持反对意见的人认为，把王位在天意和超凡性上做比较，只适用于起义最后的朝代成形阶段，且是基于狭隘的哲学分析上，这类分析忽视了太平天国统治的传统性一面。最后，有人认为，洪秀全的乌托邦并非源于《圣经》，而是来自于本土的儒家神秘的公羊派传统。

简言之，尽管大家都同意，弄明白太平天国运动是理解中国近代史的前提这一点，但在对它的定性上，却很难达成共识。其所以如此，用马克·布洛赫鉴别法看，部分原因是，在导因和条件之间存在一片混乱。明显的是，中国南方的动乱由于鸦片战争而恶化、发展。同样明显的是，西方的冲击"左右"了它的发展形势。无论哪种情况，对太平天国运动根源的探究，都会在时间上把历史学家拽入往昔，在空间上则将他引向东方，引向鸦片战争后20年间的广州，去面对那场动乱和冲突的严酷。

大家都很熟悉广州。关于这个城市作为中国和欧洲交接点的角色，已有详尽的研究。外国人的商馆、城里的公行、总督，所有这些，游记、国家档案、外交史都向我们介绍过了。然而，在所有这些错综复杂的商业和行政构架中，在那动荡的年代里，一个巨大社会在中国南方的匍匐着，它在萌动。学者们对中国军事感到不安，地主们组织起团练，佃户们纷纷参加秘密社会，各宗族则为了瓜分财富和权力而互相争斗。总之，在官方版历史的表层下，涌动着民众的畏惧、民众的希望、民众的运动。

当然，这些并不代表两个不同的世界。在这类地方史和民族、帝国或世界历史之间，向来都很难划出清晰的界限。然而，说到底，难道不正是这个融合，而使这个时段、这个地方，变得更加有意思吗？中国村民向一个英国人投石，巴麦尊（Palmerston）子爵三世[1]在伦敦大怒，白厅向北京施压，广东的一个农民被斩首。地方上发生的事件来来回回穿梭，编织着世界历史，中国变了。

---

[1] 3rd Viscount Palmerston，即 Henry John Temple, 1784—1856, 曾任英国首相，掌控英国19世纪的外交政策。——译注

于是，最终，对太平天国运动源头的追寻，变成了另外一种研究，变成了一个新的历史单元的解析：广州，广东，中国南方，它们本身自然都内在地互相连贯。

让我们进入地方史吧。

第一部
三元里：爱国主义政治

(1839—1841)

第一章　三元里事件

> 虎门沙角长城坚，元帅气傲自云贤。
> 黑夷卷席入平地，炮火夜落城楼前。
> 苦战身死关将军，坐视不救谁能怜？
> 广州妇女哭向天，白骨遍地群羊眠。
>
> 　　　　　　　　　　孙衣言[1]

1841年春，中国与英国在巨大的广州港对峙。这场因谈判失败而引发的鸦片战争，已进入了第二个年头。该年1月中，英国人对虎门要塞再次发起进攻，这让中国方面丢失了两座炮台，大部分舰艇覆没，五百来名将士战死。知道除了谈判停火之外已别无他选，满人琦善与义律签订的《穿鼻草约》（1841年1月20日），把香港割让给英国，同时还得赔偿600万银圆，并让英方拥有直接与广州中国高级官员通话的权利。虽然北京和伦敦都不满意这个结果，但英国全权代表义律仍竭力维持了中英双方草约的承诺，直至因中方新一轮的防御措施而导致了2月26日英方的再次进攻为止。

钦差大臣琦善被皇帝好战的侄子奕山取代。于是，又一轮无结果的

---

[1] 引自阿英编《鸦片战争文学集》，1957年。

谈判开始了。这期间奕山的副手杨芳力图按照道光皇帝的命令消灭夷人，结果却是虎门要塞再次被敌方占领，老提督关天培惨烈牺牲。越来越不耐烦的英军正在逼近广州城。1841年3月18日，英军占领了外国商馆。面对威逼，广州的清朝官员们不得不答应恢复与英国通商。[1]

3月停战，接着是英方严密监视和蛰伏的两个月。清朝官员们全力修整被击破的防线。琦善曾为了节省开支而缩减了三分之二的水师，此刻官方则下特令招募"水勇"。人口密集得犹如"梳篦密齿"的城东南和西南郊一带，被设置了特殊的路障。炮火舰也被赶造出来，佛山还架起了一门万斤大炮。四川、贵州、湖南、江西等地派来了援军，使当地的防御军增达45,000人，还有训练了36,000名"水勇"。[2]

义律和新抵达的陆军司令郭富爵士（Hugh Gough）始终焦虑地注视着这一切。[3] 到了5月初，双方都意识到另一场冲突将无法避免，但中方加速了它的来临。杨芳倒是想等待更多的增援抵达后再行动的，但奕山因急于想获得大胜，而于3月21日夜里秘密下令炮舰轰击停泊在城外的英国军舰。[4] 随之发生的海战几乎完全可预见：开战几天，英军击沉了71艘中国帆船，摧毁了沿岸的大炮，平扫了沿岸一带，但城市的中心地带依然完整无缺。英军虽然于1840年占领了舟山，但广州居民

---

[1] 关于这些事件，可靠的记录如此之多，无须一一注释出处。我所参考的资料包括：H. B. Morse, *The International Relations of the Chinese Empire: The Period of Conflict, 1834-1860.* Shanghai, 1910, chap. 10；E. Holt, *The Opium Wars in China*, chap. 9-10；蒋廷黻：《琦善与鸦片战争》，《清华学报》，1931年10月，第6卷第3期，第1—26页；萧一山：《清代通史》，第2卷，台北，1963年；W. H. Hall and W. D. Bernard, *The Nemesis in China, Comprising a History of the Late War in That Country with an Account of the Colony of Hong Kong*, pp. 79-161；FO 17/46（"1841, China, from Captain Charles Elliot, A. R. Johnson, and Robert Morrison"）；FO 17/48（"1841, China, March 25-August, from Plenipotentiaries"）；WO 1/461（"China, Hong Kong and India, 1841: Military"）。

[2] Yen-yü Huang, "Victory Yeh Ming-ch'en and the Canton Episode (1858-1861)," *Harvard Journal of Asiatic Studies*, 6.1:46, n.3, March, 1941；夏燮：《中西纪事》，第6卷，第10页上；梁廷枏：《夷氛闻记》，1874年，第3卷（傅斯年图书馆藏有的这部名著版本没有页码，故我只能注明卷数）；E. H. Parker, *Chinese Account of the Opium War*, pp. 32-37；史澄：《广州府志》，1879年，第81卷，第35页下；Hall and Bernard, *Nemesis*, p. 190。

[3] FO 17/48, Elliot-Gough, Incl. 1, Desp. 21, May 13, 1841.

[4] Parker, *Chinese Account*, pp. 31-32.

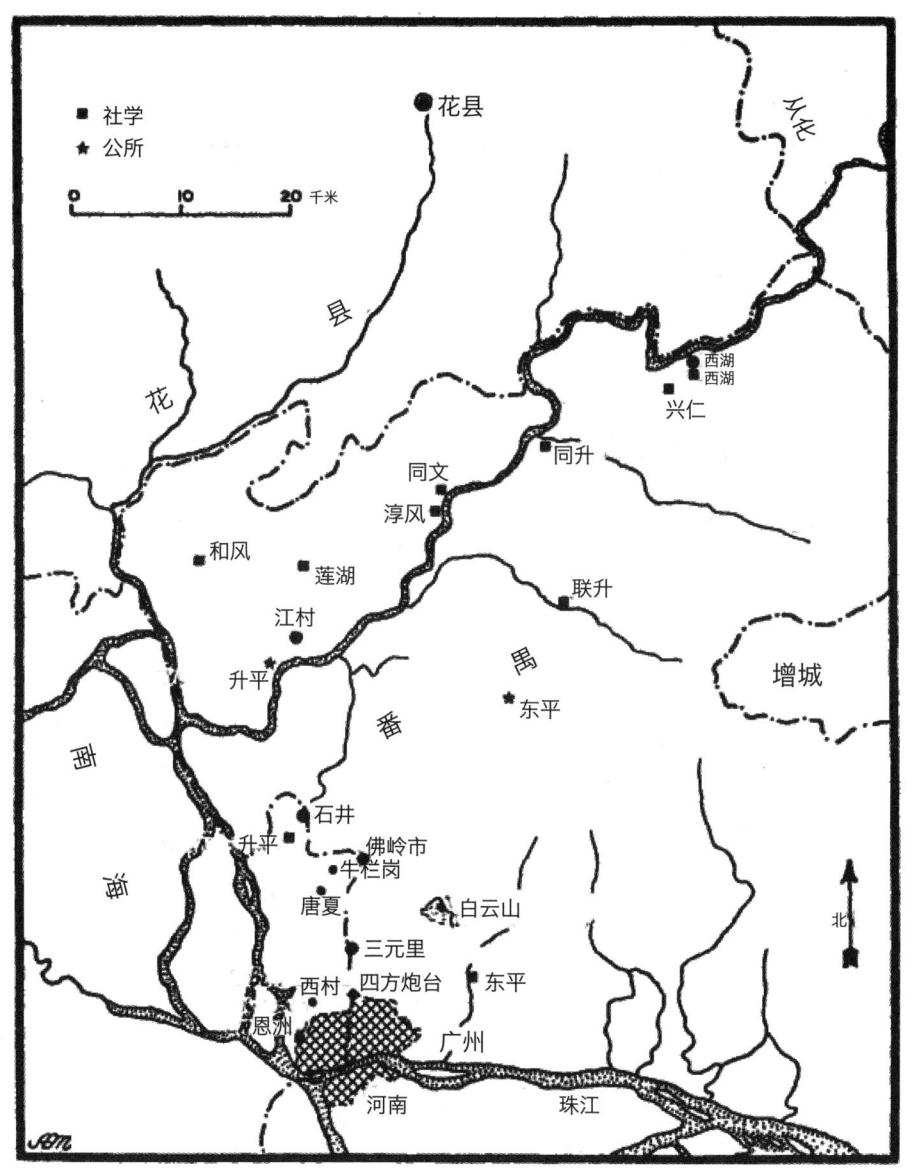

三元里地区地图

依然觉得：只要夷人企图进城，他们将败于汉人和满洲步兵之下。英军自己也意识到，仅仅一场海战的胜利还不够——帆船、炮火舰、炮台，均可重新建造起来，而广州必须低头。5月23日，他们发现新建造的浅水蒸汽明轮船"复仇女神号"可以逆流而上，绕过广州行驶，然后靠近水边，在城防线背后停泊。5月25日早晨，当奕山还在等待敌军从城南进攻时，郭富将军指挥的由印度和英国士兵组成的军队已经在广州北部登陆，他们向东进军，穿越稻田，占领了城北门外设有5座要塞的高地——整个城市受制于这个高地。[1]

5月27日早晨，郭富将军正欲离开所在的营地去指挥他的部队攻破城墙——只要破了城墙，广州城就打开了，却撞上义律的信使送来一份信件：广州知府余保纯正式答应用600万银圆赎回城市，并保证奕山及外地官军在6天之内离开广州。作为答复，义律已经许诺保全城市，并下令郭富将军即刻停止进攻，守住英军占领的高地，直至这些条件得以履行。[2]

郭富将军恼怒万分，他亲笔回信："您将我们置于最危险的境地里。我所有的部队都处于可怕的侵袭之中，我与后方的联系不断遭受威胁，卫队被攻击。我的部队因必须时刻小心而备受折磨。无论您如何相信中国人，我则不然，我也不会以任何理由而松懈丝毫。"[3]

三元里事件序幕拉开。

1841年5月末那个闷热窒息的星期里，英军一边在城外那个高地

---

[1] 中国有关奕山的盲动和英国的进攻战略的研讨，见 Parker, *Chinese Account*, pp. 32-33；夏燮：《中西纪事》，第6卷，第10页上。关于"复仇神号"，见 Hall and Bernard, *Nemesis*, pp. 89-190。

[2] Henry Cordier, "Les marchands hanisters de Canton," *Toung Pao*, 1902, 2,3；284；夏燮：《中西纪事》，第6卷，第10页下；FO 17/46, Elliots's voucher to Aberdeen, unnumbered dispatch, Nov. 25, 1841. 这是一个官方批准的行动，见：FO 682/912："奕山授权广州知府赎买广州城文件真实抄本"，日期注为：道光二十一年四月初七日。

[3] Robert S. Rait, *The Life and Campaigns of Hugh, First Viscount Gough, Field-Marshal*. Westminster, 1903, 1:193.

上与痢疾和热病做斗争，一边疲惫地从高地俯视广州这座"羊城"。他们的脚下是11世纪建造的城墙：全长近10公里，高约8米，厚约6米，其中共有16个城门和一些瞭望塔。老城就在城墙的后面：里面有满人驻地、巡抚衙门、银库、兵器库等，那里狭窄的花岗石面街道，仅容轿子穿行。老城南面呈长方形的地段是新城，它亦有城墙，且有总督衙门。围墙之外，更远的地方，是一片商业区，一直延伸到河边及商馆，那一带的货栈和富商们的府第跨越了珠江伸展到河的南岸。

城里人口密集——至少有50万人，[1] 挤满了小贩、店主、手艺人。农民们纷纷从珠江三角洲各地区涌入广州，他们被那里每天能挣到两个先令的工钱吸引而来。[2] 他们能干装卸活，搬运从广东沿海地区用潮州帆船运入广州的货物：盐、水产、大米、糖等。从广西运来的有大米和肉桂；来自云南的有铜、铅、宝石，还有黄金；福建运来了陶土器皿、烟草、蓑笠、糖、樟脑、红茶、雨伞等；浙江运送的有丝绸品、扇子和精致的绣品；安徽来的有绿茶；湖北、河南过来的有大黄和各种药材等。

广州回以燕窝、檀香木、异国奢侈品。67,000个男女老少在棉织业、丝织业、锦缎业劳作。[3] 也有些在粗制滥造瓷器和廉价的玻璃产品，然后再以船运送往帝国的其他地区。庞大的珠宝行加工宝石、玛瑙、黄玉和珍珠等，一年盈利可达几百万银圆。木工组装师傅们制作出中国最精良的玩具和家具。从南方运来的象牙，被雕刻出复杂而奇异的形状。广

---

1 据说，1908年广州市人口已有590,847。据这之后25年的城市人口调查，人口已上升到1,122,583。见 *Shina shōbetsu zenshi*, 1:22 及《广州指南》，第15页（注8）。

2 木匠一天可挣到7个先令，拣茶叶的童工，一天能挣3便士。与此同时，位处另半个地球的英国铁路工，每天不过挣5个先令而已。无从估计那时广州城里无手艺的劳动力，而100年之后，广州市的劳动力仅4万左右，占男性人口的5%。见 Lee, *Modern Canton*, p. 93; *Chinese Repository*, 4:193 (May, 1835-April, 1836); C. R. Fay, *Life and Labour in the Nineteenth Century*. Cambridge, 1947, p. 171; Morse, *International Relations*, pp. 363-366；来新夏：《第一次鸦片战争对中国社会的影响》，列岛编《鸦片战争史论文专集》，北京，1958年，第114页。

3 当地生产商抄袭欧洲纺织业的能力和效益超过了内地任何地区。大部分纺织由个体户承担，然后再把产品卖给承包商。那时没有什么大规模纺织业。见 FO 17/30, Gutzlaff's report, Incl. 1, Desp. 4, Jan. 10, 1839。

州就像块吸铁石一样吸引着原材料和人工,加工制造后,再一一输出。

穿过河南,城区则与富饶的三角洲大地及顺德县冲积平原融为一体。在南端的区域,几乎都是些小岛屿,珠江的诸多支流在其中穿越流淌。南部顶端,在视野的尽头,是名门望族的宅邸区,他们的子孙后代占据了朝廷职位。他们宅邸的旁边是小户自耕农和一些佃户——他们是广东最能干的蚕茧养殖户。[1]

英军把视线从城市移向北面著名的白云山,那是南海县和番禺县的分界。南下流放的苏东坡曾喜欢在那里漫步,广州的诗人们也爱在那里饮酒赋诗。群山的西侧,沿城北门大道,在山丘和稻田及树丛和渠道间,散落着"九十六村",那是一个小康地区。常住人家产业不大但收入有保证,炎热时节,一些富裕人家从城里搬来此地建造起他们的乡间别墅。[2] 5月的炎热中,在英军占据高地之外,那些被丘陵山包间隔穿插的一个个村庄间,有一个小村子,叫"三元里"。

用英国军事标准看,那八天里英军在岸上表现得很出色。官兵们没有吵闹、酗酒或违犯纪律现象。[3] 然而,5000来个英国和印度部队穿行于城市的郊外,摩擦肯定少不了。英军无疑有抢劫的。[4] 实际上,英文 loot(抢劫,源于印度语)一词,首次被英国人使用,正是在鸦片战争中。英军向民间搜刮粮草几乎成了常规:如果一户人家向英军缴出粮食或牲

---

[1] Edward bing-shuey Lee, *Modern Canton*. Shanghai, 1936, chap. 1-2; G. Allgood, *China War, 1860: Letters and Journal*. London, 1901, p. 23; A. J. du Boshe, *La Chine contemporaine, d'après les travaux les plus récents*. Paris, 1860, pp. 204-214;《广州指南》,广州,1934年,第5页;黄佛颐:《广州坊志》,第1卷; B. C. Henry, *Ling-Nam, or Interior View of Southern China, Including Explorations in the Hitherto Untraversed Island of Hainan*. London, 1886, pp. 59-60; *Shina shōbetsu zenshi*(Zazetteer of China by Provinces, Tokyo, 1917) 1: 156; FO 17/30, Gutzlaff's report, Incl. 1, Desp. 4, Jan. 10, 1839; Hall and Bernard, *Nemesis*, pp. 174-175. 对长江三角洲最好的描写,可见 Gunther Barth, *Bitter Strength: A History of the Chinese in the United States: 1850-1870*. Cambridge, Mass., 1964, chap. 1.

[2] FO 17/272, Wade's Report, Incl. 1, Desp. 407, Oct. 19, 1875.

[3] Hall and Bernard, *Nemesis*, p. 196.

[4] 齐思和等编:《鸦片战争》,第4册,第21页。

口,这家门口就可贴上招牌得到保护。[1] 三元里尤其受这类骚扰之苦。[2] 据当时一份报告说:巡夜兵破除门户和栅栏,抢夺家畜,盗走衣物。[3] 农民们还因英军架设枪炮破坏了风水或踩踏了稻田而愤怒。[4] 但这些仍属于轻度骚扰,还不至于引发战争,不至于让农民们暴力动武。但另外两个事件的确激怒了当地人。

第一个事故:一位第37马德拉斯步兵团军官参观双山寺,他想看看中国人如何做尸体防腐,[5] 就擅自打开了一些坟墓。孝祖的广州人岂能容忍一个夷族军官的好奇!后来广州府志开列了5桩关于英军亵渎庙寺、掘开坟墓、乱扒拉尸骨的案例。[6] 没有比这亵渎祖宗行为更能让崇尚孝道的中国人愤怒的了,而且他们完全有理由相信,这些掘坟行为的真正企图在于盗墓。[7]

第二种侵犯往往出现在任何一场军事占领中——强奸。当时英方拒绝承认这个事实,但7年之后全权公使德庇时爵士(Sir John Davis)承认,印度兵确实在三元里一带强奸过当地妇女。[8] 若说掘坟触犯了"孝",欺辱自家或邻人之妻女则激发了"义"。再加种族上对"黑皮肤"印度兵的厌恶,我们可以想象那席卷郊外的高涨民愤。

1841年5月29日,一队英国巡逻兵来到了三元里附近的华东村。几个士兵擅自闯入了张绍光家,当着他的面欺辱了家中女人。双方打起来,村民们拿着棍棒,扛着锄头赶来驱逐士兵。然后他们鸣锣召集附近

---

1 Arthur Waley, *The Opium War through Chinese Eyes.* London, 1958, pp.109-110, 186-196.
2 《道光朝筹办夷务始末》,台北影印,1963,第29卷,第23页上—23页下。
3 阿英编:《鸦片战争文学集》,北京,1957年,第734—736页。
4 《鸦片战争》,第4册,第22、27页;林则徐:《林文忠公全集》,台北,1963年,第1册,第6卷,第1页下。
5 J. Elliot Bingham, *Narrative of the Expedition to China.* London, 1842, 1:231—232; Rait, *Gough*, 1:126; D. McPherson, *Two Years in China: Narrative of the Chinese Expedition from Its Formation in April, 1840, till April, 1842.* London, 1842, p. 148.
6 《广州府志》,第81卷,第39页上。
7 当时,卫三畏主编的《中国丛报》(S. Wells William, *Chinese Repository*, 10:530)则坚持说,那些掘坟的亵渎行为是中国军队的追随者之所为。
8 FO 17/40, Davis-Palmerston, Feb. 8, 1848; Hall and Bernard, *Nemesis*, p. 196.

的村民来助战。于是，所有16岁到60岁的男子都带着武器赶来，武器通常是大刀和长矛。妇女们负责分配运送食物和水。随着越来越多的勇士加入了原先的队伍，四周所有的路口都设立起了路障，安排了埋伏。次日上午10点来钟，烈日下，英军营地前的山头上聚集了5000来名武装起来的村民。英军几乎顷刻集合，郭富将军让副司令布瑞尔（Burrell）少校指挥主力阵地的英军，他本人则率领第26喀麦隆团、第37马德拉斯步兵团和孟加拉志愿军发起进攻。中国乡勇们快速撤退了约5公里，似乎被击退了。这时，郭富将军看到他部队的一些士兵因中暑而开始掉队，就命令孟加拉志愿军部队撤回大本营。中国队伍则按兵不动。慢慢地，越来越多的村民加入进来：西北面来了2000来名非正式兵，他们有的携有枪支；从石井来了500来名受过训练的"水勇"。此刻，山头上聚集了约7500人。乡勇人马受到援军的鼓舞。突然，他们亮出了一面面旗帜，面对敌人的火力，开始慢慢前进。英军后退，重组，然后决定：必须在夜晚降临前驱散中国队伍，以免他们进攻大本营。于是，下午一点，郭富将军下令发起总攻，令哈菲尔德中尉率领的第37马德拉斯步兵团第3连进军左方，与第26喀麦隆团建立通讯联系——该团正在向一个大村庄发动进攻。郭富的第37步兵团（15名军官、294名士兵）移向右方，将中国队伍击退到了5公里外。第37团对他们成功地转移了敌方对大本营的威胁而感到满意，就开始撤离。这时，突然一场山间酝酿日久的夏季暴雨倾盆而下，将他们从头到脚灌了个透。暴雨滂沱，把他们浇得晕头转向，郭富将军及其随从与部队失联，枪弹也不管用了，这组人马开始在泥泞的地里跌跌撞撞摸索前行，企图寻找走出稻田的道路。

"大雨完全淹没了田埂小径。我们面前一片汪洋大海。有时前面领队的小组会突然消失在一个深沟或渠道里，根本没法躲开它们。雷鸣和闪电可怕极了。"[1] 通过棠夏村的时候，队伍散乱的英军又遭到中国乡勇的袭击，但他们边打边撤，这才回到高地，下午4点左右与司令汇合。

---

1 Rait, *Gough*, 1:155.

不久，经历了同样遭遇的第26喀麦隆团人马，也陆陆续续回到营地，那时才发现少了一名士兵。直到这时，他们才发现哈菲尔德中尉率领的部队没有联系上喀麦隆团，他们此刻仍在7500名中国乡勇间，在大雨中寻路。

大雨冲散了哈菲尔德中尉的部队，他看不见第26团，于是下令部队调头回转城市。中国乡勇们很清楚他会把部队调往哪个方向，便派了一支由严浩长率领的支队到敌方附近，牛栏岗旁的一个水村里去阻击英军。当哈菲尔德中尉的部队鱼贯行军在水村的田间小道时，严浩长突然发动了袭击。战乱中，一名印度兵被鱼叉击中，另一个叫伯克莱的年轻少尉冲出防线上前营救。严带人立刻包围了伯克莱，并用刀剑猛砍。另一名乡勇捡起了少尉掉落的火枪，虽然下着雨，乡勇还是点燃了火枪，上膛的子弹击中了少尉的胳膊。少尉被营救出来，英军在河对岸的小山包上重新组合。现在英军们的火枪不管用了，他们的刺刀无力抵挡乡勇们的长矛，还好乡勇们没有进攻。突然，雨停了，英军赶紧躲入旁边的小灌木丛里，然后他们组成一个方形队伍围住印度兵，好让他们解下头上的包布来擦干淋湿的枪膛，子弹重新上了膛。当中国人开始推进时，印度兵寥寥几声，发射出了三四排子弹。突然，雨又下起来了，就像刚才突然停住那样，这次下得和前次一样猛烈。这时，天色渐黑，英军快速形成防御方阵，以仅有的刺刀作战。乡勇们用火把围起了包围圈，不让任何一个英军逃离出去，一边让邻村继续增派援军。

这整个过程中，英军已派出两个连的海军陆战队，他们备有新式的布伦瑞克来复枪（一种线膛枪），其枪膛不易受潮卡住。在熊熊火把的照明下，他们奋力作战突围：打散了乡勇的队伍，营救出伯克莱少尉和他的部队，于当晚9点回到营地。英军的全部损失为：一个二等兵被杀，一个军官和14个士兵受伤。

在乡勇们获得首战胜利之后，三元里四周更多的村民和丝织工们拥来参战了。5月31日早上，胜利的捷报传出后，12,000名志愿者前来加入那原先约7500人的队伍，他们再次会合到山坡上。对此，郭富司令恼怒万分，他向知府余保纯发信，警告他：若这场对峙持续下去的话，他将进攻广州城。

"知府姗姗而至，他向司令保证那些村民的行动官方并不知道，也未获准，他将立刻派遣一名政府要员去下令解散他们回家。"¹ 于是，余保纯偕同南海知县梁星源、番禺知县张熙宇及一名叫摩尔（Moore）的英国上尉，穿过山包，前往乡勇阵地。当他们来到乡勇队伍跟前时，中国人不让摩尔通过，三名中国官员只好自己前往。然后，根据梁星源那著名的叙述，他们告诉领队的士绅们：合约已签订，既然外国人不能再侵犯我们，你们就让他们离开吧。他们还警告士绅们：若再发生什么事件，一切将拿他们问罪。² 当村民们还在纷纷发牢骚示威时，士绅们已悄悄溜出人群回家了。群龙无首，非正规的乡勇才愤愤不平地渐渐解散了。

到了1841年6月1日下午，英军开着军舰离去，广州城得以解围。³

这就是三元里事件。对英国人来说仅是一场小战役，都不足以让义律或郭富将军在他们的正式函件里上报，但对中国人来说这可是一场伟大的民众胜仗。带有桃园结义色彩的英雄传奇，紧随着事件结束而广泛流传起来。当地传说，在开战前，三元里一鸣锣，即从103个村里陆续赶来了25,000人。乡勇中的一个诗人领袖后来这么形容那震撼人心的场面：

怀清结忠义，

---

1 Hall and Bernard, *Nemesis*, p. 194.
2 《夷氛闻记》，第1卷。
3 这段叙述基于诸多史料的比较和综合。可见广东省文史研究馆：《广东人民在三元里抗英斗争简史》（以下简称《三元里抗英简史》），载于《鸦片战争史论文专集》，第281页。陈锡祺：《广东三元里人民的抗英斗争》，广州，1956年。《清代通史》，第2卷，第948—949页。阿英编：《鸦片战争文学集》，第736—738页。夏燮：《中西纪事》，第6卷，第11页下；第13卷，第8页上。Suzuki Chusei, "Shimmatsu jōgai-undō no kigen", *Shigaku Zasshi* (Oct. 1953). 62. 10:1—29.Holt, *Opium Wars*, pp. 129-130。Rait, *Gough*, 1:180。Bingham, *Narrative*, 2: 242, 323.Hall and Bernard, *Nemesis*, p.190。*China Repository*, (May, 1836-Dec. 1836) 5:192-193 等。

团练皆英翘，
分曹斗白战，
领队题红绡，
龙韬经指画，
虎旅整有条。[1]

地方志中的官方记载似乎也有点夸张，说有10个英军被杀，其他粗略的记载就更离谱了，它们宣称有上百个英国士兵被杀。祁𡎕本人还听到英方用一万银圆赎回在三元里被杀的英军尸体的说法。[2] 但对他们来说记录和事实都不重要，重要的是，一整代广州人都坚信农民军队击败了英军的进攻。

三元里前声如雷，
千众万众同时来。
因义生愤愤生勇，
乡民合力强徒摧。
家家田庐须护卫，
不待鼓声齐作气。
妇女齐心亦健儿，
犁锄在手皆兵器。
乡分远近旗斑斓，
什队百队沿溪山，
众夷相视忽变色。[3]

---

[1] 《三元里抗英简史》，《鸦片战争史论文专集》，第281页。
[2] 郑梦玉：《续修南海县志》，1872，第26卷，第6页下；《鸦片战争文学集》，第735页；《道光朝筹办夷务始末》，第29卷，第23页下。
[3] 《鸦片战争文学集》，第1页。还有个广为流传的说法：是观音帮助广州人打败了英国入侵者。

由于所有这类版本的流传,正式的和半正式的记载被歪曲了。当时,连夏燮、梁廷枏,甚至魏源等人,都完全夸大了事件的重要性:

> ……洋兵亦日肆淫掠,与粤民结怨。及讲和次日,洋兵千余自四方炮台回至泥城淫掠。于是三元里民愤起,倡议报复,四面设伏,截其归路。洋兵终日突围不出,死者二百,殪其渠帅曰伯麦、霞毕,首大如斗,夺获其调兵令符、黄金宝敕及双头手炮。……义律告急于知府余保纯。……倘令围歼洋兵,生获洋人,挟以为质,令其退出虎门,然后徐与讲款,可一切惟我所欲。[1]

无疑,共产党的史学家们更加推崇这一叙事。鸦片战争中清政府在军事上战败的耻辱,只能怪罪清朝官员的腐败懦弱,从民间传说里他们则提炼出一场人民战争的伟大胜利。如今,在中国大陆,每一种儿童读物里都载有对那场战役的类似叙述。三元里的每一块额匾、每一件纪念死者的遗物,都被广东省的地方文物局珍藏着——三元里战役变成了邦克山和阿拉莫要塞两场胜仗的总和。[2] 在对这个事件的马克思主义阐释基础上,形成了第一场反对外国帝国主义的人民运动:

> 因得民心,唤起国民;
> 因得民心,乡民先行;
> 因得民心,自发即兴。

对上面的每一种说法,我们都必须进行审视。这倒并非因为想驳斥"原始民族主义"或"反帝国主义"的老调,而是因为三元里事件在后

---

[1] 引自《道光洋艘征抚记》。
[2] 邦克山战役:1775年6月17日,在波士顿郊外邦克山一带,经验不足的美国爱国士兵击败了久经沙场的英军;阿拉莫要塞之战:1836年2月23日至3月6日,得克萨斯军队打败了占领当地这座传教士要塞的墨西哥军队。——译注

来的20年里，是中国南方发生如此众多问题的一个关键的前奏，如团练运动、太平天国运动、秘密社会、宗族斗争、排外运动等。除非我们充分理解三元里事件，不然后来发生的所有事件，就似乎没有什么意义了。

第二章　广东的团练

> 本大臣等兹通谕沿海乡村父老绅商居民知悉，仰即遵示会商，购置兵器枪炮，招集村民之身强力壮者以备自卫。
>
> 　　　　　　　　　　　　　　　　　　　　林则徐，团练告示[1]

对中国人来说，三元里的乡勇并不是一个新鲜事儿。官方有组织的团练自6世纪时的府兵出现时就存在了，而且自16世纪初起，只要常规军事防卫失败，地方的士绅们就会自发地武装训练非官方的团练。从历史上看，每当社会出现动乱危机时，士绅们组织的团练就成为地方上的一个正规防御力量，我们也把它看作是中国历史上朝代循环中的一个政治因素。正因如此，官方招募的雇佣兵"勇"与地方组织的"团练"，在定义上有着明确的区别。在任何情况下，勇兵总是远远先于团练兵出战，而每当官军作战不力或兵力不足时，后者才成为地方政府依赖的主要力量。另一方面，仅在局势持续恶化、地方权贵既有足够的资源又有

---

[1] 此告示由英国人英译成文，参见 FO 17/32, Incl. 2, Desp. 37, 1839。（此处中文为新星出版社《大门口的陌生人》2017版王小荷译——译注）。关于林则徐在这个告示之后所下的命令，见《林文忠公全集》，1963年，第6卷，第9页上—9页下。

足够利益牵扯而有兴趣出面领导时，训练有素的团练才会上阵。[1]

广东省在本地潮州府（后来的汕头一带）和东莞县（位于珠江东岸的虎门背后）招募乡"勇"有自己的用意。那些人是宗族世家资助的半职业化的官军，他们主要在地盘争斗中成长发展。也因如此，该省在贫苦家族中间发展了这些军事传统。[2] 此外，除了那些为挣钱而加入团练的"光棍"和游民外，广东省具有组织纯正团练的悠久历史。这是广东沿海一带海盗出没的特殊现象所致，盗匪们的频频抢劫骚扰很快迫使乡间组织起团练来自卫。

例如，1807年夏，武装的盗匪帮又开始在香山县[3]沿海的村庄用惯常的暴力进行骚扰。次年，海盗们顺上游蔓延到了三水县的西江与北江汇合处。那年冬天，邻近澳门沿海的新会县也遭到抢劫。类似的袭击继续反复出现在这之后的岁月里。村庄被抢劫、焚烧，几百名妇女老少被劫持。[4]

广东巡抚和两广总督因卷入与英国的贸易危机，[5]一直没有对海盗骚扰做出什么反击，直到1809年7月清军在总兵许廷桂的率领下，在香山县沿海一带与海盗激战一场，结果清兵溃逃，并一路抢劫掠夺逃向县城。

这时，有两个关键的举措得以实施：一个叫郑应元的进士，他一边向因饿慌而进行抢劫的官军提供粮草，一边"召集乡勇"保卫沿岸，不让官军入村。与此同时，两广总督百龄下令，沿海各府在官方监督下武

---

1 关于团练历史的详细考察，英文可参阅让我本人受益匪浅的孔飞力的研究，见 Philip Kuhn, "The Militia in Nineteenth Century China," Ph.D. thesis, Harvard University, 1963。并见 Suzuki Tadashi, "Min-dai katei kō," *Shikan*, 37:23-40 (1952).

2 例如在现代正规军第19路军中，每5个人中就有4个来自广东。这些广东人中，有10%来自江北地区，30%来自江东，60%来自广东省西南角。见陈翰笙：《中国南端的土地问题》，上海，1936年，第110页及附录，表31。

3 即现在的中山市，当时是珠江西岸延伸至澳门的一个贫瘠县城。

4 《广州府志》，第81卷，第14页上—16页下。

5 1809年，清廷禁止向广州输入鸦片，尽管这场危机最终得到解决，尽管英方后来协助了镇压海盗活动，但大多数方志仍把海盗的猖獗归咎于那场外交危机。

装训练团练,但发给团练的武器在击退海盗后得归还县衙门。¹ 郑的措施和百龄的宣布开辟了一个团练积极活跃的新阶段。接着,起码另外三处也发起了地方防卫运动:

香山县的李作元与知县一起恢复了该县的保甲登记制,并组成了团练。²

南海县的举人周端佩把几个带有围墙的村庄连接为一个军事联盟,总部设在大榄。³

还是在南海县,魁岗出生的举人、私塾老师陈观光出面"招募乡勇","部伍成军"。⁴

这时,零散的海盗纷纷汇聚于那个臭名昭著的海盗张保的旗下。尽管张保本人更倾向于避开防守严密的香山和南海县,而聚焦于防守不强的县城,但汇聚起来的庞大盗匪帮已具有包围攻打三角洲城市的能力了。1809年夏季,顺德县和番禺县一带沿河的富饶地区连连遭受袭击,村民随之纷纷自行武装起来,最终把以张保为首的盗匪们赶下了海。一个月之后,海盗们又在人烟不那么密集、远在南岸的新宁县一带出现。从9月10日到10月8日,他们烧杀抢掠,摧毁了整个地区。接着,张保率领300来条木船逆流而行至虎门西侧,再次袭击番禺和顺德县,直至团练将他们驱逐。

这次是1809年最后的大规模袭击。之后海盗侵袭虽从未被彻底根除,但在鸦片战争前的30年里,他们一直被挡在内河之外,这主要得归功于地方团练的存在。后来的那些年里,广东省会不定期地使用团练

---

1 《广州府志》,第81卷,第16页下—17页下;田明耀:《香山县志》,1879年,第14卷,第44页上;陈伯陶:《东莞县志》,1919年,第38卷,第25页上。
2 保甲制由来已久,它把每一乡村的门户都严密地登记到一个控制体系里。十户为一牌,十牌成一甲,十甲是一保。保甲的功能就像公文纸上声明的,意在确保每一户、每一个人都不会扰乱社会秩序。通过这样一种缜密而互联的体系,每一户人家都担保其所属单位的其他门户和成员的公共言行。负责保甲的是每一保里被选出的一户人家,叫保长,直接听命于知县。到了18世纪,保甲制已普遍衰落,濒于崩溃。见《香山县志》,第20卷,第5页下。
3 《续修南海县志》,第15卷,第8页上。
4 《续修南海县志》,第15卷,第10页上。

和雇佣军，只要地方形势危急，他们就随时被招来，但再也没有出现1809年那样的统一而持续的军事化，直至鸦片战争爆发。

1838年军机处对鸦片交易发布了一系列禁令。广州遵令逮捕了许多购买者。但这只能让销售另辟渠道。由于无法公开运输鸦片，购买者不是在当地雇佣流氓让他们武装保卫船运，就是贿赂水上巡查官员。[1]当省官员发现水师的腐败后，立刻撤除负责水上巡查的下级官员，而让地方行政官员直接负责巡船。当所有这些措施都不足以禁销鸦片时，林则徐和水军提督关天培甚至雇佣起密探安插在船员中间。[2]然而，贿赂的数量如此之诱人，以至于事实证明每一个人都可被收买，水师已无可救药地被侵蚀殆尽。水军们早已习惯收贿渎职，当鸦片战争爆发时他们甚至拒绝作战。例如，穿鼻战役之中，水师指挥官不得不当掉身上的衣物来允诺部下：参战者每人可得两块银圆的赏金。[3]

既然得在官军身上花费额外的钱财，那为何不索性直接花钱买雇佣军呢？再说，广州四周的河面上有的是疍民——船户人家。是啊，他们属于受排挤阶层，不准参加官方的科举考试，但他们全是出色的水手。当地人形容他们为地上的虫子、水里的蛟龙。于是，1840年3月12日后，林则徐上奏皇帝：

> 惟有以奸治奸，以毒攻毒。[4]即与提臣关天培密商，取平时所装大小火船，即雇渔疍各户，教以如何驾驶，如何点放。每船领以

---

1 H. B. Morse, *The International Relations of the Chinese Empire: the Period of Conflict, 1834-1860*. Shanghai, 1910, p.195；Hsin-pao Chang, *Commissioner Lin and the Opium War*. Cambridge, Mass., 1964, chap. 4.
2 齐思和等编：《鸦片战争》，第2册，第168页。
3 FO 17/46, Elliot-Palmerston, Desp. 46；E. H. Parker, *Chinese Account of the Opium War*. Shanghai, 1888, p.12.
4 林则徐当然知道，在鸦片贩船上帮工的或卖供给英国人的，也是这些疍民。这样做是以贼捉贼。

一二兵弁，余皆雇佣此等民人以为水勇。[1]

以每月支付每人 6 银圆，再加 6 银圆家庭补助的酬金，林则徐很快招募了 5000 多名这样的"水勇"。这笔资金由公行、当地的盐商和福潮的船商们共同负担。但凡疍民所受到的官方赞誉有 10% 的可信度，他们后来的战绩的确值得人们颂扬。[2]

采用这个方法不无冒险。说白了，这也就是说把成千上万的爱闹事造反的人武装起来了。但这不仅有效，对北京的朝廷来说，还挺省钱。对于迫在眉睫的军费不足的另一个弥补办法，就是让地方承担防御费用——18 世纪末镇压白莲教起义时已经普遍使用此法，这也符合道光皇帝的吝啬本能。所以，在 1840 年 7 月英军占领了舟山后，道光皇帝下令用地方上自资的团练守卫沿海省份。[3] 这样一来，中央军费越来越难以筹集。随着专制权力延伸，地方资源仅限于地方使用，于是在省与省之间派遣官方军队就越来越难。例如，当林则徐欲从江苏调遣官军时，本该向该官军提供粮草的沿途粮站，却出现要么粮仓空空、要么因为当地村民吝啬而守着不给的现象。在这种情况下，林则徐及他的继任者便自然而然地开始在广州本地征兵，来取代和扩充作战官军。[4]

但组织团练的意义还不止于此。林则徐本人对团练就很热衷。1837 年他担任湖广总督的时候就发现乡勇们对抗蓝正樽叛乱非常成功。他信

---

[1]《林文忠公全集》，第 1 卷，第 3 页下（亦参阅第一章，第 15 页，注 2）。

[2]《广州府志》，第 81 卷，第 34 页下；Parker, Chinese Account, pp. 13-16;《道光朝筹办夷务始末》，第 31 卷，第 6 页上—6 页下；《林文忠公全集》，第 1 卷，第 3 页下（并见第一章第 15 页，注 2）。

[3] Charles Gutzlaff, *The Life of Taou-Kwang, Late Emperor of China, with Memoirs of the Court of Peking*. London, 1852, p. 67; 蒋廷黻：《琦善与鸦片战争》，《清华学报》，1931 年 10 月，第 6 卷，第 3 期，第 181 页（并见第一章第 10 页，注 1）; Kung-chuan Hsiao, *Rural China: Imperial Control in the Nineteenth Century*. Seattle, 1960, p.300; Franz Michael, "Military Organization and Power Structure of China during the Taiping Rebellion," *Pacific Historical Review*, 18:469-483 (Nov., 1949).

[4]《林文忠公全集》，第 8 卷，第 1 页上—20 页下（并见第一章第 15 页，注 2）; Laai Yi-faai, "The Part Played by the Pirates of Kwangtung and Kwangsi Provinces in the T'ai-p'ing Insurrection," Ph.D thesis, University of California, Berkeley, 1950, p.39;《夷氛闻记》，第 3 卷（并见第一章第 10 页，注 2）。

奉儒家道义，因此在理念上认同"百姓之义"。他一再威胁将对英方使用这个最终武力。例如，1839年3月，他向外商发出警告：若无视他的禁烟措施，继续贩卖鸦片，爱国人马将随时汇集赶来，把他们彻底扫尽。[1] 三个月之后，当英国商船在九龙停泊时，他警告义律：若商船不立刻在广州登记或驶回英国，愤怒的沿海民众必将奋勇而起，将蛮夷赶尽杀绝。[2] 这些威胁并非什么权术或耍弄外交辞令，而是体现了真实的信仰所具有的神秘性。对于林则徐和晚清时期的一些官员来说，儒家史学中的民是无法估量的，民众可以拯救一切或摧毁一切，也可以重建或推翻一切。即使经历了一而再、再而三的失败，这个信念却丝毫未动摇。

这种神秘性很大程度上来自于儒家的"民本"思想，但不止于此。在鸦片战争中，英军"无敌号"舰艇横行霸道，英军轻易攻下清军的阵地，中国老百姓普遍意识清军的无能，他们拼命在自己的文化根源里去寻找任何可能应对英军的招数，甚至不惜利用歪门邪道。

所有熟读中国武侠小说的人，对拳脚高手、剑侠或气功师一类的传奇都非常熟悉，这些功夫高手飞檐走壁，或者轻弹手指而推倒墙壁。这些不合逻辑但广为百姓喜爱的、含有迷信甚至充满幼稚想象的传说，让知书达理的中国人想象的故事世代相传。任何一个学者，无论他的师承有多严，都知晓这个传统。其实，在正宗学说的和歪门邪道的书里展现的思想流派和主张都证明，二者的区别，并非如皇帝《圣谕十六条》中所指出的那么巨大。比方说，二者都强调完善心灵和掌握自控的重要性。功夫大师作为至高的道德典范，必须知行合一。剑侠技艺高超但缺乏义气，最终会败给超然的对手。此外，异端邪说和正统儒家（尤其是公羊派）都认为，学习就是为了获得一系列真知。[3] 而真知具有不同的深度，当一个学者认为自己驾驭了一种真知时，他却发现里面还有更深一层的

---

1 齐思和等编：《鸦片战争》，第2册，第121页。
2 Arthur Waley, *The Opium War through Chinese Eyes*. London, 1958, pp. 51-52.
3 林则徐本人属儒家今文派，他们认可《春秋公羊传》。

奥秘。正如打太极拳，只有长年练习，方能理解其中的真谛，所以学者们得把所有经典著作都背诵下来，才能悟出其中的道理。如此神奇地理解招数和成功，也代表了传统思想方法的总趋势。起码，这让一个学者也会具有类似秘密社会拳师的一些感悟。道家哲学宣扬这些。宋龙渊注释的《道德经》是公羊派喜用的版本，它充满了对灵魂的隐喻、感悟的奥秘，以及宇宙诸能量的控制。[1]

然而，尽管异端邪说作为老百姓的想象被容忍，但在社会上它们则遭到儒家官僚的抵制——他们在理念上憎恶民间佛教、百姓的道教，还有崇拜迷信的秘密社团。若真的相信那些非正统流派思想，就等于拒绝文明研习。但1841年1月7日穿鼻溃败之后，黔驴技穷的官员们只能转向民间，在那些传统中发掘巫术和秘方。于是他们千方百计雇佣海洋潜水能手（他们均是些能在水里潜伏几个小时的江洋大盗）、受训的猴子、秘密社会的杀手等，总之任何能与夷人作战的东西都在为他们所用。[2]

从某种意义上看，这种向秘密的、隐藏的、非理性的事物求救的做法，预兆了后来的义和拳——那时朝廷本身亦转向中国文化中那个更黑暗的势力求救。显然，结果是，中国的军事力量越薄弱无望，投靠黑暗势力的做法就越流行。而林则徐这样的人无视那些秘密招数，并不是因为他本人是自强运动的先驱人物。关键在于，西方武器也好，秘密社会的隐术秘方也好，都不过是战术而已。

团练在林则徐手下发展兴旺，到了他的继任者琦善时就开始削弱了。这一方面因为琦善本人对武装游民不信任，另一方面也因为来自北京的相关决策。[3] 道光皇帝一接到汇报：英军已被琦善平定，他们将从南方撤走，他就立刻下令缩减军费，并让各省解散无须作战的官军。1840年9月26日，800名来自福建的乡勇从浙江被解散回老家"以节糜费"。

---

1 宋龙渊，《道德经讲义》，台北（此版无日期），第6页上。
2 关于这方面颇为生动的叙述，可见 Waley, *Opium War*；《林文忠公全集》，第1卷，第22页下（并参见第一章，第15页，注2）。
3 《夷氛闻记》，第3卷（并见第一章第10页，注2）；Parker, *Chinese Account*, pp.22-23.

到了 10 月 27 日，朝廷获悉：江苏省所有的乡村团练均被解散，这之后不到一个月，怡良在广东又解散了 2000 名乡勇。[1]

和平期短暂地过去了。紧接着穿鼻之战以后，琦善可以想到的增强连遭重创、无人把守的虎门要塞防卫的唯一办法，就是克服他自身的忧虑，在当地招募武装乡勇。他下令在东莞、南海、番禺各县征集 5,800 名乡民。[2] 皇帝认为这是必要的，尽管那时琦善已被解职。[3] 类似情况同样发生在奕山身上。奕山与其他精明的满人一样，一开始他也怀疑把历来具有造反精神的广州人武装起来军事化是否合适——这样他们太容易武装反叛了！他认为，从福建调兵南下，要比像林则徐那样把兵器发送给当地的村民团队更可取。然而，到 1841 年 3 月，保卫广州这一问题压倒了奕山可能有的任何想法，在三元里事件爆发前夕，他发现自己已经在下令番禺和南海两县立刻秘密武装起来自卫了。[4]

那天早上，在城外高地上，知府余保纯对郭富将军撒了谎。官府确实在组织 96 个村子的乡勇。

---

1 蒋廷黻：《琦善与鸦片战争》，第 181—183 页（并见第一章第 10 页，注 1）。
2 《道光朝筹办夷务始末》，第 23 卷，第 14 页上。
3 夏燮：《中西纪事》，第 6 卷，第 5 页上—5 页下（并见第一章第 10 页，注 2）。
4 《道光朝筹办夷务始末》，第 30 卷，第 9 页上。

第三章 士绅与三元里

> 十三乡人皆不平,牛栏岗边愤义盟。
> 计不反顾不旋踵,连络一心忘死生。
>
> 梁信芳[1]

19世纪的中国,地方政府的运作往往取决于在知县与士绅们权势之间的微妙平衡。[2] 对于一个仅仅依赖于为数不多的朝廷官员督导的辽阔农业国来说,士绅阶层是中央施行控制必不可少的一环,没有士绅们的参与,知县就无法征税和管辖县城。包括社会福利、公共设施、防御、教育在内的,所有事务,都会在某个时候让士绅们去承担。[3] 尽管朝廷具有儒家王权的"天下"意识,但它并不自以为能完全统治地方。天朝下的广大社会一般情况下必须以自治为主,除非出现饥荒、旱涝、腐败

---

1 《鸦片战争史论文专集》,第279页。
2 士绅的概念在此很广义。虽然应该指那些具有科举功名的人,但现实中他们组成地方名流阶层,有没有官职无所谓。他们的地位显示在经济(租赁和担保)与政治(代表本地利益,以及为官府纳贤)方面。见:Maurice Freedman, *Lineage Organization in Southeastern China*. 1958, p. 53.
3 Kung-chuan Hsiao, *Rural China: Imperial Control in the Nineteenth Century*. Seattle, 1960; Tung-tsü Chu, *Local Government in China under the Ch'ing*. Cambridge, Mass., 1962; Franz Michael, Introduction to: Stanley Spector, *Li Hung-chang and the Huai Army: A Study in Nineteenth-Century Chinese Regionalism*. Seattle, 1964, pp. xxi-xliii; Chung-li Chang, *The Chinese Gentry: Studies on Their Role in Nineteenth-Century Chinese society*. Seattle, 1955. Table 33.

这类威胁朝廷统治的危机,而那时朝廷对地方的干涉,仅为了自我保全。所以,国家长期寻求的唯一集权形式,就是根除与正统儒家竞争甚至威胁后者的邪教(邪或淫)。当然,现实中,另一套信念(民间佛教或道教)亦在不断流传,并没有完全被取缔过。只是皇朝督促"士绅耆老"们用道义说教和信条来驳斥之,如月讲《圣谕》、嘉奖孝顺、维护孔庙,等等,诸如此类。而实际上,这些做法的结果往往是提高了士绅们在地方上的地位,而这却是最重要的。士绅们在地方上的地位,本身就在当地保障了官方正统价值体系的完整性,因为他们作为一个阶层,象征并传播了一系列正统的社会信仰,而正是这些信仰使一个古老的文明得以如此长久地幸存下来。[1] 在太平时期,士绅们的支持至关重要;危难时,他们的支持就必不可少。

但这事还有另一面。 知县一方面非常依赖当地的精英阶层,但若士绅们过多分担他的职权,他自己的权力会被削弱得越来越厉害。士绅们调节地方上的纠纷,但他们若开始瓜分司法权,并开始越权包揽管辖,那怎么办?士绅们可以筹集当地防卫经费,但他们也开始征税怎么办?

让我们暂时把地方政权(士绅也就是精英阶层加以辅佐)与大批的土地拥有权等同起来。基于马尔萨斯人口论的土地压力,基于高利贷、高地租,以及简单的经济理性是传统农业国家的主要特征这个事实,人们会以为,只要有可能地主就会扩大他的土地拥有量,同时尽量提高地租(当然是有限度的)。最明显的就是收租问题。逼急了,佃户会抗拒缴租,或弃田而去充当绿林好汉,甚至发动农民暴动(jacquerie)。[2] 于是,富裕的大地主们需要知县及其警力来确保地方治安及他们的收租合法权。但除此之外,情况往往相反:如果地方上情况恶化,知县在经济和军事上就得依靠士绅们的支持来恢复秩序。即使官员成功地做到了这

---

[1] 士绅文化本身便是社会有序而稳定的象征。1841 年期间,用于告诉那些逃离广州的人城市已经恢复秩序的手段之一,就是宣布将在书院对童生举行专门考试。据说,一半以上的逃离之人获悉此信息后就返回城里了。见《夷氛闻记》,第 3 卷。

[2] 法语:农民暴动。——译注

些,他还会面临进一步的问题:那些胜利的工具——乡勇组织或那些他采用非寻常的集资手段,现在都落到了地主们的手里。若县官能够全部重获他的权力,那么全面恢复秩序就有可能。但事实上,根据原发危机的严重程度,官员们往往会发现当地名流利用他们获得的那些工具来巩固自己在地方上的势力范围。最后知县会发现,甚至他的税收盈余也开始缩减,因为越来越多的土地被乡村精英们征购,而他们的法定纳税率却很低,或者索性根本没有被列入赋税登记簿里。[1] 这时,许多官员为了确保自身的收入自然会去加重那些自耕农户的赋税,转而又加深了社会危机。

假如社会危机恶化到了引发农民暴动的程度,那最后一个危险就会出现,这对朝廷来说是最危险的一种情况。任何一个农民起义领袖,在其威力及武力掌控的区域中,若没有士绅们的参谋和协作,他就无法指望能改朝换代。而做不到后者,他最终只能流于非政治势力的社会帮派匪徒而已。所以,清廷至关重要的政策是(尽管不明说):不让有识阶层与百姓力量有过分密切的接触。士绅们不可以掌控及最终利用他们协助朝廷控制的人民。正是出于这一点,清廷保甲控制体系的倡议者们绝对不让士绅当保长,也就是,控制体系的首领。[2]

简言之,这两种势力不断在跷跷板上进行平衡,两头分别是士绅势力与官僚势力。一个强了,另一个就弱了,倒过来也完全一样。士绅们总想获得地方权力,而官僚们也同样总想设法集权,使离心力量"去封建化"。

不过这个士绅—官僚的跷跷板模式,把情况极端化、夸张了。现实不可能这么明晰,这么典型。县官们与当地的名流有着共同的利益,而后者通过宗族,又与他们理应剥削的农民们有着更多的共同利益。士

---

[1] 见 James T. K. Wu, "The Impact of the Taiping Rebellion on the Manchu Fiscal System," *Pacific Historical Review*, 19 (1950): pp. 265-275。

[2] Hsiao, *Rural China*, p. 68.

绅，根据汉学家们唯一能达成共识的定义，就是那些在科举考试中获得功名的人士，他们的地位是被政府认可的，他们的领袖魅力便随之"派生"出来。因为功名带来特权，特权带来的财富又无疑通向官衔——这意味着：在严禁赤裸裸的自私自利方面，施行不那么苛刻的儒家中庸之道，以维护传统文明。但这里仍涉及权力平衡问题，而权力必须保持平衡，若发生过分离心倾斜，就会瓦解中央政府的权力。在历史上，出现这种情况时，往往就会产生一个新的朝代，从而建立起一个新的中央集权。但到了19世纪，在儒家传统和官僚们受到西方文化冲击的背景下，这只能导致中央政权本身被分裂成地方和地区结构。对于广东来说，这种分裂并不是因太平天国运动而发生，它在鸦片战争时就开始了。

地方权力失去平衡发生在禁止吸食鸦片期间。中国从唐朝开始就把鸦片当药物使用了。在17世纪初，鸦片成了一种上瘾的药品。但在1773年哈斯汀（Warren Hastings）领导的孟加拉理事会决定对鸦片交易进行垄断（在印度、中国、英国间建立起颇具盈利的三方交易）后，鸦片走私才真正开始泛滥。1816年，每年有3210箱鸦片运入广州；1831年增至16,500箱；到了1838年，成了40,000箱。清政府1729年颁布禁止吸鸦片令，但禁令完全被无视，以至于1796年和1800年又有一批禁令颁布，最终实行全面禁止鸦片进口。为此也有不定期的逮捕和警告，但对于禁止鸦片交易基本上没有采取什么措施，直至1820年道光皇帝继位，他满怀改革热忱，同时对鸦片交易的泛滥程度感到惊愕。[1]

道光皇帝对现有禁令的执行不力非常恼火，他开始酝酿地方主政官员负责制：在任何官员辖区，一旦发现有违反禁令的行为，就将根据严重程度向该官员罚款。但这个针对官僚的方法因其显而易见的原因而以

---

[1] David Edward Owen, *British Opium Policy in china and India*. New Haven, 1934, pp. 53-61，113-114；Hsin-pao Chang, *Commissioner Lin and the Opium War*. Cambridge, Mass., 1964, chaps. 3, 4；徐颂周：《鸦片输入中国考》，《中国近代史论丛》，台北，1958年，第156-158页；H. H. kane, *Opium-smoking in America and China: a Study of its Prevalence, and Effects, Immediate and Remote, on the Individual and the Nation*. New York, 1882, pp. 111-115.

失败告终。[1]

到了1829年，鸦片交易使贸易平衡起了变化。中国开始白银外流。1830年1月10日，朝廷颁布了另一道谕旨，对长江以南地区的银价上涨表示警觉。但鸦片仍在全国泛滥，因为水路巡查一直在与走私犯勾结。[2] 省级官员们开始发送鸦片买卖的准确情报，揭露他们的运输体系：零丁洋，"快蟹"船，内地交易线路，广州是交易要地。如果能在那里进行阻断，那么鸦片来源便可被割断，白银的流失将被堵住。于是，1831年7月4日，道光皇帝下令两广总督"殚心竭力"整治广东的鸦片买卖。[3]

与此同时，对当地种植鸦片者实行逮捕。另外，皇帝下令地方上恢复以往几近泯灭的保甲制。门户一旦被编入，就得画押"互保甘结"，保证其他四人不得种鸦片——8年后林则徐以此方法迫使英国商人签署类似甘结。[4]

以上三种措施，即官方加强现存法律执行力度，逮捕走私犯，抓获本地鸦片种植者，本该奏效，然而老问题出现了。当两广总督卢坤奏报说他已让百姓登记注入保甲制，收纳了甘结，并在本省彻底扫除了鸦片瘾，皇帝在奏折边上简明批注："此则不实。"[5]

到了1836年夏，鸦片的大量输入、银锭的大量流失比以往任何时候都要显而易见。正是在那时，一个新的声音出现了。对广州民情事务了如指掌的太常寺少卿许乃济，于1836年5月17日上奏皇帝，他恭谦地指出：禁烟不解决问题。归根结底，难道白银流失不才是问题所在吗？撇开社会道德问题，为何不以货物交换的形式将鸦片交易合法化呢？[6]

---

1 蒋廷黻：《近代中国外交史资料辑要》，台北，1958年，上卷，第24页。总体上，我的讨论很大程度上以张馨保，*Commissioner Lin*，第4、5章为基础。
2 蒋廷黻：《近代中国外交史资料辑要》，上卷，第24—25页。
3 同上，第25—26页。
4 同上，第27—28页。
5 同上。
6 蒋廷黻：《近代中国外交史资料辑要》，第29—32页；P. C. Kuo, *A Critical Study of the First Anglo-Chinese War, with Documents*. Shanghai, 1935, chap. 5；《清代通史》，第2卷，第914页。

皇帝同意考虑这个将鸦片交易合法化的建议,他让广东的要员们上奏发表意见。7月,行商们对许的建议表示热烈支持。9月,两广总督邓廷桢谨慎地表示,禁烟是不可能的,"例禁愈严,走私者伎俩愈巧"。针对此现状,官府应对本地区的鸦片交易实行垄断。一旦鸦片商收购了鸦片,就得缴税,就像其他贸易商那样,而那些欲从事贩卖的,必须从海关监督那里领取执照。[1]

从广州本地利益看,这个方案可谓完美:国家收入增加,海关可榨取更多的关税,公行也会在税收上盈利,而最重要的是,这能制约广东地区的腐败——这才是最关键的一点。现实是:要么朝廷坚持严厉的措施——已被证明无法得到有效执行;要么就是非法利益会一而再、再而三地增长。

次月,1836年10月,道德家们予以回应,三本高官奏折上呈。

礼部侍郎朱嶟直叙:鸦片交易违法不是禁令的正当理由。鸦片是邪恶的,是一种"泛滥的毒药",将毁掉人们的精神与道德。

江南道监察御史袁玉麟提出警告:一旦鸦片合法化,那人人都会吸上瘾。因此须强化现有的禁令。

其中,最重要的是兵科给事中许球,他宣称:代替合法化的唯一选择,不是对鸦片交易进行管制,不是让当地种植者注册登记,而是无论本地或外商鸦片商,一律予以严厉处罚。[2]

实际情况是,关于禁烟措施的观点分为两派:一方是那些属于广州"系"的,也就是对惩罚数百万的本地吸鸦片者或鸦片贩子很迟疑的人;另一方是那些认为吸鸦片是一种恶习,它威胁着帝国庶民的道德、身体健康及国家经济的人。这是中国历史上关于执政由来已久的一个争议:温和还是强硬,做司马光还是王安石。道德家们坚持一种近乎法家的观

---

[1]《近代中国外交史资料辑要》,上卷,第32—36页;*A Critical Study of the First Anglo-Chinese War, with Documents*, Chap. 5;《清代通史》,第2卷,第914页(并见第一章第10页,注1)。

[2] P. C. Kuo, *A Critical Study of the First Anglo-Chinese War, with Documents*. Chap. 5(译自:《第一次中英之战与史料的批评研究》,1935年,上海,第58页)。

点：法律必须得到践行，无论付出怎样的代价，或是否会导致社会停滞。其中的考量（Gestalt）[1]有：社会改良主义及对商人利益的不信任，重大的解决方案与庞大的技术，还有动员广大民众。总之，政权干预社会。

无疑，皇帝站在道德家一边。1836年下半年，道光皇帝命令总督邓廷桢抓捕所有贩卖鸦片的汉奸，所有行商中参与交易的人，所有囤积兜售、参与运输的船民，以及受贿的当地乡勇人员。1838年6月2日，鸿胪寺卿黄爵滋提出了最终也是最严厉的方案：让皇帝下谕旨，命令所有的吸鸦片者在一定时间内停止吸食，否则就处死。[2]对此皇帝开始征询各地督抚的意见。正是在这个背景下，林则徐的建议（加上他本人在湖北和湖南成功禁烟的政绩）得到了皇帝的关注。于是，林则徐被任命为钦差大臣，带着禁止交易和吸用鸦片的谕旨奔赴广州。

早在林则徐1839年3月抵达广州之前，两广总督邓廷桢已经开始了一场大规模禁烟运动，尽管他私下对一位部下承认：吸用鸦片已经如此普遍，禁烟几乎等于禁茶，已不可能。而邓总督的态度人皆知晓。当林则徐开始施行禁烟运动时，很多人来找邓总督，让他设法缓冲这位钦差大臣坚定的禁烟意志。[3]但林则徐忠诚不渝地执行皇帝的旨意。到了1839年1月，有345人因违禁而遭拘捕。但同时对鸦片上瘾者，并没有施予真正的惩治。[4]张馨保指出，关于禁烟突然在林则徐领导下转向严厉的说法是夸张的。他的观点不无道理。[5]但张没有强调的是：转向是体现在从打击烟贩子，转而打击吸烟人这一点上。这个转向，便是黄爵滋那个著名奏折的核心。奏折共39款禁烟章程规定：在法令颁布（1839年6月15日）的18个月后，若仍有人吸鸦片，将以绞刑处死。[6]

---

1 德语，原意：形、形式、模式。常用于心理学，指感知形式或意识模式。此处指这些思辨和争论中的考量因素。——译注
2 《清代通史》，第2卷，第915—919页（并见第一章第10页，注1）。
3 《夷氛闻记》，第1卷（并见第一章第10页，注2）。
4 *China Repository*, 7: 112, 232, 336, 437-441 (May, 1836-Dec. 1836).
5 Chang, *Commissioner Lin*, p. 117.
6 Chang, *Commissioner Lin*, p. 97.

以此令在身，林则徐在广东开始了声势浩大的扫荡烟瘾运动。

林则徐除了对鸦片走私犯和商人实行严厉制裁外，还在城门外建起一个戒烟瘾中心，让鸦片上瘾者自行前来戒烟，并设置了一套相当周密而复杂的监管系统。一、对于出入城市的旅客，他命令客栈和房东得对他们进行住宿登记，每五天上交官方检查；二、对于官员、士兵或衙门事务员，他在他们中间建立五人互保组；三、对于本城的吸鸦片者、兜售商、小贩，他亦严厉惩治，并奖赏举报者；四、对于郊外乡村地区的吸鸦片者，他下令建立保甲制。[1]

其中最后一条实为关键。1839 年 3 月，林则徐公开宣布：旧保甲制已失效，原因是其担保人靠不住。为了得到可靠的担保，钦差大臣不顾控制乡村的戒律，而决定让士绅们参与到他的新担保系统里。[2] 他向皇帝阐明：

> 臣等伏思吸食者虽善于讳匿，囤贩者虽巧于收藏，而鬼蜮情形，断难掩其乡邻耳目。因复通饬各属逐乡选举公正士绅，议立族党正副，挨次编查保甲，使之保良攻匪，有犯即擒。[3]

从道理上讲，每一个县都有乡村人口普查，士绅们可在其中选拔出德高望重的人士或宗族族长作为他们的代理。村子里建立的每五家门户组成的互保组，每家门上都要挂门牌，由代理们负责专事巡查。

这个政策产生了两个严重后果。第一，混乱和恐怖。许多烟瘾者被砍头，要不就是被扔进监狱或进入林则徐建立的那个戒毒中心。有人抵制那些被派遣来搜查的士兵进门，有人在街上设立路障。[4] 后来郭士

---

1 *China Repository*, (May, 1840-Dec. 1840), 9: 55-56, 560-572; P. C. Kuo, *A Critical Study of the First Anglo-Chinese War, with Documents*. Chap. 9.

2 Arthur Waley, *The Opium War through Chinese Eyes*. London, 1958, pp. 26-27.

3 《林文忠公全集》，第 4 卷，第 2 页上（并见第一章第 15 页，注 2）。

4 Lord Jocelyn, *Six Months with the Chinese Expedition*; *Leaves from a Soldier's Note-book*. London, 1841, pp.4-5.

立（Gutzlaff）叙述道："监狱里挤满了受害者，其中大多数是无辜之人，许多人死在里面，告密者大发横财，为占有有产者的财产他们被有意牵扯进犯罪，所有的合法贸易都终止了。奇怪的是，这场恐慌过去之后，鸦片进口量反而较以往更大了。"[1]

第二个后果是，这样一来，林则徐就非常依赖士绅们了。林则徐在广州长寿寺办了一个鸦片缴获及情报中心，士绅们也在城墙内的大佛寺建立了一个他们自己的监视点。[2] 对于城外地区，林则徐接受了邓廷桢的建议，授权香山县名人黄琮组织乡勇，允许他自行判断来抓捕和处决"汉奸"及鸦片贩子。[3] 类似的情况还有：乡村的保甲被地方名流们改编成军事组织。[4]

于是，意想不到的结果之一是，林则徐严厉的禁烟举措让士绅们在官方允许的情况下，控制了保甲以及新生团练。到了鸦片战争期间，当士绅们参与军事活动时，地方官府和地方士绅阶层之间致命的权力平衡，便开始倾向后者。

鸦片战争期间，广东的团练有三层组织。首先，最高层，控制最严密，是由正规军事官员指挥的"勇"。其次，是士绅们资助的民团，或由官方严格掌控，或与广州保持密切联系。最后才是真正的团练，其通常得到省里的批准，不过它是独立运作而不受官僚控制的。它们之间自上而下的顺序是：从官方到个人，从中央到地方，从正式到非正式。

勇，即雇佣兵。1840年7月，广州府招募新兵的棚子就设置在商馆前面。数百应征者排着长队，挨个去抬举那百来斤的重物。若举重成功，他们就被编入广州副将的队伍中，每月6银圆军饷，附属于一支正规军。[5] 偶尔，本地一个有过军事背景的人——这往往包括当过土

1　FO 17/155, Incl. 1, Desp. 71, May 21, 1849.

2　《东莞县志》，第34卷，第11页下。

3　同上，第52卷，第19页下；《香山县志》，第15卷，第8页下。

4　《东莞县志》第71卷，第1页下；《香山县志》，第15卷，第31页下。

5　*China Repository*, (May, 1840-Dec. 1840) 9: 167；Philip Kuhn, "The Militia in Nineteenth Century China," Harvard University, 1963, p. 114.

匪或海盗之类的，会得一个荣衔，领取一笔经费去雇佣船只和人员。[1]

然后是中间层，由省级官员的代理士绅们负责。其中，像杨永衍类，是典型传统意义上的"幕友"（私人秘书）；另外一些，级别高些的，主要在广州府与乡村士绅们间进行沟通联络。例如孔继勋，他是南海县罗格围人，知名学者，于1818年中举后，担任州学的学正；1833年获得进士，后来被任命为京师的国史馆协修。鸦片战争爆发的时候，他已经隐退了，但他答应出来担任广东督抚们的非正式军事顾问。正因为他在地方上的地位及他与整个广州府内许多士绅要人们的密切关系，他得以协助林则徐、怡良、祁𡊨等安排地方防务。[2]

中介人士联络的士绅们经常能够为省里的防务经费集资。很难说那些捐献的款项是否由宗族和地方组织共同分担，但其数量往往可观。如南海县恩洲的蔡文纲，他捐献的款项足够几个地方炮台官兵的供给。[3] 还有东莞县知名士绅陈北垣，他一人就为海湾防务捐出了7万多两银子。[4] 我们可以设想，尽管没有什么正式记录，但这些爱国行为想必得到了嘉奖，捐献者被赋予了官衔。

最后，还有一些乡间领袖，他们训练了乡勇，受命指挥一个本地要塞或炮台时，他们自己往往已被编入了官府等级制。[5]

在中层级别之下的，是更加个人化的真正的团练。尽管在战争前他们也许早就有组织框架，但一直到了禁烟运动后他们才得到官方的正式承认。[6] 接着，一些士绅被委以登记人口，防护本地，以及反"汉奸"的重任。1841年3月，当人们潮水般从城市逃到乡间时，地方官员动

---

[1]《香山县志》，第16卷，第4页上。
[2]《续修南海县志》，第13卷，第57页下。
[3] 同上，第17卷，第9页上。
[4]《东莞县志》，第71卷，第16页上。
[5] 同上，第52卷，第21页上；《香山县志》第16卷，第2页上。
[6] 方志中常说它们是直接从那些"排难解纷"的士绅中介组织中发展出来的。见《番禺县续志》，第20卷，第31页上。

员了更多的士绅来安抚民众,并让他们"关注事态"。[1] 实际上,许多地方名流在没有得到广州府允许的情况下已经自发地组织了团练。对士绅和不在位的官员们来说,这些活动顺应了时代对行动的呼唤,面对官方的无能,他们尤其感到这些行动的必要性。例如,林则徐被解职后一直留在广州附近,自费训练了八百来名志愿者。[2] 这样做,即使不完全出于爱国主义,也是为了防止盗匪抢劫的必要。顺德县的潘楷、番禺县的谢泽森、香山县的吴思树等,他们都各自组织了这类团练组织。[3]

假如我们能将其称为乡勇运动的话,这场运动在1841年5月保卫广州中凸显出来。根据夏燮的叙述,在保卫广州战斗中所有的乡勇都来自于南海、番禺及新安县[4]。从道理上讲,起码他们都是来自于"户抽丁"制——每户三个男人中抽一丁。100个丁组成一个传统的甲,8个甲组成一个总,8个总为一个社,8个社为一大总。但实际上,一个地区的大总人数,可能仅相当于另一个地区大总的四分之一。这是因为户抽丁制是在原有的地方乡勇基础上再度征募,而且所有的应征者必须在10天之内汇集抵达广州。[5]

结果证明,只有来自新安县的乡勇们在保卫城市战中起了作用。5月24日,他们配合清军,向一些英国舰艇发动进攻。其他乡勇,尤其是来自番禺和南海县的,他们于5月22日汇集在官军指挥之下,可当天晚上他们便乱作一群暴民,导致局面失控。而他们的军事参与则完全无足轻重。[6]

"乡勇运动"的重要意义在于,为动员乡村力量抵抗英国入侵,清朝官员能聚集起成千上万的男子,让他们热血沸腾。停战协议一签署,

---

1 《夷氛闻记》,第3卷(并见第一章第10页,注2)。《鸦片战争》,第3册,第391、539页。
2 Sir John Francis Davis, *China, during the War and Since the Peace.* London, 1852, 1:34.
3 《番禺县续志》,第24卷,第13页上;周朝槐:《顺德县志》,1929,第17卷,第9页下;阿英:《鸦片战争文学集》,第739—740页(并见第一章第10页,注2)。
4 新安县的新界,于1898年成为香港殖民地的一部分,香港岛本身原是新界近岸的一个小岛。
5 夏燮:《中西纪事》,第13卷,第1页上—2页下(并见第一章第10页,注2)。
6 夏燮:《中西纪事》,第13卷,第1页上—2页下(并见第一章第10页,注2)。

这些义愤填膺、情绪高涨的非正规士兵,失去了作战机会,于是就到处寻找发泄出口。[1]

1841年5月25日,三元里一带13名有识之士在牛栏岗村碰头——后来英军就在那里遭遇袭击——商议在当地组织团练。他们血誓结盟,选出三位领头,分头到各村去动员。这三人中最知名的是何玉成,他是本地享有名气的文人,有举人头衔,他要求地方政府承认他们的组织。他去南海县北部,在那里及番禺县边界一带负责团练的活动。[2]

其次是王绍光,他是后补县丞,曾因军功荣获六品顶戴(可能是在鸦片战争中),他负责番禺县6个客家村子。

再就是梁廷栋,他是三元里西面恩洲的一位要人,在地方上颇有影响,他把当地"十二社学"联合成一个防御指挥中心。[3]

在三位主要领导下面还有几个负责人,他们在三元里事件中负责各自部下:陈棠、潘世荣、梁彩煐,还有钱江——我们在后面还会提到他的名字。[4]

他们的团练组织与官方公文里户抽丁的结构不同,与"总"和"社"也不同。他们归属于一面"旗"下,旗帜上通常标有"义民"和村庄的名字。后者非常重要,它标志了每一个团练代表了某人来自的村庄。那些非正规兵总爱跟随他们自己村庄的旗帜前进或者后退,而不跟随其他村庄的旗帜。还有一面指挥整个乡勇队伍的黑色旗帜,它是从三元里佛庙里取来的,黑色意在祛除邪恶魔鬼。但非正规乡勇的基本性质不变,他们是当地各村子各团组的总会合。[5]

---

[1] 在三元里一带发生过几起强奸和绑架事件,这之后,在真正的三元里事件发生前两三天,又有一起乡勇攻击英国军队的事件。《道光朝筹办夷务始末》,第31卷,第7页上—8页上;《广州府志》,第81卷,第40页下;《中西纪事》,第6卷,第9页上(并见第一章第10页,注2);《三元里抗英简史》,第280页(并见第一章第18页,注3)。

[2] 《三元里抗英简史》,第281页;齐思和等编:《鸦片战争》,第4册,第24页。

[3] 《续修南海县志》,第19卷,第10页下;《三元里抗英简史》,第299页;《鸦片战争》,第4册,第24页。

[4] 《道光朝筹办夷务始末》,第29卷,第23页下;《三元里抗英简史》,第299页。

[5] 《三元里抗英简史》,第282页。

要是每个团练队伍都代表了对某个具体村子的忠诚，当他们汇聚在一起的时候又是怎么运作的呢？那些核心村子是如何上升为核心的呢？这场"自发"的民众运动又是如何被统筹起来的呢？

我们已经看到，是士绅们为此打下了桩基。只有在此运作层面上，乡村地区才得以超越单个村即"乡"的局限而在整个地区形成广泛的组织结构。通常，一个专门负责组织的士绅，会以一个乡镇为中心组织起团练网络，就像林福祥[1]在石井领导的"水勇"。他在那里聚集了人马之后，又说服了附近村庄的耆老把他们村子的旗帜都归到他的旗下。他还向每个村庄分发了大响锣，只要一个村子出现紧急情况，就鸣锣呼吁其他村庄前来救援。[2] 于是，团练的核心组织结构便延伸到其他相对比较松散的"旗"，但士绅领导并非农民的"自发"，此乃整个运动的基本性质。

广东历史研究会证明：当地大部分人参与了三元里事件的秘密社会，都与士绅领导保持步调一致，且完全没有因此而改变运动的性质。不过，也有人宣称说，城市里的"无产者"也参与了。

当最初胜利捷报传到广州城后，一些丝织工们放下手中的活，集合赶往三元里。他们多为手艺人，被称为"机房仔"，他们的作坊一般总是与广州城内该地段的一个佛寺相连。这些人在乾隆时期尤其重要，因为作为一个活跃的团体，他们练习拳击、武打、斗剑等武艺，还在传统节庆中结成吹打乐队。[3] 一言以蔽之，他们与现代中国台北能看到的那种在当地"拜拜"会上表演拳击和斗剑的社团组织完全相同。在台北他们通常被叫作"福乐社"。尽管其组织形式与秘密社会很相似，但当局

---

1 林福祥（1814—1862），香山县人。他研习过兵法，还曾经师从广东著名学者黄培芳研习经典。黄把林推荐给余保纯和琦善，此二人对这位年轻人的广州城防卫计划非常赞赏。穿鼻战役后，河流防卫陷于狼狈不堪之状，这时琦善授命林负责招募"水勇"。1841年5月，林福祥已经训练了500多人，并组建了由16只木船组成的舰队，专门负责巡视粤西的水域。当郭富率领英军在广州城北部登陆时，林带领人马在沿岸保卫城市。因为他的人马是那里唯一受过训练的中国部队，他决心在石井附近建立一个防卫中心。之后林福祥便消失于众人视线，太平天国时期他又重新作为叛军顾问出现。最后他在浙江被左宗棠的官军杀害。见冼玉清：《广东文献丛谈》，香港，1965年，第41—43页。

2 《三元里抗英简史》，第279页。

3 《三元里抗英简史》，第279页。

认为他们是"正派"社团，而非"邪派"组织。[1] 关于"机房仔"，最关键的不是他们的"无产者"出身，而是他们都来自恩洲，梁廷栋就在那里建立了"十二社学"联防。

无可避免的结论是：起义既非自发，也不是由农民领导。它是一系列长期的团练组织成形中出现的另一类，它基于谨慎而受官方认可的士绅们领导。

然而，103个村子最终都汇集于三元里的旗下。这或许是因为偶发的强奸案让25,000来名村民武装起来了？还是，如许多历史学者认为的那样，三元里事件宣告了近代中国历史上民族主义的诞生？

---

[1] 我能想起的欧洲类似情况，是法国19世纪末的compagnonnages（法语，同仁会。——译注）。

第四章　我们当中的汉奸

> 更富有的阶层在交易中消耗着他们的生命；经商是永恒的话题、最重要的追求、最高的乐趣，是他们所追求的唯一目标。
>
> 郭士立：《论中国贸易》，1839年1月10日[1]

珠江三角洲原是一片热带雨林区，热带动物在此出没，好斗的泰人在此生存。后来它成了南越的一部分——一片不规则的土地，由广西、广东、安南[2]组成。公元前3世纪秦始皇"平定"了该地区。当时被称为南海郡的广州，是南方部落蛮人地区中唯一的中国文明前哨。再后来，一位名叫赵佗的秦朝将军在那里创立了独立王国南越，他还建造起广州最早的城墙和宫殿。汉朝军队在此建立起朝廷的中央统治，把广州作为控制整个南部地区的要地。然而中国一旦进入了文明间断的黑暗期——汉朝末至隋朝初（220—589），广州就不再属于中央帝国。

7世纪初，南越再次被征服。在兴盛的唐朝（618—906），广州发生了变化。渐渐地，原来怀有敌意的蛮族部落开始采用汉人姓氏、汉人服饰、汉人习俗。北方来的移民开始在河谷的田野里耕种。被贬职的儒

---

[1] FO17/30, Incl.1, Desp.4.
[2] 即今日越南。——译注

家官员们被发配到此,在僻静的乡村衙门里度过他们的流放生涯。近代广东缓慢地成形。

广州随之发展起来。随着其行政作用越来越重要,广州作为一个大贸易中心的地位也日益上升。这是因为,虽然广州城与中原大地之间横亘着绵延的群山,但它却是中国通向东南亚的大门。唐朝时,修建了官道,穿越了著名的梅岭,广州的贸易也愈加繁荣昌盛。然而,祸殃袭来。公元758年,阿拉伯人和波斯人袭击并洗劫了该城。百余年之后,当被重创后的广州还处于修复阶段时,起义首领黄巢却要求唐朝廷把南越的统治权交给他。长安当然拒绝让这一诱人的桃子落到他贪婪的手中,黄巢便纵容部下抢劫焚烧了广州。12万外国人被杀戮,广州几近毁灭。[1]

假如广州仅仅是一个军事基地或行政中心的话,也许遭受灾难后它不见得每次都会被重建起来。然而到了8世纪,它已经能为自己拥有20万人口而自豪了,其中除中国人外,还有阿拉伯人、犹太人、锡兰人、印度尼西亚人、波斯人,他们以宝石、稀有木料、药材、香料,来交换中国的丝绸、奴婢、陶瓷等,唐朝因此而焕发出斑斓的异域色彩。[2] 交易的兴隆及从中获得的利润,都足以激励地方官重振广州。在广州漫长的历史中,一个持续现象就是官僚勒索商家的伎俩。广州与其他中国国际港口城市一样,一直是中央和地方激烈争夺的肥水之地。最终,税收落到了地方手里。在清朝(1644—1912)以前,贸易制度一直没有被中央统一化。后来,那个被我们现在称为"朝贡体制"的仪式,不仅被用来盘剥地方的财政收入,也被用来控制扰乱儒家王权。[3]

---

1 我对这段历史的概述是基于 Harold J. Wience, *China's March toward the Tropics*. Hamden, Conn., 1954, chap. 4; Hisayuki Miyakawa, "The Confucianization of South China," in A. F. Wright, ed., *The Confucian Persuasion*. Stanford, 1960, pp. 21-46; Chi Li, *The Formation of the Chinese People: An Anthropological Inquiry*. Cambridge, Mass., 1928. 我尤其参考了 Edward H. Schafer 的新著 *Vermilion Bird: T'ang Images of the South*. Berkeley and Los Angeles, 1967。作者慷慨地让我阅读了他未发表的手稿。
2 Edward H. Schafer, *The Golden Peaches of Samarkand: A Study of T'ang Exotics*. Berkeley and Los Angeles, 1963, pp. 28-32.
3 J. K. Fairbank and S. Y. Teng, "On the Ch'ing Tributary System," in *Ch'ing Administration: Three Studies*. Cambridge, Mass., 1961, pp. 135-144.

最早出现的挑战者是商人，他们作为一个阶层是在北宋（960—1127）时期形成的。"挑战者"一词听起来像是来自欧洲，容易误导。当时商人和官员之间很快就形成了一种互利关系。[1] 总之，无论何时何地，但凡有大规模交易存在，儒家王权就要确保对它的控制。在广州，公行因此而设立。对它的十几个成员来说，公行保证了他们在对外贸易上的垄断；对于皇帝的商业监督人即海关监督来说，公行代表了一个收入来源的有机体，那里汇聚了可以掌控的温顺的人质。从广义上看，公行对国家来说，则是掌控第二层挑战者——西方人的工具。

这里没有含糊不清。"挑战者"是恰当的用词。历史上，直到13世纪，广州的历史一直是汉文化缓慢向南扩张的历史。到了17世纪，这个趋势调转了方向，外部世界开始入侵中国。西方的重商主义力量与中国大地上的垄断力量碰撞了。

表面上看，欧洲的商业公司与中国的公行似乎没什么区别，它们各自的垄断最初都是为了满足国库，但实际上，二者有三点基本区别。

首先，欧洲的重商主义由一个完整的税务三角组成：王室、公司、国家银行。中国的体制只是二重结构：国家和公行，中间没有银行信贷，于是广州的商业显现不稳定性。

其次，公行须替外商向中国官方做担保，这点在欧洲闻所未闻。这个公行不情愿承担的担保商角色，在1736年后成了地方政府对中国商业的一种管理规定。所以，无论东印度公司与公行在发展贸易上做了何种努力，最终都会被海关监督限制住。到了8世纪，唐朝的藩镇对广州贸易如此压榨，以至于它不得不转移到河内。在18世纪同样的压力也存在。好几次英国人试图在别处做生意，如厦门和舟山，但那里的市场很快饱

---

1 Shigeshi kato, "On the Hang or the Associations of Merchants in China," *Memoirs of the Research Department of the Toyo Bunko*. 1963, 8:45-83; Etienne Balazs, *Chinese Civilization and Bureaucracy: Variations on a Theme*. New Haven and London, 1964, chaps. 1,2,4; Hosea Ballou Morse, *The Gilds of China, with an Account of the Gild Merchant or Co-hong of Canton*. London, 1909, pp.24-47; John Steward Burgess, *The Guilds of Peking*. New York, 1928, pp. 211-213.

和,而且那里的官员也同样贪婪。东印度公司最后又回到广州,而它一再面对同样的隐形盘剥:检验费、肆意的关税,以及"犒劳费"。[1]

第三种区别不那么明显,但确实存在。欧洲的商业公司致力于发展贸易,而公行的商人们尽力把贸易局限在现有市场的份额里,以此保证其在自己可控制范围内。无论双方的努力方向如何不同,贸易的确在增长,而且是自行增长,在整个18世纪和19世纪初,它的增长程度令人惊异。双方都获得了巨额利润。公行里最大的富商浩官(伍崇曜),1834年时他的财富估计为2600万银圆。他在河南的宅邸豪华犹如宫殿,有五百来个仆人,他的花园"万松园",举国闻名。[2] 此外还有其他成功的商人:宁波帮商人、好几百来自山西的钱庄票商,他们在广州定居下来后专门从事与西北地区的大规模棉花交易,发放银贷。还有四千来名从福州、潮州来的船商,他们放出的船只穿越了整个东南亚水域,他们控制了广州绝大部分的流动资金,并为内陆交易做中介商。[3]

然而,无论广州的商人们如何富有,他们最终既没有获得荣誉,也没有获得权力。近代开埠后,口岸的外国商人普遍遭到儒家文化的鄙视。虽然事情从来不是那么简单,但官方对广州的商业盈利的确怀有敌意。商人们增加了国库收入也许的确重要,虽然他们有大豪宅、在地方上也有影响力,然而他们永远仅仅是商人而已。

---

[1] 关于广州贸易的研讨,我主要参考了以下研究:T'ien-tse Chang, *Sino-Portuguese Trade, 1514-1544: A Synthesis of Portuguese and Chinese sources*. Leiden, 1934;张德昌:《清代鸦片战争前之中西沿海通商》,载于《清华学报》,1935年,第10卷第1期,第97—145页;梁仁彩:《广东经济地理》,北京,1956年;J. K. Fairbank, *Trade and Diplomacy on the China Coast: The Opening of the Treaty Ports, 1842-1854*. Cambridge, Mass., 1953, 2 vols.;程维新:《宋代广州市对外贸易的情形》,载于《食货》,1935年5月16日,第1卷第12期,第26页;Hosea Ballou Morse, *The International Relations of the Chinese Empire: The Period of Conflict, 1834-1860*. Shanghai, 1910、*The Trade and Administration of China*, 3rd ed. London, 1921;Michael Greenberg, *British Trade and the Opening of China, 1800-1842*. Cambridge, England, 1951;Louis Dermigny, *La Chine et l'occident: le commerce à Canton au XVIIIe siècle, 1719-1833*. Paris, 1964, 4 vols.

[2] H. F. MacNair, *Modern Chinese History: Selected Readings*. Shanghai, 1923, p.48;G. Allgood, *China War, 1860: Letters and Journals*. London, 1901, p. 24.

[3] SO 17/30, Incl. 1, Desp. 4, Jan. 10, 1839;FO 228/143, Incl. 1, Desp. 169, Oct. 28, 1852.

城市本身也反映出这一点。广州不是汉萨镇。它在行政上划分为番禺和南海两个县城,[1] 在政治上甚至都不是个整体。这是一个省城,而非商城,因为其商业区域坐落在城墙之外,几乎是一块非法侵占的地盘。在欧洲这类商人也许已经发展为纯资本家了,就像那些弗兰芒地区的商人,他们原先只是商贩,属于社会边缘阶层。[2] 但中国社会是官本位,国家集权制,收税和垄断资本是唯一确保的发财之路。广州的商人因此只能与国家及其官僚相依并存,而无法成为一个独立的、能挑战统治贵族阶级的强大阶层。无论他们到底具有何种社会地位和荣誉,有钱使他们最终无一例外地去买官,或者以士大夫的风度来大肆挥霍,这两种做法都在消耗资本。于是,中国的商人,永远屈尊于作为社会荣誉的象征——士绅。[3]

其悖论是,商人们力图模仿士大夫生活方式的做法,惹来的却是鄙视与轻蔑,因为一个地主羡慕的是河南官场,而对商人用钱买功名以模仿士大夫,他甚至感到是一种威胁。传统社会大多数人认为经商不义,[4] 这种观点在中国进一步受到儒家思想的强化。但对此倒没有出现什么明显的抨击,而是在当地名流中老有一种对这个城市及其生意性质的反感。时间一长,广州城就成了道德沦丧、颓废,甚至是社会无信无义的象征。

人们必须意识到城乡之间的区别,因为这可以解释当时许多令人困

---

[1] 广州的东半部,方圆约 40 公里,属于番禺县。三角洲土地在那一带终止,散落的村庄由条条可穿越的小径连接,而无须水路。沿黄埔口北上,番禺县通向小山脚的平原逐渐变得贫瘠,而每一块可利用的土地,都被耕种着。广州的西半部一直向西伸展近 30 公里,北至南约 56 公里,属南海县。它的地貌综合了番禺和顺德县,具有大片的三角洲土地。那里几乎与顺德县一样富裕,且人口稠密,大多从事养蚕业与农耕。在其水土欠肥沃的山坡地上,覆盖着甘蔗绿叶,从这个角度看,它仅次于清远县。见李文治:《中国近代农业史资料》,第 1 册,第 453—454 页。

[2] Henri Prenne, "Stages in the social History of Capitalism," in Bendix and Lipset, eds., *Class, Status, and Power: A Reader in Social Stratification*. London, 1954, pp. 504-506.

[3] Etienne Balazs, "The Birth of Capitalism in China," *Journal of the Economic and social History of the Orient*, 3 (1960), pp. 196-216; Ping-ti Ho, "the Salt Merchants of Yang-chou: A Study of Commercial Capitalism in Eighteenth Century China," *Harvard Journal of Asiatic Studies*, 17 (1954), pp. 130-168.

[4] Everett E. Hagen, *On the Theory of Social Change: How Economic Growth Begins*. Homewood, Ill., 1962, pp. 60-66.

感的现象。例如,英国人对 1841 年三元里事件爆发之突然非常震惊。义律本以为,由于他们与广州人民具有共同利益而能和平共处(modus vivandi),而且即使北部发生战争,他们之间的贸易仍可继续进行。3 月休战后,余保纯告诉义律,要是皇帝下令再次开战的话,他会通知义律,以便他们双方可以在远离城市的安全之地进行形式上的开战。[1] 对义律来说,这意味着当地政府将仅仅走一趟战争形式,而广州人与英国人的共同利益最终会使协调成为可能。

> 确实有各种证据表明,这座伟大城市中如此依赖对外贸易的人民,却被朝廷逼迫到了忍耐的极限。当我们成功控制了该城市时,很显然看到,当地政府对以下两种情况没有选择的余地:要么全然不顾百姓发自内心的不满(尽管不是公开抗议);要么全然地、直接地、正式地无视皇帝的意志。事实上后来的做法,有点广东省自行主张的意味。它不可能被干扰而不引起直接的后果,而在对清帝国如此关键的时刻,很难想象此地的高级官员们或是朝廷自己敢于招惹这些后果。广州城及其商业以及整个广东省……将在英国的保护下繁荣起来。人们很清楚,只要我们一撤销保护……他们立刻会重新成为他们政府的压迫对象。[2]

义律没有明白的是,对中国人来说"形式"要比"真实"利益更重要,因为中国人在政治上对英国人的反感正是源于后者不肯按正规模式进献贡礼。而这类细节对这位英国全权代表似乎并不那么重要,对于上下级之间的互动,他一开始很愿意按既定形式行事,只要能把他的外交

---

[1] WO 1/461, Elliot's letter to the Governor-General of India, June 21, 1841; FO 17/48, Elliot-Palmerston, Desp. 17, April 16, 1841.

[2] FO 17/48, Elliot-Palmerston, Desp. 17, April 16, 1841.

新内容传递到中国人那里就行。[1]对义律来说,重要的是城市居民的感情,而他们明显是要和平与贸易。甚至在他攻打广州的时候,他的良好心愿都没变。

> 我目前的目标是:打散那些从别省调集到广州的大批临时部队;我们再次北上之前,摧毁他们近几个月来强大的攻势准备;用罢免钦差大臣、加重其帝国国库缴纳部分满足英国王室正当要求,来驯服和削弱他们的士气和政府的财力。[2]

但他并没有提议损害"我们面前这座硕大而富裕的城市,以及那里众多的温良居民"[3]。所以他愿意接受城市赎金,尽管郭富将军非常恼怒:作为一个领导,怎么能"像一只羽毛球那样蹦来蹦去"的,把"眼前的贸易"看得重于"国家荣誉"呢?[4]但对义律来说,容忍是贵族风度:"我认为这座伟大而富饶的城市免于毁灭,或者免于任何其他祸害,将是有史以来最值得纪念的军律严明典范之一。"[5]

义律关于双方具有共同利益的天真,致使他确信英国应该直接求助于"人民"。于是各种布告被译成中文张贴出来。有一次他甚至请知府审批他的布告。[6]那些布告通常强调英国是与中国政府官员做斗争,而不针对百姓,广州百姓被告知:英国才是"该城真正的捍卫者",他们还让老百姓"考虑一下在他们中间的外省军队是否才是居民们的真正隐

---

1 义律想做成律劳卑(Napier)没成功的事,所以他愿意通过公行"禀告",而非直接"照会"总督来行事。对他来说要紧的是让对方知道,自己是个政治代表,而不是一个什么商务代理,哪怕用屈尊的形式向对方传递这个信息。但巴麦尊(Palmston)否决了"禀报"方式,而坚持直接与总督对话。见 W. C. Costin, *Great Britain and China, 1833-1860*. 1937, pp.31-37。
2 FO 17/46, 义律从伦敦给阿伯丁(Aberdeen)伯爵的密信,无编码,注明日期为1841年11月18日。
3 FO 17/48, Elliot-Gough, Incl. 3, Desp. 21, May 24, 1841.
4 R. S. Rait, *The Life and Campaigns of Hugh, First Viscount Gough, Field-Marshal*. Westminster, 1903, 1: 168, p. 171.
5 FO 17/47, Elliot-Palmerston, Desp. 12, March 2, 1841.
6 FO 17/48, Elliot-Palmerston, Desp. 17, April 16, 1841.

患"[1]。不幸的是，这些"伪"布告并没有收到预期的效果。可以预料的是，如此公然冒犯中国皇权必定会激怒官员们。[2] 但未能预料的是，地方士绅们也被激怒了。[3] 夷人闯入了他们家门。布告原本是士绅们影响农民的手段，而士绅们控制了广州郊外的乡村。英国人恰恰在这点上犯了根本性误判。他们没有意识到，在统治者和被统治者之间不存在根本对立，这种对立存在于城市和乡村之间。反复向城市居民求助，会导致农村武装起来，因为，随着时间推移，农村人越来越怀疑城里人与敌人在共谋。[4]

毫无疑问，广州市民与英国人的确有着某些共同利益。义律甚至被告知，公行曾正式向林则徐申述，恳请他不要宣战而妨碍贸易。[5] 无论这是否属实，林则徐本人确信，公行的商人们为了生意而背叛祖国。[6] 这样一来，公行便处于比平常还要不利的财政处境。即使在和平时期，安全的商人也随时被"勒索"。[7] 1773—1832 年间，他们向政府交纳的有记载的钱款总量达到 400 万两白银。其实仅伍姓一家就捐献了 1,000 万两。[8] 鸦片战争中，他们的交纳增倍，因为他们须显得忠诚。当皇帝让怡良向公行榨取建立新水师的资金后，公行的一位成员就单独捐献

---

1 W. H. Hall and W. D. Bernanrd, *The Nemesis in China, Comprising a History of the Later War in That Country with an Account of the Colony of Hong Kong*. London, 1847, p.173.
2 《道光朝筹办夷务始末》，第 23 卷，第 14 页上。
3 齐思和等编：《鸦片战争》，第 4 册，第 24—25 页。
4 同上，第 4 卷，第 91 页；《中西纪事》第 13 卷，第 1 页上；Kung-chuan Hsiao, *Rural China: Imperial Control in the Nineteenth Century*. Seattle, 1960, pp. 489-490；《林文忠公全集》，第 2 卷，第 5 页上（并见第一章第 15 页，注 2）；John J. Nolde, "The Canton City Question,1842-1849: A Preliminary Investigation into China's Antiforeignism and Its Effect upon china's Diplomatic Relations with the West," Ph.D. thesis, Cornell, 1956, pp. 34-49.
5 FO 17/48, Elliot-Palmerston, Desp. 17, April 16, 1841.
6 《道光朝筹办夷务始末》，第 9 卷，第 21 页上—21 页下。
7 梁嘉彬：《广东十三行考》，台北，1960 年，第 300—305 页。
8 Ping-ti Ho, *The Ladder of Success in Imperial China: Aspects of Social Mobility, 1368-1911*. New York, 1962, p.83; *Chinese Repository*, 2: 238-239 (May, 1833-April, 1834); T. F. Tsiang (Chang T'ing-fu), "Government and Co-hong of Canton," *Chinese Social and Political Science Review*, 15. 4: 606 (Jan. 1932); Wolfram Eberhard, *Social Mobility in Traditional China*. Leiden, 1962, part 2.

了购买一艘配有现代装备炮艇的资金,此炮艇由英国利物浦的福西特(Fawcett)建造。[1] 然而,无论捐献的数量有多大,这只能招致进一步的盘剥。商人阶层及被我们称为"买办"的大批中间代理们,依然遭受怀疑。广州的满族官员们坚信,成千上万的中国人迟早会与外国人勾结。"除业为汉奸者更无庸议外,其余亦华夷杂处,习见为常,且率多与夷浃洽。"[2] 成千上万的劳工在澳门、香港为英国人做工,更多的人为他们提供食品和其他供应。这种与敌人打交道的举动从来都没有被认为是"不爱国",但林钦差则尽其所能来强化对贸易和劳工的抵制。渔船按规定只能允许装载一日的供应;乡勇被专门组织起来吸收有可能投向英国人的逃兵。[3] 政府官员和地方"正义"士绅们对中英之间的友善非常反感且担忧。顺天府尹甚至提出把所有的中国船只限制在内河行驶。[4] 不过人们对此无动于衷,直至1841年3月出现惊恐。

由于虎门炮台实在不堪一击,"复仇神号"威胁着整个郊区,随着居民们逃离城市,恐慌蔓延开来了,人们开始寻找替罪羊。正是在这个时候,士绅们对城市的所有反感和对外国人的所有嫉恨都表现了出来,接着农民也开始流露这类情绪。突然间,随时随地都有了"汉奸"的影子,是他们打开了中国的大门让夷人进入。

"汉奸"一词早在鸦片战争爆发之前就一直在很随意地使用。例如,嘉庆皇帝就把那些充当暹罗贡使的中国商人称作"汉奸"。[5] 而且,至少

---

[1] 《夷氛闻记》,第3卷(并见第一章第10页,注2);Hall and Bernard, *Nemesis*, pp. 95-96.

[2] 琦善奏折,摘入 FO 17/46, Incl. 2, Desp.6, May 1, 1841;《夷氛闻记》,第3卷(并见第一章第10页,注1、2)。

[3] Hall and Bernard, *The Nemesis*, pp.134, 207. Arthur Waley, *The Opium War through Chinese Eyes*. London, 1958, p. 36.《林文忠公全集》,第6卷,第2页上—2页下;第8卷,第34页下;第9卷,第1页上(并见第一章第15页,注2);齐思和等编:《鸦片战争》,第4册,第27页。

[4] 《林文忠公全集》,第8卷,第31页上—35页下;Waley, *The Opium War through Chinese Eyes*. pp.94-95, 101-102.

[5] 张德昌:《清代鸦片战争前之中西沿海通商》,《清华学报》,1935年,第10卷第1期,第106页。

到了 1823 年,鸦片走私犯也被称为"汉奸"。[1] 那些仅仅因为商业或外交与外国人打交道的人,也被这个指控刺痛着。教授外国人汉语,或者替他们起草汉语文件的人,尤其被视为"背叛"了他们自己的文化,是叛徒。[2] 那个翻译了洪仁辉 1759 年禀文的人,就被当作汉奸处死了。过了很久后,在律劳卑事件中[3],当英国人无视所有这些先例而在商馆外张贴中文布告时,举报汉奸的事例又出现过。那时,梁阿发[4]正在向那些等待参加乡试的学人发宗教传单,当局就以为他是为英国人写布告的"汉奸"。为此,他被衙役从广州追捕到澳门,后来他逃到了新加坡。[5] 甚至在正常场合下,一个懂中文的外国人会很当心不要在一个中文布告前停步,因为他怕自己的买办会因为教他中文而受处罚。[6] 最后,鸦片战争爆发,"汉奸"一词更是被滥用,以至于广州的整个商界都被认为是汉奸。1839 年 12 月林则徐宣布抵制与英国通商后,持续引发对城里商人的敌意,他把那些继续与英国人做生意的人都叫作"奸商"。[7] 而他在 1840 年的奏折中表明,当前最大的敌人不是英国人,而是大批与敌人有交往的商人、船夫、劳工。林钦差对广州的商人充满鄙视。他刚抵达广州时

---

1 《林文忠公全集》,第 1 卷,第 5 页上,(并见第一章第 15 页,注 2);《近代中国外交史资料辑要》,上卷,第 24 页。

2 对儒家来说,文明是一整套技术总和。掌握它们,包括识字,就意味着统治不文明而无识的人,即弱者。有关中国官员对此观点,见李侍尧 1759 年洪仁辉事件奏折,载于《史料旬刊》,北平:故宫博物院,1931 年(台北,1963 年影印本),第 307 页上。

3 1834 年,东印度公司垄断被废除一年后,律劳卑爵士被巴麦尊派往中国,管理中英贸易。他试图与广州总督直接打交道,结果却不幸引起一场商业禁运,英国人向中国人展示实力只是徒劳,反丢了面子,非常尴尬。

4 梁阿发是马礼逊(Morrison)极少数的基督教信徒之一,他散发的小册子对太平天国领袖洪秀全有很大影响。

5 W. H. Medhurst, China: Its State and Prospects, with Special Reference to the Spread of the Gospel. London, 1838, pp. 278-282.

6 同上,第 289 页。

7 《林文忠公全集》,第 8 卷,第 34 页下(并见第一章第 15 页,注 2)。

就处死了公行一两个成员，以杀鸡儆猴。[1] 浩官[2]当时恳求谒见林钦差，随即得以在粤秀书院被安排接见。伍崇曜一被领入，立刻向林则徐殷勤地表示：一旦与英国人发生冲突，他可以献出全部家产。林轻蔑地答道："本钦差不屑你的钱财，只要你的脑袋，如此而已。"随即他下令关押浩官。据说，情急之下，伍商人向北京送去了大量钱财，这才得以幸免。显然，他再也没有忘记林的敌意。后来，在太平天国动乱时期，林被任命为广西巡抚，似乎重新受到重用，浩官则谨慎地向他捐献资金镇压起义，同时还送去了为官员们治病的西药。[3]

同英国人做生意，卖给他们食品，甚至为他们工作，都可以理解。但当中国领航员们引导英国船只穿越珠江盘横交错的支流时，这种勾结就是几近叛国，公众便加入愤怒的谴责浪涛。[4] 官面上，皇帝的钦差大臣力图把自己的遭贬归罪于无处不在的"汉奸"们，是他们削弱了他的水上防务。坊间，广州人民开始寻找罪魁祸首。一夜之间，乡勇开始频频杀戮汉奸，就像杀戮英国人那样。仅三元里地带就被杀了一千二百余名无辜之人。抢掠成风的清军将无辜的农民一律当成汉奸，借口肆意抢劫掠夺。[5]

可以理解人们需要替罪羊。政敌必须被贬到无处不在的"汉奸"行列里。英国人又够不着，而那些日积月累的挫折感、无望、恐惧只能对身边近处的目标发泄。至于士绅们，他们可能更是出于理性考虑。儒家认为，失败由道德颓败导致。而广州当时的情况，他们认为是一部分国民过多长期地与夷人"私密"相处而变得精神堕落所致。正如《中庸》

---

[1] E. Holt, *The Opium Wars in China.* London, 1964, p.79.

[2] 伍崇曜，著名的怡和行第五代，他自1833年9月起接管家业。见《广东十三行考》，第226—234页；Arthur Hummel, *Eminent Chinese of the Ch'ing Period*, pp.867-868; Wolfram Eberhard, *Social Mobility in Traditional China*, pp.82-84.

[3] 《东莞县志》，第34卷，第18页下。

[4] Hall and Bernard, *Nemesis*, pp. 133, 139.

[5] 《道光朝筹办夷务始末》，第29卷，第9页下，第23页上；第31卷，第8页上；齐思和等编：《鸦片战争》，第4册，第22页。

所言:"正己而不求于人,则无怨……子曰:'射有似乎君子,失诸正鹄,反求诸其身。'"[1] 换句话说,寻找替罪羊,归咎于他人,可谓人性常态。无以名状的压力往往导致它的受害者们四处寻找叛徒。我们见证过1919—1920年美国土著主义的红色恐慌:强化外部生活秩序,清洗社会的外来因素,其实是防御内部骚乱的一种措施。[2]

于是乎,对广州人来说,"汉奸"的形象,便包含了上述所有的反城市、反贸易、反外国人的成分。农民们也将汇入到乡村士绅们的纯粹主义和"正义"中来。

---

1 朱熹撰:《四书集注》,台北,艺文印书馆,1959年,第17页。
2 Stanley Coben, "A Study in Nativism: The American Red Scare of 1919-1920," *Political Science Quarterly*, 79. 1: 52-75 (March, 1964).

第五章　我们和他们

　　我等兆民，岂忍坐视？所以隐忍未发者，盖由仓卒之际，众志未联，迫后集众公盟，又阻官帅之和议，故暂居退自保，未敢擅行。……倘敢执迷不悟，故辙仍循，即修我干戈，整我义兵，壮夫尽力，壮士尽谋，举手则江河可平，埋伏则鬼神莫测，务必扫除净尽，使尔等片帆不返。

　　　　　　　　　　　　　　　　士绅布告，1841年5月28日[1]

　　1841年5月英军进攻广州，清军防御立刻崩溃。当防御官军"闲散地驻扎在城里"时，老百姓已普遍警觉起来了[2]：当局如何应对？谁来保护我们的城市？因此广州城的形势越来越紧张，直到一个不幸事件的发生进一步加速了全城的恐慌。一天，惊异而忧心忡忡的奕山，刚从他的小舟上岸，正在大佛寺前饭摊儿吃饭的一帮苦力一齐放下了手中盛粥的碗，跑到这位钦差面前，堵住去路问是否能救他们。这位满人钦差对这些草民的鲁莽行为很愤怒。他当即下令抓捕那几个苦力代表，就地砍了他们的头。集市上的人群看到落地的头颅一路滚向河里，惊恐而慌

---

[1]《三元里抗英简史》，载于《鸦片战争史论文专集》，第280页（并见第一章第18页，注3）。
[2] 夏燮：《中西纪事》，第6卷，第10页下（并见第一章第10页，注2）。

乱地抬脚让路。城市顿时陷入混乱。许多人与逃兵一起逃出城,另一些人开始抢劫外国商馆,乡勇与八旗军开战。[1] 一名中国官员报告:无数人挤满了大街小巷。毫无任何纪律可言,到处是混乱和嘈杂,目之所及尽是抢劫和杀戮。我们有数千士兵载满了掠夺的财物逃离,然后谎称在追逐敌人时迷了路。[2]

广州城内,许多居民祈求官员谋求和平。梁廷枏写道:"军帅伏处一隅,半筹莫展。百姓汹汹,谓兵不足恃,城必破,夷入必遭焚掠也。则扶老携幼,哭诣怡良,请权宜为目前计。"[3]

城墙外有良知的士绅们对城内之事愤愤不平。他们中一些人愿意派遣乡勇进城平定,但当局怕引起更多的暴乱和抢夺,便拒绝了士绅们的建议。现在,什么援助都没了。假如英军从城外高地扑向城内,谁知道那会出现什么情况?正是出于这种绝望,才签订了赎城协议。

尽管当地官员同意了这笔主要由公行商人提供的赎金,但它还是未经朝廷批准的一个非正式方案。[4] 朝廷并未获悉"贿赂"之事。相反,那场失败被粉饰成当地民众如何勇猛反抗的辉煌。北京断定,如果持续敌对,只会让当地的地痞们乘机抢劫和焚烧城市,就像他们洗劫了外国人的商馆那样。[5] 于是,在皇帝眼里,夷人没有得胜。要是英国人真想羞辱北京,他们得把攻势指向北方。

在地方上,出现了另一种思维。一方面,英国人已经撤离,随着时间的推移,当地的农民可以编造关于村民们如何勇敢自卫和人民如何英勇的故事和传说了。另一方面,所有的人都记得,是高层官员们(其中许多都是满人)懦弱地同意了赎城。于是一个新的神话产生了:广州人

---

1 《夷氛闻记》,第3卷(并见第一章第10页,注2)。
2 Sir John F. Davis, *China, During the War and Since the Peace*. London, 1852, 1:125-127. 关于这位中国官员给密友的信中所描写的广州沦落,见夏燮:《中西纪事》,第6卷,第15—20页(并见第一章第10页,注2)。
3 梁廷枏:《夷氛闻记》,第3卷(并见第一章第10页,注2)。
4 FO 682/912,《奕山等札广州府授权赎城中文本》,道光二十一年四月初七日(1841年5月27日)。
5 《道光朝筹办夷务始末》,第29卷,第1页上—2页下。

民打败了英国人,却没有加以彻底扫荡之,因为他们被自己人中的"叛徒"统治者们出卖了,他们与城里的商人串通一气。而这种想法也许是后来排外运动最重要的一个动因。它也从根本上决定了帝国的命运,因为后来任何官员只要在对待夷人问题上采取温和政策,就会被指控为通敌和背叛。

当广州知府余保纯去向义律支付部分赎金时,他不得不化装与义律秘密碰头。他有理由担心,如果他被发现向外国人送钱,就会发生无法控制的愤怒民众的暴乱。在老百姓眼里,余保纯及其他官员们是在"卖国"。农民们怀着对统治者们的谴责和鄙视唱道:

> 一声炮响,义律埋城。
> 三元里被困,四方炮台打烂。
> 伍子垣顶上,六百万讲和。
> 七七礼拜。
> 八千斤未烧,[1]
> 九九打吓,十足输晒。[2]

鸦片战争之前,"朝贡意识"让夷人循规蹈矩。当太阳和月亮都围绕着一个儒家世界旋转的时候,远道而来的陌生人得到一个仁慈皇帝的"怀柔",他们被置于不受外界干扰的活动范围之内。中国中心主义是自满自足和安全感需要的必然结果。当然,夷人并非总让人放心,因为他们就像动物那样行为不可预知而令人忌惮。[3] 但这个讨厌的变幻莫测性可以被稳固下来。官方对夷人商贸的不安,可以通过把外国人圈在商馆区域内来缓解。同样,中国人可以用把大鼻子欧洲人的行为综合归纳再

---

[1] 指设置在佛山的八千斤大炮,从来没有被用来射击过,后来被占领的英军拆除了。
[2] 阿英编:《鸦片战争文学集》,第247—248页(并见第一章第15页,注1)。
[3] 19世纪在广州,如果孩子哭闹,他们的母亲就会说要把他们扔给番鬼来吓唬他们。见 *Chinese Repository*, 11:326 (Jan.-Dec. 1842)。

加以模式化的方法,来缓解心理上的压力和不安全感,减轻普遍恐惧。

让人最为诧异的是:中国19世纪的整个外交史录中,对所有的外国使节,均未提及任何个人特点。自然,"公文"会把具体细节笼统化。但对19世纪40年代的中国统治者们来说,义律、文翰(Bonham)、德庇时等,根本不算什么名人,他们仅是"夷首"而已。所有的外国人都差不多——都被去掉面孔或没有任何特征和个性,仅具备群体特点而已。

其原因之一是,所有夷人都是图利者[1]。这种公式化概念让徐广缙、叶名琛等决策者如此盲目,以至于他们根本无法理解巴麦尊所说的民族尊严的含义。只要贸易仍在继续,只要夷人经商的经济胃口得到满足,为何还要力争进入广州城?

外国人也是不道德而好色淫荡的。每年海关监督都照例警告夷商:别雇佣男孩或情妇来满足他们的色情本能。[2] 外国妇女也不允许进入商馆。[3] 1830年4月里首次来了几个英美妇女,几乎让整个通商中断。[4]

1841年后,这份自大被恐惧取代,文化模式化呈现出一个可怕的特点。如此的"概念模式化",即勒费弗尔(Lefebvre)所指的概念同等(nivellement d'idées),滋生出一系列凸显种族歧视的观点。[5] 这种模式化(可以使人把各种印象都归纳在可以掌控的条理之中),"使一切凡与它有关的东西都充斥了同样的观念和情感特点"[6]。因此,在社会或情感的

---

1 《续修南海县志》,第19卷,第10页下。

2 H. B. Morse, *The International Relations of the Chinese Empire: The Period of Conflict, 1834-1860*. Shanghai, 1910, p. 160.

3 也许有人认为,这是因为中国人无法容忍与夷人混居的社区。只要陌生人栖身于帝国的边缘地带,且是临时居住又没有女人,或如澳门那样处于分离帝国之外,那他们就可以是文化上的客人。

4 W. C. Hunter, *The "Fan Kwae" at Canton before Treaty Days, 1825-1844*. London, 1882, pp. 119-120.

5 Gordon W. Allport, "Prejudice: A Problem in Psychological and Social Causation," Talcott Parson and Edward A. Shils eds., *Toward a General Theory of Action*. Glencoe, Ill., 1952, pp. 365-387; Centre International de Synthèse, *La Foule, Exposés par George Bohn, George Hardy, Paul Alphandéry, Georges Lefebres, and E. Dupréel*. Paris, 1934, p. 88; Herbert Blumer, "The Nature of Prejudice," E. T. Thompson and E. C. Hughes, eds., *Race, Individual and Collective Behavior*. Glencoe, Ill., 1958, pp. 484-493; W. A. Carter, "Epithets," Thompson and Hughes eds., *Race*, pp.375-380.

6 G. W. Allport, *The Nature of Prejudice*. Boston, 1954, pp. 20-23. 这一整体过程也被称作"外部构造"(external structuration),见 Hadley Cantril, *The Psychology of Social Movements*. New York, 1963, pp.51-62。

极度压抑期,这种模式化可以制造出众矢之的,而把秩序引入一个混乱的世界里。总之,偏见,以及最终的种族歧视,可以从我们上述分析的模式化里产生出来。于是突然间,所有的犹太人都是吝啬鬼,所有的日本人都奸诈,所有的黑人都会犯罪。

夷人都是图利者——这几乎等于惧怕经济剥削。令人意外的是,早在列宁主义之前,广州人已经开始觉察到每一个外国人都在阴谋夺取中国的财富了。[1]

所有的外国人都淫荡——这几乎等于典型的性恐惧。性方面的仇视而排外往往导致强烈的种族歧视。我们见证过美国南方关于黑人性功能强大的谣言所引起的恐惧,从而制造了关于黑人强奸案的传说,以及他们因此而付出被惩罚的沉重代价;我们见证过纽伦堡法令和纳粹在死亡营中令人恐怖的"种族清洗"实验;我们也见证了在台湾的"娱乐"区域,一些高级女陪同因陪同了美国大兵后就遭到中国顾客抵制。我们还看到,关于强奸的报道如何激怒了三元里的农民。所有资料证明,当时最轰动的事件,就与英国军队——通常由印度人组成(他们的黑色皮肤让已经对他们怀有偏见的中国人震惊)在调戏当地妇女的流言有关。[2]

八年后,在进城危机的高峰期,一位英国观察家估计,类似的性指控是老百姓最普遍的谴责。[3] 十二年后,盛行在中国中部的反基督教宣传,也是把外国宗教与色情等同起来,指控夷人牧师以神奇的方式诱骗中国妇女之后,她们的丈夫就无法在性上面满足她们了。[4] 简言之,早期的排外主义与性恐惧的歇斯底里在中国已融为一体。性冲动是最强大冲击力,性恐惧是最具爆发力的。二者无可避免地与种族歧视相连,因为二者涉及一种最根本的民族情绪,即人的寻根意识——我为什么是我,而

---

1 这种恐惧的痕迹可在士绅们张贴的布告中发现。参见《鸦片战争》,第 4 册,第 16—17 页。
2 齐思和等编:《鸦片战争》,第 4 册,第 16、22、167 页;广东省文史研究馆:《鸦片战争史论文专集》,第 279 页(并见第一章第 18 页,注 3);陈锡祺:《广东三元里人民的抗英斗争》,第 21 页。
3 FO 17/154, Bonham-Palmerston, Desp. 51, April 23, 1849.
4 Paul A. Cohen, *China and Christianity: The Missionary Movement and the Growth of Chinese Antiforeignism, 1860-1870*. Cambridge, Mass., 1963, pp. 90-91.

不同于他；我们为什么不同于他们。

广州人的仇外排外运动，并不是文化上因儒家朝贡意识形态形成的"我们"与"他们"的区别所导致。1841年后，一定程度的文化模式化演变成了种族标记化。但这些标记化还没有普及到全国。广州人的"我们"基本上局限于广东，聚集在本省范围内，甚至以"讲本地话"的广州为中心。[1]这可是最典型的"恐外症"：惧怕陌生人，任何陌生人。当1841年湖南的官军被调遣到广州时，地方上的士绅们就说服当局别让士兵们出城，因为湖南的男人患有性病的比例特别高。当湖南士兵仍然在夜里溜出城市后，流言说他们与广州女人睡觉，于是南海和番禺的乡勇们决定去袭击他们的娱乐聚会。乡勇们抓到湖南人之后就把他们杀了，直至"尸体高高堆起"。那些得以逃离的湖南人被乡勇们一路高喊着"汉奸！"给赶回城门内。[2]

这不是民族主义。事实上，如此强烈的民族身份意识，一般在这类社会的农民当中并不常见。现实中存在许多其他具体的忠于自身身份的对象：村子、家族、土地，甚至方言。用卡尔·多伊奇（Karl W. Deutsch）的话来说中国患有一种"总体社会传播不匀称"现象。[3]政府体系和官僚，二者维系着帝国，一旦溃塌，国家就分崩离析成较小的、不连贯的区域，它们可以由经济或方言划分而成。广东省就是这样一个地区，省内的人对本地相当忠诚。当时有一张反外布告宣称："我粤东乃文物之邦，岂容社鼠；人才皆英雄之士，尽识黔驴。爱举义旗，誓除妖孽……逆贼自当潜身缩首，私逃回国，苟全性命。"[4]

其他地方的中国人经常强调广州人的独特性，认为他们生性好斗[5]、

1　Karl W. Deutsch, *Nationalism and Social Communication: An Inquiry into the Foundations of Nationality*. New York, 1953, pp. 23-25.
2　梁廷枏：《夷氛闻记》第3页。《清代通史》，第2卷，第948页；第3卷，第45页（并见第一章第10页，注1）。《道光朝筹办夷务始末》，第30卷，第9页上。
3　Karl W. Deutsch, *Nationalism*, p.51.
4　《三元里抗英简史》，《鸦片战争史论文专集》，第290页。
5　《道光朝筹办夷务始末》，第79卷，第43页。

野蛮粗俗，而鄙视之。北方人总认为广州人喜食渎神之物，如幼鼠、生的猴脑、炒蛇肉，或生腌牛肉之类。[1]对此广州人的反应强烈而具有自卫性，他们以本地人的身份为荣。并不少见的是，20世纪杂志上广东人写的文章常常宣称，他们的省份是全国所有地区中最具有中国本土性的，而其他地区往往被蒙古人或满洲人侵占统治过，广东则保持了其"纯洁"性。广东话也是最接近古汉语的方言。而且，作为中国文化基础的家庭，在广东也是最牢固的。[2]

如此强调根蒂和"纯洁"性，是一个伟大民族或复杂文化中处于边缘或非中心地域的典型表现。民族主义者发声最响亮的人往往来自于这类地区，似乎他们比其他地方的人更感到必须持有那个与生俱来的根蒂感——来自科西嘉岛的拿破仑、出生奥地利的希特勒、格鲁吉亚的斯大林等。再举个近一点的例子：被称为黑脚[3]（pieds noirs）的阿尔及利亚人，要比巴黎人更具有自己是法国人的意识。广东人也具有对出生源头的执着，也许可以说这也是导致那场你死我活的土客冲突的部分原因。当然，广州一带方言众多，迫使那里的居民以语言为基础区别"我们"和"他们"。此外，长期与外国人接触，也让他们感到一种本身的特殊性。内在的团体只有在面对一个外部团体时，才会产生自我意识。[4]所以，当广州安稳的政治局面被英国人粉碎之后，广州人的排外几乎是一种自然反应。省城重点排外对后来的民族主义也许是一种不错的佐料。一旦你面对"广东人"和"夷人"，你自然就得是"汉人"或"满人"。孙中山的革命兴中会在广州地区扎根，亦非偶然。但在三元里事件前后，这种地方性的排外还仅仅是民族主义的雏形，它还不具备普遍适用性，更无以成为一种重要的政治意识形态。最关键的是，它不具备革命潜力。就

---

[1] E. H. Schafer, *The Vermilion Bird: Tang Images of the South*. Berkeley and Los Angeles, 1967, chap. 12.
[2] 陈序经：《广东与中国》，《东方杂志》，1939年1月，第36卷，第2期，第41—45页。
[3] 指穿着黑靴为法国作战的阿尔及利亚裔士兵，带有贬义。——译注
[4] 关于交往和反外主义关系的讨论，见：Kung-chuan Hsiao, *Rural China: Imperial Control in the Nineteenth Century*. Seattle, 1960, p.491。

像大多数前工业社会中的这类运动，它只是一种"合法屏障"，传统的统治者们仍然是正统文化的代表。[1]

一旦官员们吓住了地方士绅们，三元里暴民就解散，这一事实证明，士绅阶层对意识形态的凝聚是何等关键，在任何只要超过村民扔石头性质的事件上，他们都必不可少。农民因不具备革命潜力，不具有如"民族"或"中国人"这样广大的忠诚集体，便无法单个骚动起来，也就只能带有种族偏见地来反对"猪猡"或"强奸犯"而已。可见，不是民族主义，而是城市中心主义（对一个具体而特定的广州城的保卫），支撑了反洋人运动。

三元里事件在意识形态上是一个分水岭，因为它标志了反官府的社会骚动和反洋人主义运动的开始。长期的概念化，加上个体的压力，这些都突然找到了一个正式的组织代表——民间团练。孤立的个人突然意识到，他的义愤填膺是"社会公认"的。[2] 而正是士绅们的干预及鸦片战争的风暴，使广州四周郊外的农民们政治化了。他们意识到民众力量的激昂，[3] 他们一旦被动员起来，平定就变得很费力。这成了后来的模式，并左右了后来动荡的几十年里中国外交政策。三元里事件一位首领在战后以胜利者的姿态问道："又何尝见夷兵之可怕，又何尝见夷兵之利害？"[4]

1　E. J. Hobsbawm, *Primitive Rebels, Studies in Archaic Forms of Social Movement in the Nineteenth and Twentieth Centuries*. New York, 1963, pp.118-121.
2　Allport, *Nature of Prejudice*, pp. 57-58.
3　*La Foule*, pp. 84-91；Hobsbawm, *Primitive Rebels*, chap. 5.
4　《三元里抗英简史》，《鸦片战争史论文专集》，第 288 页。

第二部
大门口的陌生人：抵抗政治

（1842—1849）

第六章　忠义还是反叛？

> 不用官兵，不用国帑，自己出力……若不杀尽汝等猪狗，便非顶天立地的男子汉。我们一言既出，万折不回，一定要杀，一定要砍，一定要烧死汝等。汝若请人劝我，我亦不依；务必要剥汝之皮，食汝之肉，方知我等厉害也。
>
> 士绅布告，1841年6月5日[1]

1841年6月里，南海和番禺县的士绅们发现了一个新的军事胜利要素：民之意志。民众、士绅、官吏，团结一心，夷人怎敢与他们对抗？汉奸与忠义的对抗——南方惨痛的自相残杀，则将停止；民族的灵魂将得以治愈，精神将超越物质。[2]

民"奋"之诚挚，毫无疑问。三元里事件过了很久后，爱国的各支乡勇还在继续捉拿"汉奸"，他们还在黄埔一带袭击英国船只或登陆的士兵。[3] 士绅们所要做的，就是说服地方政府：民"奋"之情，既没错，也不具潜在的造反性。各种请愿书纷纷送达总督衙门，请求

1　《鸦片战争史论文专集》，第290页（并见第一章第18页，注3）。
2　阿英编：《鸦片战争文学集》，第739页（并见第一章第15页，注1）。
3　《道光朝筹办夷务始末》，第29卷，第24页下—25页上。

官方支持。"要知我辈素娴遗经，深知大义。"[1] 何玉成，即曾经领导过三元里民间团练的那位举人，他要求允许地方士绅在番禺县内组织县级的团练局。他向总督保证：农民们深明"大义"，士绅们可以为他们做政治担保。[2]

地方上的士绅欲保持团练，事出有因。首先，最紧迫的是为了保护农村地区免受流氓、逃兵或土匪的抢劫。鸦片战争导致社会一片动乱。英国人进攻广州时，成千上万的人流离颠沛。一位中国官员估计，在郊区每10家住户中就有8或9户被迫逃到乡村或老城墙内避难。[3] 那些从过军服役过的土匪们，则"像蝗虫般泛滥"。秘密社会亦公开抢劫掠夺。随着不再征兵，情况越来越糟，许多当地的名流都断定只有保存团练，他们才能保住自己的家族、土地和村庄。[4] 还有一些人确信，得依靠地方行动来保卫城市，哪怕保卫不了国家，也必须以防外国人入侵。显然，1841年5月的惨败后，八旗驻军派不上用场了。"今日之兵如此，则后日可知，一省之兵如此，则天下可知。"[5] 但最关键的是，三元里事件中团练运动激起的激昂气势，何玉成这类人是绝不愿看到它平息下来的。

几个团练局在这个著名事件之后开张了。[6] 但真正在组织上保持了民众运动（levée en masse）传统的是升平社学。李芳，三元里事件中一个不太重要的领导者，主动承担了在石井重建社学的任务。[7] 该社学创

---

[1] 齐思和等编：《鸦片战争》，第4册，第17页。

[2] 同上，第24页。

[3] 《道光朝筹办夷务始末》，第28卷，第23页下；第29卷，第23页下。W. D. Bernard, *The Nemesis in China, Comprising a History of the Late War in That Country with an Account of the Colony of Hong Kong.* London, 1847, pp. 162-163.

[4] 《道光朝筹办夷务始末》，第28卷，第23页上—24页下；第29卷，第10页上，第24页上。FO 17/48, Elliot-Palmerston, Desp. 16, April 6, 1841. 夏燮：《粤氛纪事》，第13卷（1869），第2册，第2页下。《东莞县志》，第70卷，第7页上。《续修南海县志》，第17卷，第6页上。

[5] 齐思和等编：《鸦片战争》，第4册，第23页。

[6] 《续修南海县志》，第15卷，第18页下—19页上；《鸦片战争史论文专集》，第294页，（并见第一章第18页，注3）。

[7] 石井社学所在地石井，位于三元里以北，在南海和番禺县交界之处，其遗址现为当地一小学。

建于1764年，曾服务于番禺县8个村庄和南海县5个村庄，后来该社址年久失修而被废弃。但在1841年5月那个群情激愤的事件中，这个废弃的遗址被用作林福祥的团练总部驻地。现在，这里成了最大的团练局所在地。[1] 到了那年年底，已有15至18个类似的团练局在当地的社学里成立，在形式上它们均属石井总局领导。这个团练系统以"升平社学"为统一名称。[2] 李芳一直是其实际组织者，由另外4名地方领袖的人马协助。但到了1842年，其名誉上的领导及代表人物则变成了何玉成的密友梁廷栋。且因他的出面，士绅们捐献出2万多两银子，而这15至18个团练均自称有近万人。[3]

那么这个团练的联盟怎样做到权力集中呢？李芳的指挥部动用了2万银子中的7000两来招募雇佣军的中坚核心力量，而团练的"外围"征集的都是临时兵。李芳后来把自己的总部从石井迁移到了江村[4]，以利招募乡勇。但7000两银子总有用完的一天。到了1843年，这个联盟就没什么音讯了。而升平社学倒是在后来的20年里，随战争和叛乱而不断出现。在很长一段时间里，它只是个名义上的组织。若政府不鼓励团练，它就没行动；若出现危机，团练局又开始运作。例如，在1849年，那两个乡的士绅们向升平社学联盟捐献了44万两银子的巨额，以助护城。[5] 且由于它的持续存在，南海县东北区域和番禺县西北区域的乡村得以发展起强悍的自卫传统，以使村民们在太平天国的动乱中免受灾难。更重要的是，升平社学成为后来所有团练的楷模。

相对而言，为三天的战役召集25,000农民不是什么难事。但如何在日常中保持民众的激情？什么样的制度性措施能使征兵常规化？保甲制一直存在，但它是个被动的控制性机制，而不是用来构建社会组织的

---

1 《三元里抗英简史》，《鸦片战争史论文专集》，第293页。
2 梁鼎芬：《番禺县续志》，第19卷，第8页下。
3 郑梦玉：《续修南海县志》，第19卷，第10页下─11页上。
4 江村坐落在番禺县西北角，与花县和南海县交界处相邻。
5 《三元里抗英简史》，《鸦片战争史论文专集》，第293、295页（并见第一章第18页，注3）。

积极机制。答案在于"社学"那里。[1] 凡是宗族的长者或一地区的士绅们要组织跨村庄的活动，社学就为他们提供一个"地方合作共事的汇合处"。[2] 例如，1836年，黄埔一带的村长们对秘密社会的活动警惕起来，于是24个村子联合在河南岛南边的集市上建立了一个以"社学"为掩护的公所。各位耆老在那里聚集，在选举出来的主事者主持下审讯不法分子，并把他们押送到知县那里。[3] 所以说，一个公所既可以被称作"社学"，也可以是诸村庄联合组织开会的地方。虽然揭发宗族成员参加秘密社会在政治上并不违规，也受到地方政府欢迎，但这类独立的城镇或宗族活动属于法定范围之外。清朝历代皇帝一贯对地方上未经官方正式许可的活动持怀疑态度，因为社学属半官方性质，其基调和功能均明显儒家化，如此，便得以为社区或士绅们的活动提供掩护。比如，广东"社学"的一个重要功能，是调节宗族间的争斗。[4] "时广州盗贼充斥，已酿成乱势，各村堡俱设公约社学，预备经费，请士绅为党正，以解争讼。"[5] 总之，社学在团练的发展上起了至关重要的作用。[6]

的确，道光朝广州的团练运动，是许多社学得以复兴的另一个原因，它们曾在中断的年代里衰败或荒废。团练的机构性功能体现在：社学是招募地，也是财政、会所、布告张贴处和操练场地。尤为关键的是，它们协助了团练运动在地方当局多疑的眼皮底下合法化。

---

[1] 见附录二。

[2] D. A. Low, "The Advent of Populism in Buganda," *Comparative Studies in Society and History*, 4. 4: 433 (July, 1964).

[3] *Chinese Repository*, 4:414 (May, 1835-April, 1836).

[4] 郑梦玉：《续修南海县志》，第15卷，第18页下—19页上；田明曜：《香山县志》，第15卷，第36页上—37页上。

[5] 郑梦玉：《续修南海县志》，第14卷，第47页上。

[6] 同上，第1卷，第16页上—18页上。

表1 三元里周围的社学

名称	建学时间	参与团练活动情况
石井	1764	领导升平社学
和风	1766	参加三元里非正规官军
同升	1801	组织1000人参加升平社学
光仁	1824	参加三元里事件的十二社学之一，后在红巾军叛乱时为三合会占领
佛岭	1827	原由小岗周围24个村庄组成。何玉成在这里设司令部。1841年后，它领导了当地的反洋人运动。红巾军叛乱时亦为叛乱者所占用
联升	1837	三元里事件中表现突出
西湖	1841	三元里事件中表现突出
淳风	1841	1840年代的反洋人中心
同文	1841	三元里事件中表现突出，后参与反洋人运动
莲湖	1841	组织许多非正规军参加三元里之战

参见：《三元里抗英简史》，《鸦片战争史论文专集》，第293—295页。

1841年5月的广州赎城后，省里的官员首次想到了复兴城市支离破碎的防御设施。[1]为节省开支，祁墳和奕山想让团练来修建。他们甚至建议虎门进行军屯，耕种打仗两结合。[2]而北京最在乎的是财政。[3]一支庞大常备军的重负是不堪忍受的。比如，在广东，仅仅维持一个士兵的最基本所需，每月就是四两银子。耕种结合的军屯和地方资助的团练

---

1 《道光朝筹办夷务始末》，第29卷，第23页下—24页上。
2 同上，第67卷，第38页上。
3 史澄：《广州府志》，第64卷，第11页下。

可以缩减那些开支。[1] 此外，广州的团练不是打起仗来比警卫官军还要勇猛吗？三元里事件后不久，闽浙总督颜伯焘请求朝廷利用民众在三元里事件中表现出的激情，在全国沿海地区全面建立团练。[2] 朝廷无疑对三元里的胜利感到高兴，但同时对非正规的团练感到疑虑。1841年6月28日，皇帝警告祁𡎴：此将有不可预料之后果，要他和奕山尽可能详尽地禀报广东非正规军的使用情况。[3] 而此二人在奏折里对团练的功绩赞不绝口。虽然他们对一些夸大的说法存疑，但无疑祁𡎴和奕山都意识到了：那些原被认作漠不关心、不义，且具有反满情绪的广东民众突然被证明对朝廷极有好处。这可是能挽救南方政策失败的一分力量。于是他们恳请鼓励"可靠的士绅"组织团练，以修建河流堤坝及在广州陆地上巡逻。但皇帝的先辈以往在广东遭遇过太多的麻烦而很难对他们的忠诚有什么信心，他仅简要地准许了修建计划，对团练则持保留态度。[4]

　　奕山、祁𡎴和怡良仍然坚持原意。1841年9月初，他们再次上奏皇帝，提出一个发展广州团练的总计划。既然帝国官军驻守广州，那里腹泻和热病瘟疫流行，且粮草供应紧张，那为何不解散他们回老家，代之以征用当地非正规军队团练呢？官员们还斗胆禀报皇帝：相关一些步骤已被施行，"是以奴才等先经拣派士绅余廷槐和黄培芳[5]等，分路前往四乡，鼓励士民，抽丁练团"。自那时起，南海和番禺县的士绅们已经征集了36,000多名乡勇，全都身强力壮，年轻勇为，血气方刚，全副武装，训练有素。[6] 他们的领头都是忠诚而正义的地方士绅，他们亲口向总督保证："二百年仰沐朝廷深仁厚泽，浃髓沦肌。"更有甚者，这些领头人物全面掌控了每一个村公所，也都自觉遵从联盟规则。"况沿海中路当贼之冲，香山、新安、新会、东莞等县，自去年以来，深赖官民互卫，

1　《道光朝筹办夷务始末》，第40卷，第27页上—27页下。

2　同上，第30卷，第15页上—16页上。

3　同上，第29卷，第22页上—22页下。

4　同上，第31卷，第4页下—9页上。

5　黄培芳是一位知名古典文学学者，也是广州著名书院学海堂的八大山长之一。

6　显然是指升平社学。

一律劝勉。如果民心既固，何患不众志成城？"皇帝终于诚服而同意他们的请求，且完全允许士绅组团练。[1]

这导致了1841年10月至1842年10月政府许可的团练活动。奕山本人甚至在1月公开为团练集资举办宴会。于是升平社学得以发展壮大。[2]

1842年8月，鸦片战争结束了。1842年10月1日，当南海和番禺两知县得知这个消息后，便下令解散团练。

> 前因英国事件，不得不驻扎军队，招募团练兵勇以保卫各地。兹宣布和平业已重建。守卫本县各地的官军以及所有团练，均须立即择日解散回家，以使军民均臻和平，无废常业。[3]

但战争真的结束了吗？那时，对中国人来说，是否具有对等国之间的战争这么个概念？孟子曾说："征者，上伐下也，敌国不相征也。"[4] 于是，在两个同样强大国家之间有未解决的冲突，是不符合儒家文明准则范围的。承认"国家敌对"，就等于认可挑战中国的夷人为"敌国"。所以，在1842年之后，英国人仍然被中国人的传统精神胜利法定为反抗帝国世界的"逆贼"。只有类似磕头之类的默认，才能恢复平衡。

正因如此，《南京条约》签署后，许多中国人都发现与英国人的关系没有任何变化。1843年1月，广州的一个团练局报告总督：英国逆贼正在城北秘密捣乱。[5] 那些逆贼仍可被"平叛"。而这意味着地方团练必须继续存在。

1841年7月，王绍光和高梁才这两位三元里事件的领袖决定，在番禺县东北白云的另一侧仿建一个升平社学的组织，他们把这个组织叫

---

1 《道光朝筹办夷务始末》，第32卷，第15页上—17页上；第33卷，第11页下—14页上。
2 *Chinese Repository*, 11:64 (Jan. –Dec., 1842); 12: 328 (Jan. – Dec., 1843).《道光朝筹办夷务始末》，第40卷，第27页上—30页上。
3 Chinese Repository, 11: 576.
4 Mencius, *Chin hsin*, 2.14（"尽心章句"，《孟子·尽心下》）。
5 齐思和等编：《鸦片战争》，第4册，第18页。

作"东平公社"。因为这两人是候补县丞,他们得到了官方和士绅们的大力支持。东平公社从来没有达到过升平社学的规模,它只汇聚了九千来名非正规兵,但它团结了客家和土著,甚至在士绅们的资助下建造了一座小型兵工厂。[1]

1842年10月团练解散时,王和高也解散了他们的公社。三个月之后,不知何故,他们又力图得到官方批准,重新开设团练局。在三元里事件前后,这是常见的措施。士绅代表们亦要求总督准许他们设立一块石碑纪念团练的英勇壮举。若这个要求得到批准,将会进一步鼓励团练活动。[2]

一年前,这类要求会立刻被接受。但1841年以后,团练已经发生了变化。理想的团练领袖能训练和武装村民,之后村民们回到村里便是招之即来的民兵,只要战斗的锣鼓鸣响,他们就立刻前来应战。只要广州附近的农民肯花他们自己的空余时间来接受培训和操练,这就没问题。然而,到了1842年年初,三元里事件激起的民众激情基本上已经平息了,士绅们发现他们不得不雇佣长期兵勇,把他们派往具体各地区,安营在那里的社学。[3]这种招募地方上失业者的方式,使团练组合了一个没有土地、训练有素且武装起来的雇佣军,士绅们须对他们进行控制。所以,当战争结束后,团练也许被"正式"解散了,但可能好多"幸运"的士兵被列入团练的领饷名单上——哪怕是为了防止他们去当强盗,也得如此。总之,一旦涉及职业化,那团练制度就自动地永久化起来,因为解散他们只会立刻产生出一帮半军事化的暴民来。

更糟的是,一旦战争结束,一些士绅们就不再投入爱国主义的支持。这样,团练组织就会落到不那么"正义"之人的手中。在当时和之前,地方名流是不会就这么去见一个村子里的粗汉,让他参加团练的。这必

---

[1] 齐思和等编:《鸦片战争》,第4册,第18—19页;《三元里抗英简史》,《鸦片战争史论文专集》,第292—293页。

[2] 齐思和等编:《鸦片战争》,第4册,第18—19页。

[3] 同上。

须通过社会的中介,通过那些在两头都能运作的人的安排。[1]那些人往往是级别比较低的士绅——生员,他们因为不具一定的声望,也没有上层关系,而不足以自己建立"社学"。[2]每一个团练组织都非常依赖这些人。比如,东平公社,它的靠山是组织者罗葆光[3]。这些人有的甚至从外省来:功名不高,被广州吸引,希望在抗英中获得名声和利益。他们"流寓省城",以伺机显露自己。

1840 年 11 月,就有一帮这样的人被一个善于辞令的叫钱江的人掌控。钱江本人则是那个时代幸运成功的士兵典型。钱江出生于浙江,少时专心研读巫术和兵法。他曾对朋友们说,当学者就是浪费生命,且会让人的军事本能变得迟钝。不过他本人则几次应考,数次落榜,最后买了个监生。[4] 不甘寂寞而野心勃勃,鸦片战争开始后,他来到广东,听说这里的乡村士绅们欲征集城镇和乡村的"盲流"来与英国人作战,于是他就冒充本地人丁入编团练。他向同伙保证:"盲流"的组织者们只要干好了,不仅能赚钱,还能得到军衔。这听上去不错,可惜他的同僚们中间没有一人是广州人。为解决这个问题,钱江让他们冒充世袭家族子弟,这个家族的名字在广州的孔庙(明伦堂)里有记载。然后钱江去找了一个叫苏朗莞的地方名流,后者向他提供了从本村团练局征集的款项。即刻,钱江将征兵布告贴满了沿河一带,上面说每个新入队者均可得两块银圆的赏金。[5] 为使整个事情显得更站得住脚,钱江将有关规章制度刻入木板,悬挂在明伦堂里。后来到底发生了什么,很难准确地说

---

[1] 在中国南方,甚至在正常活动中他们也避免面对面地直接接触,如土地交易、佃故纠纷、婚约、决定产品价格等,都须通过中介人。见 Daniel Kulp, *Country Life in South China: The Sociology of Familims*, 1: p.99。

[2] Ping-ti Ho, *The Ladder of Success in Imperial China: Aspects of Social Mobility, 1368-1953*. Cambridge, Mass., 1959, pp. 35-37.

[3] 齐思和等编:《鸦片战争》,第 4 册,第 18—19 页。

[4] 《清史》,台北,1961 年,第 4829 页;谢兴尧:《太平天国史事论丛》,上海,1935 年,第 137—144 页;张相文:《南园丛稿》,北平,1929—1935 年,第 8 卷,第 9 页上—11 页下。

[5] 出于某种原因,码头一带卖腌菜的小贩往往会加入这类团练。见 FO 228/126, Meadow's report, Incl. 1, Desp. 9, Jan. 7, 1851。

清楚。但所有说法都提及，他领导这个团练队伍参加了三元里之战。有的记载甚至说，1842年12月里他带领暴民焚烧了外国商馆。然而，后来他被指控滥用苏朗尧征集的款项于美酒、女人和堂会。到了1843年4月，他作为团练领头已具相当的资格，于是他到总督衙门要求被任命为地方防务官。[1]

正在这时，全国开始了一场关于团练的激烈辩论。[2] 是否应该允许东平公社那类组织存在？一方认为团练表达了民众的正当意愿。[3] 祁𡎴禀奏："臣等愚昧之见，总以民为邦本，民心坚定，则国势自张，外夷之所惮者在此，内地之所恃者即在此。"[4] 以耆英为首的对立一方则警告：团练很可能失控。[5] 人民是"正义"的，但朝廷若欲采取一种温良的对外政策，就会激怒地方团练，那些"爱国"勇士转而会成为危险的叛军。问题的关键在于控制。高层和可靠的地方士绅们对团练到底有多大控制权？

祁𡎴无意之中对上述问题提供了答案，当他对斗胆而厚颜无耻的钱江失去耐心时，一下子使他支持的士绅们处于不利境地。他下令抓捕钱江后[6]的消息很快传到北京，皇帝确信：团练已落入那些"假公济私、

---

1 齐思和等编：《鸦片战争》，第4册，第28—31页。
2 《道光朝筹办夷务始末》，第67卷，第10下。
3 同上，第67卷，第8页上—10页上；Philip Kuhn, " The Militia in Nineteenth Century China" (Harvard University, 1963), pp. 117-121。
4 《道光朝筹办夷务始末》，第67卷，第36页下—39页上。
5 Philip Kuhn, "The Militia," pp. 115-117.
6 钱江最终被流放新疆。在那里他发现自己作为一个活跃分子的名声已经超越了他本人所料。他几乎成了强硬政策的象征，而耆英之流则想反其道而行之。因名望流传于边疆的守卫官军，不久他得到赦免。之后，他从新疆远行到北京，徘徊于各大臣之间，为各种计划建议奔走游说，但得到的却是无视。不过京城的有些官员也赏识他，试图为他安排职，但遭拒绝。愤愤不平的他，据说在获悉太平天国胜利的消息后快速反应，宣称"吾之才能不可埋没"，然后搭了一辆旧马车溜出京城，去武昌投奔洪秀全。据说他向天王献了一个征服中国的宏大计划。但罗尔纲认为，事实上这个会面从未发生过。最后钱江与其他一些团练骨干去扬州投奔雷以諴的幕府。的确属实的是，钱江"发明"了一种叫作"厘金"的新税收。最终钱江被自己的成功冲昏头脑，狂妄不已，以至他的靠山雷以諴被激怒而将他斩首。见罗尔纲：《太平天国史辨伪集》，上海，1950年，第117—149页。

假托明伦堂名目刊贴告白",以"煽惑"百姓的人手中。[1]

于是,到了1843年夏天,政府最高层决定永久解散具有潜在反叛性质的团练。而事实上,19世纪40年代里团练在广东继续秘密存在,以维护地方治安,也作为反洋人运动的工具。[2] 但就全国政策而言,团练再也没有重获那种名正言顺及"正义"的声望,直到1849年徐广缙如此成功地再次动用他们为止。

---

[1] 齐思和等编:《鸦片战争》,第4册,第29—30页;Philip Kuhn," The Militia," pp. 121-122。
[2] J. F. Davis, *China, During the War and Since the Peace*. London, 1852, 2: 29-33;《东莞县志》,第34卷,第23页下;Philip Kuhn," The Militia," p. 122。

第七章　入城的两难境地

官吏惧怕人民，而非人民惧怕官吏。

李太郭致敬璞鼎查，1844年5月1日[1]

1842—1849年间，主导广东整个政治的唯一问题是：中国人拒绝让英国人进入广州城内。外交方面的矛盾一目了然。英文版《南京条约》第二条阐明，英国人有权居住在五个通商口岸的"城和镇"内。但中文版只允许他们"寄居城市港口"。这一误差就成了各派力量之间的矛盾，导致两国政府处于不断的危险冲突之中。[2]

"英国商人们对与中国贸易潜力无限的传说，与官方确信这是极度夸大之间的冲突"，便是英国政策的特征。[3] 在《南京条约》签订后的若干年里，英国在广州新成立的商会与强大的曼彻斯特商会之间保持了频

1　FO 228/40, Desp. 8, May 1, 1844.
2　关于这个问题的一些精彩叙述中，尤其值得一提的是：John J. Nolde, "The 'Canton City Question,' 1842-1849: A Preliminary Investigation into Chinese Antiforeignism and Its Effect upon china's Diplomatic Relations with the West" (Cornell University, 1956); "The 'False Edict' of 1849," *Journal of Asian Studies*, 20; 299-315 (1960-1961).
3　Nathan A. Pelcovits, *Old China Hands and the Foreign Office*. New York, 1948, pp. 2-3; Arthur redford, *Manchester Merchants and Foreign Trade, 1794-1853*. Manchester, 1934, chap. 9; Hsin-pao Chang, *Commissioner Lin and the Opium War*. Cambridge, Mass., 1964, chap. 2.

繁的联系。这个商业团体最终确信：1844年以来广州令人失望的贸易利润，是因为英国官方对强行入城表现的犹豫不决所致，另外还有中国对内陆转运征税的原因。曼彻斯特商会一再地向巴麦尊表达了这个观点。[1]甚至在德庇时于1847年采取了措施后[2]，这些英国贸易部门仍不满足，他们要求施行一个"更加强硬"的政策来"征服广州失控的反民"。[3]

英国官员对这些呼声无法充耳不闻。说穿了，贸易是英国在远东外交的主要目的。只是在1852年之后，当"米歇尔报告"[4]介绍了中国经济的自给自足特点后，政府才意识到贸易并不见得跟随征服而发展。[5]但在19世纪40年代，在中国的英国官员不得不继续服从曼彻斯特商会的坚持而要求广州——即中国，向英国开放商贸。可以肯定，英国政府的外交前后出现过摇摆。1841年8月，辉格（Whigs）党派被皮尔（Peel）的保守党接替，针对巴麦尊激进的外交政策，阿伯丁勋爵开始了外交降温期。基佐（Guizot）得到安抚，女王访问了路易·飞利浦，于是亚洲安静下来。自然，后来，土豆荒和自由贸易危机使皮尔内阁垮台。到了1846年12月，辉格党重返政坛，约翰·罗素（John Russell）公爵进了唐宁街10号，巴麦尊主持白厅。即刻，皮尔的外交政策被推翻。在西班牙王室联姻问题上，英国与法国翻脸，而巴麦尊开始在亚洲强行推进英国利益。[6]在中国，强硬政策便反映在进入广州城的问题上。当时有300名外国人困居在旧商馆一带21英亩土地内，他们郁闷而沮丧，因

---

1 Pelcovits, *Old China Hands*, p. 14.

2 参见本书第八章。

3 Liverpool East India and China Association, *China: Correspondence between the Liverpool East India and China Association and Lord Viscount Palmerston in Reference to the Hostile Proceedings at Canton in 1847*. Liverpool, n.d., p. 12.

4 1852年这份为英国外交部准备的报告，分析了远东贸易情况，它指出：中国是一个经济上自给自足的国家。报告首次破灭了曼彻斯特商会成员想拥有大清帝国4亿消费者无限市场的神话。

5 Pelcovits, *Old China Hands*, pp. 4, 16.

6 Elie Halevy, *The Age of Peel and Cobden: A History of the English People, 1841-1852*. London, 1947, chaps. 1-3.

为太羡慕在上海的同事们,他们要求进入城内的呼声日益高涨。¹ 领事和公使们都越来越感到英国可不能被广州的暴民们屈辱。对于广东的官员们来说,只要中国人把夷人挡在城外,他们就可继续蔑视英国权威而暗中阻挠贸易。²

他们的中国对应方,特别是那位两广总督兼理通商事务钦差大臣耆英,由于帝国军事上的疲软,他面临着更紧迫的压力。阪野正高很精彩地描述了耆英的两难境地:

> 他与军机处大臣穆彰阿关系密切,后者在北京掌握实权,且在鸦片战争中为主和派首领。穆彰阿和耆英的外交政策基本上是"抚夷"战略的翻版,目的在于尽可能地维护现有政权。其政策背景为整个帝国官场及士大夫、官员们普遍的排外情绪,以及广州凶猛的反洋人运动。其结果,"抚夷"框架中的主和政策建立在一个极其脆弱的平衡之上,它依赖的是穆彰阿的派系和耆英的老练运作,以及对英国军事力量的惧怕。³

而这个平衡中的最不稳定因素,就是广州摧毁性的排外情绪。1841年9月16日,当民众对官方在三元里事件中"背叛"行为的记忆仍然清晰之时,广州知府余保纯去广州市考场主持府试。南海县一考生名列第一。当余保纯到达考场时,南海和番禺县的考生们却开始起哄,他们喊道:"吾辈读圣贤书,皆知礼义廉耻,不考余汉奸试。"他们向余保纯扔掷砚台,并把他赶出考场。当南海和番禺的知县力图平息考生时,暴

1　Harley Farnsworth MacNair, *Modern Chinese History: Selected Readings*. Shanghai, 1923, sec. 27; Hosea Ballou Morse, *The International Relations of the Chinese Empire: The Period of Conflict, 1834-1860*. Shanghai, 1910, p.356.

2　John K. Fairbank, *Trade and Diplomacy on the China Coast: The Opening of the Treaty Ports, 1842-1854*. Cambridge, Mass., 1953, 1: chap. 15.

3　Masataka Banno, *China and the West 1858-1861: The Origins of the Tsungli Yamen*. Cambridge, Mass, 1964, p.7.

民们则指控他们"有清贵的金顶子不戴，而戴着污糟的白顶子"，还说他们应该把花翎戴在额前，而非脑后。其中的意思，对两位曾经在三元里事件中帮过余保纯解散闹事暴民的知县来说，实在是无地自容，却心知肚明。二人最终还是平息了考生骚动，但考生却拒绝考试，除非知府辞职。民众的呼声如此强烈，余保纯不得不递交辞职书，且暂时由易长华接替。[1]

这是很合乎情理的骚动。指控的基础是儒家信条，考生们是在遵循所有既定的礼仪教规下开始暴力反抗的。[2] 从传统上看，造反有两种：一种是反对地方官员滥用权力，一种是针对政权体制或朝廷。反抗者们的对立情绪必须体现忠义和地方性。[3] 实际上，替皇上受过往往是一个地方官最好的效劳，但对于官员本人来说，这类倒霉事件却意味着丢乌纱帽，甚至更糟。对北京来说，类似事件可导致最终的叛乱。而一种温和的外交政策对双方都是致命的。

耆英很快意识到这点，但为时过晚。他已经被夹在两壁之中：英国人要求进城，中国人强烈排外。

广州的士绅们一旦获悉签署了《南京条约》，抵抗就开始了。布告一张张地贴出，流言此起彼伏。[4] 民众们警觉起来。1842年12月2日，有一个关于形势的公众大会。当一组士绅欲宣读关于要求保持镇静和温良的宣言时，另一组便开始激烈抨击，会议在混乱中解散。让事态变得更糟的是几位外国太太，她们恰恰在这最不适之时抵达商馆，这乍一看

---

[1] 夏燮：《中西纪事》，第6卷，第12页上—12页下，（并见第一章第18页，注3）；*China Repository*, 10: 527-528 (Jan.-Dec., 1841)；《三元里抗英简史》，《鸦片战争史论文专集》，第286-287页。

[2] 后来排外暴动经常发生在考试期间，因为那时极端反洋人且因赶考而经受巨大压力的乡村考生们都汇集在府城。参见 Paul Cohen, *China and Christianity: the Missionary Movement and the Growth of Chinese Antiforeignism, 1860-1870*, pp. 86, 90-95, 105-106。

[3] Kuang-chuan Hsiao, *Rural China*: *Imperial Control in the Nineteenth Century*. Seattle, 1960, pp. 433-436；Morse, *International Relations*, p.372.

[4] Yen-yü Huang, "Viceroy Yen Ming-ch'en and the Canton Episode (1858-1861)," Harvard, *Journal of Asiatic Studies*, 6. 1:47-48；Nolde, "Canton City Question," pp. 183-193.

让人觉得关于英国人已经计划立刻进城的谣言是真的。作为平息事态的最后一搏，两广总督和广东巡抚联合下令禁止张贴布告、召开集会，或公开反对官方政策。

次日，即 1842 年 12 月 7 日，整个事态失控爆发。一名在商馆附近逛游的印度士兵与一水果小贩争执起来，最后士兵把小贩刺死。愤怒的民众迅速赶到商馆，开始攻打并放火。第二天，更多的人赶来，他们在冒着烟的现场进行抢劫。仅在这时，官方才派遣了 200 名士兵清场。同时耆英怀着歉意地拿出大笔的赔款，并将十来名领头暴民斩首。[1] 他的坚定果断对策似乎很成功，公共骚乱一下子平息了，局势恢复正常。

七个月之后，1843 年 7 月，耆英满怀信心地宣布：广州很快将向外国人开放。但出乎他的意料，这则消息引发了一系列同样的请愿、布告和集会。耆英只好对璞鼎查承认此刻进城不合时宜，公众情绪太亢奋，英国人必须等待公众情绪平息。璞鼎查因仍对印度兵鲁莽的暴行感到不安，便默认下来。[2]

接下来的三年相对平静。璞鼎查与耆英相处得很不错而不愿重提这件似乎不那么重要的事，阿伯丁勋爵不想冒险，英国的商会则忙于在那里计算它的赢利而顾不上考虑去打搅那兴旺的广州贸易。自然，总有些小麻烦不时会出现，但双方的好意能让事情得到相应的处置。[3]

1844 年，璞鼎查作为公使退休了。他的继承人是个老练的中国问题专家——德庇时[4]。德庇时认为：英方未能在三元里事件中制服"暴民"，而这是英国在鸦片战争中最大的失误之一。[5] 任公使一年来，德庇

1　FO 17/59, Pottinger-Aberdeen, Desp. 71, December 20, 1842; W. H. Hall and W. D. Bernard, *The Nemesis in China, Comprising a History of the Later War in that Country with an Account of the Colony of Hong Kong*. London, 1847, p.377; Morse, *International Relations*, pp. 360 -371; Fairbank, *Trade and Diplomacy*, p. 83.

2　对此的详述，可见 Nolde, "False Edict"。

3　FO 17/71, Pottinger-Aberdeen, Desp. 163, Dec. 14, 1843; Morse, *International Relations*, p.328.

4　他曾任东印度公司翻译，并曾于 1816 年陪同阿美士德（Amherst）使团访问北京。

5　W. C. Costin, *The Great Britain and China, 1833-1860*. Oxford, 1973, pp.115-134.

时更加确信，进城问题是中国人反抗的关键。他对耆英说，中方对此已搪塞过久，《南京条约》的条款必须得到遵守。耆英的回答与以前一样：老百姓的反抗情绪太激烈，英国人若硬要进城的话，他无法保证他们的安全。德庇时因阿伯丁的再三告诫而不得不承认，排外事件在近几年内有所增加。但是，若英国人无法正式进入城市，至少他们能要求中方保护他们在乡间地区的安全。然而，一次又一次，英国人员在小村子里遭到辱骂、抢劫、被扔石头，而那些小村户落恰恰是排外最激烈的。

接着是长达六个月的领事级无序的商榷。1845年6月，马额峨（James MacGregor）先见了广州知府，之后见了南海和番禺知县。中方强调，英国人散步游逛唯一安全的地方是商馆一带。对此，中方态度坚决。《南京条约》中文版第六条的补充条款规定，在通商口岸的英国人活动不得超越地方政府和英领馆"各就地方民情"认可的距离范围而进入乡村地带。[1]这个局面僵持了约三个月。最后，马额峨以红白脸兼用的方式说服了知县到城外张贴官方公告，向民众宣布：外商在广州经商已有200年之久的历史，他们为当地带来了巨大的利益。皇帝本人也决定和平相处，因为中国人和夷人应当合成一个大家庭。此外，与中国人一样，外商也喜欢外出运动。民众不得阻碍他们无害的郊游。[2]但这些儒家口吻的老生常谈却无法改变老百姓的敌意。再说，知县们仅仅张贴了10张布告，且是张贴在一些不起眼的地方。[3]马额峨对中方的这些做法非常恼怒，他继续请求他们合作，南海县令最后终于承认说，官员不敢显得过分偏向洋人，以免激起民愤。他告诉马额峨，只有皇帝的谕旨才能平息民众的这般敌意。然而，这类谕旨得需三个月才能获得。[4]这时，马额峨终于摊出最后一张牌：若英国人入城再次被拖延，舟山将不会被归

1　FO 228/51, MacGregor-Davis, Desp. 53, June 6, 1845.
2　同上，Desp. 73, Sept. 27, 1845.
3　同上，Desp. 93, Nov. 19, 1845.
4　用加急传送的话，仅需一个月。

还中国。[1]

耆英很快意识到收回舟山对他和穆彰阿"抚夷"外交政策的胜利意义,因此他一直指望着于次年1月22日付清那最后一笔款项。现在马额峨提出的警告,是得到了德庇时批准的,那将意味着赔款可能会不足以收回舟山,他们会要求中方对整个进城问题表示诚意。[2] 于是,耆英决定再努努力。1846年1月13日,一份官方布告宣布:外国人必将进城。然而,士绅们对这一官方政策的反对几乎到了叛乱的程度。

这是抗拒。乡村士绅们曾经警告过耆英,"吾乡之民能为国家效力,不愿从抚也"[3]。对此,总督采用余保纯在三元里事件中使用的方式:威胁士绅,迫使他们设法控制村民,平息骚动。1841年时,士绅们恐慌了,但这次他们却选择拿起武器。到了1月14日,大街小巷都贴出了布告说,夷人只要踏入城市,将被杀戮。若外商的护卫企图保护他们,则将面临同样下场。广州的高层官员不仅软弱,而且天真。

> 殊不知英夷生长在化外之地,邪恶之乡,兽面狼心,面目似虎,狡诈如狐。彼等所以不敢贪求广东全省,仅仅在于彼等不得进入广州城,未能探听国家之虚实。[4]

与此同时,耆英派遣广州知府刘浔秘密地与英国人商谈进城一事。不知什么原因,这个秘密会谈的消息被泄露出来。流言说,知府正在商定让夷兵列队入城市的日期。1月15日,刘浔会谈归来。在回城的路上,他被一个坐在路中间的苦力给粗鲁地阻挡了。知府立刻下令揪住那人的脑袋,加以鞭打。几千名围观的市民开始嘟哝咆哮起来。"官方清道以

---

[1] 根据《南京条约》第12条款:一旦鸦片战争赔款付清,舟山回归中国。并见:FO 228/51, Desp. 107, Dec. 18, 1845; Desp. 112, Dec. 31, 1845.

[2] FO 228/61, MacGregor-Davis, Desp. 11, Jan. 22, 1846.

[3] 夏燮:《中西纪事》,第13卷,第13页下,(并见第一章第10页,注2)。

[4] FO 228/61, Incl. 1, Desp. 8, Jan. 21, 1846.

迎洋鬼,其以吾民为鱼肉也。"刘浔见势不妙,下令打道回府。刘浔一行离去,民众尾随之,退场变成了逃离。当刘浔抵达衙门时,暴民推开卫兵,追随他进入衙门,有的甚至闯入他的私邸,并放火焚烧他的官袍,一边叫喊"彼将事夷,不复为大清官矣"。另一些人追逐知府到后花园,幸而他已从那里的一个门洞逃入巡抚住宅。[1]

这是名副其实的市民暴乱。19世纪40年代英国蓝皮书里载满了关于市民暴乱的记录。骚乱刺激了他们,而他们反之又鼓动了骚乱。一个太平商场集市里的众人时刻都会变成一群怒吼、尖叫的暴民,让外商和本地官吏因此而惊恐万状。欧洲中南部工业化之前的城市也曾经历过城市暴乱。那时,那些城市本身还没有工业,城市被划分为官府、教堂或贵族区域,以及之外的平民住宅区。这是罗马、那不勒斯、巴勒莫或伊斯坦布尔,与伦敦或者弗莱明的主要区别。在后者,公会是组织群众运动的主要机制。广州自然具有一些工业,但其行会仅仅是保护性协会,不具备清晰主张阶级利益的功能。所以,其城市暴乱并非出于政治动因。政治行动一般是以城市为中心,且充满了爱国主义精神,而不是具体忠于某个阶级。一旦这种行为超越了市民暴乱性质,就可变成"合情合理"。因为,首先,它是以皇帝的名义;其次,它用传统的老调指控知府像寄生虫一样鱼肉百姓。尤其是,这些指控带有一种新的令人困扰的基调。知府之所以是寄生虫,是因为他偏向外国人。城市暴民已经开始把他们的官员与外国人相提并论起来。这种相提并论在其他地方的类似情境下也出现过:弗莱明的暴乱、瓦特·泰勒(Wat Tyler)造反、塔波尔派(Taborite)起义,都把当时社会的领导阶级与外国同盟者或其利益等同起来而导致了强烈的仇外情绪持续升温,使社会处于动乱。暴乱让它们的社会都经历了一个强烈的民族意识阶段。

---

[1] 夏燮:《中西纪事》,第13卷,第2页下—3页上;光绪《广州府志》,第81卷,第43页上;《清代通史》,第3卷,第458页;陆钦墀:《英法联军占领广州始末》,载于《史学年报》,1938年12月,第2卷第5期,第267页。

与上述的情况相比，中国的阶级不满与"民族主义"是互相结合为一体的，且充满了潜在的革命性。皇帝仍然是合法性代表，但同时已出现后来的反满苗头。

这次，士绅和市民已不再仅仅满足于知府辞职。布政使和按察使力图平息事态时，骚乱反而更激烈了。到了1846年1月16日，官员们开始慌乱。布政使和按察使都开始否认他们曾企图反对"忠义的"百姓，而夷人必须挡在城外。[1] 随之又是总督耆英和巡抚黄恩彤无能的道歉：为他们在过去被迫屈从于夷人的要求而深感羞愧，不过现在他们无意偏向夷人。耆英甚至托词：他是在试探公众反应，他完全无意让夷人进城，"若民众全都反对英国人进城，我等怎会逆众人意愿而行，屈从英国人的要求？请勿存疑虑"。[2]

广东的激进分子获得了毋庸置疑的胜利。迟到的皇帝谕旨（本于12月已答应下达）也丝毫未质疑这一点。皇帝给夷人的信息充满了惯常的说教，什么"双方友谊""怀柔远人"等。英国人只得到一个在广州经商的含糊允诺。耆英利用谕旨而命令地方士绅不得以"公义"之名张贴布告或采取任何扰乱秩序的行为。[3] 但人都不傻，总督已丢尽脸面。他唯一可安慰自己的是：英国人因惧怕温和派被激烈分子排挤，而把进城的事项推一边去了。3月11日，英法美宣布："皇帝陛下已经声明，经过了一段时间的安全稳定，允许外国人进城是安全而正当的，仅因中国政府目前无法镇住广州民众，公使们同意推延进城，但英国女王陛下并未取消这个要求。"[4]

朝廷也不能无视南方的动乱。1846年3月10日，皇帝收到了湖广道监察御史曹履泰的奏折而警觉起来。曹履泰上奏：广东百姓的仇外情绪空前高涨。外国人的要求使民众越来越疏离了他们的官员，而地方士

---

[1] FO 228/61, MacGregor-Davis, Desp. 6, Jan. 16, 1846；Morse, *International Relations*, pp.377-378.

[2] 英译的耆英声明，见 FO 228/61, Incl.1, Desp. 13, Jan. 23, 1846.

[3] 同上，Desp. 25, March 25, 1846；Desp. 23, Feb. 5, 1846.

[4] Costin, *Great Britain*, p.124.

匪则利用一系列的危机来进一步达到自己的目的。最糟的是，地方政府已经彻底失去了对团练的控制，士绅们不再理会官方通告。曹履泰认为，朝廷的外交政策必须针对国内危机做出新的调整。在进城问题上朝廷应当采取强硬态度，以免南方沿海地区百姓起来造反。[1]

1846年5月28日，皇帝收到了耆英对湖广道监察御史的回复。[2]总督把广东的反对派分成两拨：一部分是忠义士绅，另一方是捣乱者，他们会利用任何外交危机来暴动造反。在此情况下，总督提出三步对策：第一，处置造谣者和暴民头领；第二，对英国人采取强硬态度；第三，赢回士绅们的支持。第一步已经部分实现："一面饬令地方官密访严拿，务获首要各犯，置之重典，已徼效尤。当将次第妥为布置，及匪徒解散。"[3] 不幸的是，民众与官吏之间的鸿沟已不易弥合：尽管彼此方式方法各异，而目的相同，双方本应一条心，"但官则驭之以术，民则直行其意，其间微有不同。"[4] 二者之争，犹如鹬蚌之斗，而让渔翁（大英帝国）得利。广东人太蛮横，太排外。"广州通商数百年，并无夷人进城之事。而民于夷，无论妇孺，皆呼为番鬼，不以齿于人类。"[5] 更有甚者，他们的仇外情绪导致了团练的成立，而后者可以是混乱和造反的根源。"团练出于招募，因有壮勇之名，而无赖游手，不免杂错其间，故一旦撤退，往往流而为匪。"[6] 当然，并非所有的团练都应受到谴责。那些类似升平社学的团练组织，是名副其实地忠义守法。

> 若社学则各聚其乡之父兄子弟，互相保卫。无事散处田间，有事听官调遣。法有类乎士兵，意不外乎保甲。虽其众尚不足数万，

---

1 《道光朝筹办夷务始末》，第75卷，第13页上—14页下。
2 同上，第75卷，第34页下—39页上。
3 同上，第75卷，第35页上。
4 同上。
5 同上，第75卷，第36页下—37页上。
6 同上，第75卷，第37页上。

而均有公正士绅，为之钤束。[1]

最初反对官府的不是士绅，最初焚烧商馆的也不是士绅。士绅们及他们的团练基本上都是忠义之人。他们开始质疑官方政策时，事态就变得严峻了。在近期的危机中，他们首次拒绝执行官府的命令。这是真正令人警惕的。若政府继续以牺牲地方爱国者的代价来取悦夷人的话，那么"诚恐变生肘腋"[2]。

然而，两难境地仍然存在。若在抓获可疑的乡勇和暴民头领之前夷人找借口入侵的话，广州将经受类似1841年和1842年的乱局。而这次，还有可能变成公然造反。但从另一方面看，若某种温和外交政策得以实施的话，也许夷人会太平，但士绅却会变得不安。

只有一条路可循，即：用象征性的调整来安抚夷人。这会给广州当局一定的缓冲时间，这期间他们可依靠当地可信赖的士绅们来除掉潜在的动乱分子。计谋和灵活性则是关键。"没有一种力量是不能驯服的，我们应当能够用夷人来治理夷人。"[3] 然而，耆英能够在安抚英国人的同时平息广州民众吗？圆的能变成方的吗？

---

[1]《道光朝筹办夷务始末》，第75卷，第37页上—页下。
[2] 同上，第75卷，第37页下。
[3] 同上，第75卷，第38页下—39页上。

第八章　黄竹岐村：来不及了

> 英夷伤天害理，贪官污吏鱼肉吾民，与之为伍，此乃我国之奇耻大辱，五百年所难湔洗！
>
> 　　　　　　　　　　　　　　　　　　　　　　　告示[1]

1846年7月8日，一个名叫康普顿的英国商人与广州一个卖李子的小贩争吵起来，暴怒的英国人殴打了小贩，并把他拖拽入中和商行。紧接着，一群店主、劳工及小摊贩纷纷聚集到路边，呼吁释放这位同胞。外商们因没见官军来驱散聚众，其中一些头脑发热的人便用猎枪自行武装起来走出商行驱散那些闹事者。结果，一片混战，三个中国人被击毙。[2]

英国在近五年来遭受的多次攻击中，每一次都曾强烈要求赔偿，绝大多数情况下中方都答应了。但现在情况反过来了：此刻，在对待罪犯

---

[1] 引自：M.M. Callerty & Yvan, *The History of the Insurrection in China*. London, 1854。
[2] FO 17/120, Incls. 1, 4, and 5, in Desp. 1, July 9, 1846. John Nolde 非常周密地在他的论文中考证了这一事件。见 "The 'Canton City Question,' 1842-1849: A Preliminary Investigation into Chinese Antiforeignism and Its Effect upon China's Diplomatic Relations with the West" (Cornell University, 1956)。

这个问题上，我们又回到了"休斯夫人"号的时代。[1] 这次，耆英用自己曾经数次对付璞鼎查和德庇时的同样方式，要求他们惩治犯罪方。

随着事态发展，消息传到英国。巴麦尊迅速压住了中方攻击的势头，同时也满足了曼彻斯特商人们的游说，他以地道的罗马公民（civis romanus sum）[2] 精神，毋庸置疑地宣称：攻击或侮辱英国居民的行为必将受到惩罚。而那三个人的死亡说到底是由暴民失控造成的，而非开枪商人的错，而且中国政府忽略了自己本应承担的管辖责任。所以，实际上中方应当惩治暴民首领。此外，为保证今后不再发生类似事件，此后英国战舰将停泊在外商馆附近的沿岸。[3]

以上是巴麦尊的公开立场。私底下，他告诫德庇时别肆意招惹中国人的敌意，商人们必须意识到，女王陛下的公使是不允许他们那种自发武装行动的，因此有必要判定究竟谁必须对商人的武装负责任。[4]

显然，唯一可以怪罪的是康普顿本人。根据中方的调查，康普顿在这次动乱发生的前四天，曾卷入了类似事件。那次，这个易怒的英国人在靖远街上踢倒一名水果摊小贩，并用棍杖殴打前来干预的衙役。幸好一伙买办及时赶到，康普顿才得以从愤怒的民众手中脱险。而7月8日发生事故的那一天，其实先是另一名外国人与卖李子小贩发生了争执，当时康普顿正在中和商行楼上谈业务，听见街上的争吵声，他冲下楼去干涉。后来他把小贩捆绑起来毒打，然后又把他拽入馆内。[5]

英方从没否认这些事实。他们只是说，康普顿把小贩拽入商馆内是因为他欲将小贩束缚起来交送给地方当局。事实上，就连巴麦尊都被这

---

[1] 1784年，远洋货轮"休斯夫人"号的礼炮击毙了一名中国人，清廷要求对方交出罪魁祸首。自然，几乎无法确定到底是哪位炮手引起的事故。最后，为了保证货轮得以卸下那高吨位的货物，"休斯夫人"号船长只好找了一位倒霉的水手交给粤海关。水手很快被勒死。

[2] 拉丁文，出自西塞罗演说。他呼吁：任何在罗马帝国内旅行的人，只要宣称自己是罗马公民，安全就必须得到保障。——译注

[3] FO 17/120, Palmerston-Davis, Desp. 3, Oct, 3, 1846.

[4] 同上，Desp. 5, Oct, 17, 1846.

[5] 同上，Ch'i-ying-MacGregor, Incl. 1, Desp. 7, July 19, 1846。

个管闲事的英国人弄得很恼火，此人又一次把中英双方拖入一场麻烦的冲突之中。[1]

在其他事务方面德庇时也面对各种压力。他身后的英国商会叫嚷着要进行报复并受军事保护。英国商业界巨头查顿（Jardine）尤其坚持：立刻在商馆前部署一艘战船。[2]

耆英身后是当地的士绅，他们要求对三位广州死难者赔偿。到处可见的布告都愤怒地表述了同样的内容：地方官如此惧怕得罪夷人而无法保护民众免遭杀害。皇帝的圣旨可是"视人命关天"的。假如一个人在帝国的任何一个地方被杀，而那里的官员只要在惩罚罪犯上"略微显出缺乏诚意"，民众便有权向皇帝控告此官员。这是天下不可更易的大法。而现在，当夷人杀害了大清子民，当地官员们却惧怕惩治："高官们对此事置若罔闻，对洋鬼子敬若神明，却鱼肉百姓，视人命如草芥。"士绅们一旦公开表了态，地方社学便自动担当起惩罚洋人罪犯的责任。[3]

耆英像他上报皇帝的那样来应对这些威胁。为了约束市区暴民，他在小业主中选出一两个人，在城市最不太平的区域充当监视和探子，一边向衙役下令：只要出现闹事者就予以逮捕。此外，为防止惊恐蔓延，一旦获悉有关事件的任何消息，立刻公之于众。与此同时，由广东署理粮储道专门负责并确保能得到可靠的地方耆老和士绅们的合作。最后，为防止事态发展成开战的导火线，耆英决定遵循中英条约规定与马额峨紧密配合，把这次暴乱的诱因与普遍排外情绪区别开来。[4]

皇帝赞同这些计划："公平料理，不可令该夷有所借口逞刁之事。"[5]

然而，对于这些措施的最终结果，耆英的内心并不像他竭力展现的

---

[1] FO 17/120, Davis-Ch'i-ying, Incl. 2, Desp. 8, Aug, 14, 1846.

[2] 同上，Incl. 5 and 6, Desp. 7, July, 19, 1846。

[3] 同上，"Proclamation of the Local Schools, dated September 15,"（地方社学告示，日期注为9月15日，英国人翻译）Incl. 2, Desp. 12。

[4] 同上，Ch'i-ying-MacGregor, Incl. 14, Desp. 1, July 12, 1846。

[5] 《道光朝筹办夷务始末》，第76卷，第15页上—15页下。

那么有把握。他对德庇时说:"百姓人多势众,而其上层则孤立于众。"¹从英国方面看,他们在广州得到保护的要求,似乎因那些与日俱增的持续呼吁处死犯罪商人的中国布告而更显得合情合理。马额峨终于在9月17日部署了"复仇神号",外国商人开始组成自卫团体,以防社学实施屠杀计划。² 事态确实不妙。

然而,因为德庇时欲把整个局势归罪于康普顿,而耆英愿意接受不丢面子的妥协,一场危机总算化解了。8月26日,德庇时提议:惩罚未能驱散聚众的中国衙役,康普顿因打翻水果摊须受罚;三位死难者家属将得到赔偿。³ 但耆英认为,康普顿应该因为殴打了卖李子小贩而受罚,而不是因为打翻了其水果摊。⁴ 而且,虽然很难准确揪出到底是谁枪杀了那三个中国人,但英方应当向耆英提供比经济赔偿更多的东西。假如一个夷人因殴打一个中国人而受到惩罚,这会使耆英的诚意在难以驾驭的广州民众眼里得到充分证实。⁵ 德庇时明白这些,他用200大洋处罚了康普顿袭击小贩的行为,虽然这一处罚让英国商界恼怒。⁶

一场外交危机就这么解除了。耆英放弃了所有对惩治杀人犯的希望,而英方撤销了他们惩罚当地衙役的要求。但社会危机则仍在延续。社学愤愤不平而勉强地放弃了他们要求报复的公开呼吁。广州人再一次感到他们被出卖了。⁷

康普顿事件促使英方行动起来,看来他们一直在等待机会弥补以往在外交上的失策。1846年秋天发生的一个小规模反洋人的事件,却让巴麦尊怒斥德庇时:"如果我们显得低调,我们将失去用胜利在中国取

1　FO 17/120, Ch'i-ying-Davis, Incl. 1, Desp. 13, Sept. 23, 1846.

2　同上, Incl. 1, Desp. 12, Sept. 17,1846。

3　同上, Davis-Ch'i-ying, Incl. 2, Desp. 9, Aug, 26。

4　同上, Davis-Ch'i-ying, Incl. 1, Desp. 10, Sept, 6。

5　同上, Davis-Ch'i-ying, Incl. 1, Desp. 13, Sept. 23。

6　同上, Davis-Palmerston, Desp. 13, Sept. 26。

7　同上, Incl. 3, Desp. 40, Feb. 8, 1847。

得的所有优势。"[1]这番指令传到英国公使那里时,恰好是发生第二个事件后,即六个英国人在团练聚集的佛山遭遇乡民掷石袭击。[2] 1847年3月27日,德庇时专横地命令耆英惩罚袭击者,不然将承担后果。总督没有遵命,德己立将军(d'Aguilar)便率军对虎门发动了一场猛烈而突然的袭击。4月1日,炮台被攻下,827门大炮被封塞,一支英国远征部队在商馆附近登陆,猪巷被戒严,破城的攻势已齐备。这个局面让耆英惊异万分,他吓坏了,面对巨大威力(force majeure),他只得让步。三个扔石头的人被当众鞭打,而英方被允许在1849年4月6日那天进城——还有两年的时间,总督就能平息排外情绪,并向民众证实政府的诚意了。[3]

耆英当然是在幻想。排外的情绪不仅继续蔓延,而且从乡村士绅阶层和城市百姓波及城市"可靠"的中上阶层。当4月份官府与德庇时签订了进城的协议后,一股真正的惊恐开始在广州泛滥起来。很长时间以来,外商一直想在河南或商馆附近租地,他们很需要拥有属于自己的新库存之地,以避免高额的货存租金及从商馆搬运货物时在安全上的麻烦。从1847年5月起,广州政府开始拆毁猪巷的易燃建筑和那些积聚了"流浪汉"的房屋——中国官方答应把那些人驱逐出商馆地带。从那时起,英方开始交涉猪巷和河南区域的土地问题,这让那一带的店主和房主确信:德己立的军事袭击让耆英吓得私下允许夷人侵吞他们的财产。这种建立在误解上的恐慌,招致了广州城建立起中国第一支城市团练。5月20日,那两个地区的房主们在公所集会。所有到会人都赞同雇佣乡勇,抚恤死亡乡勇家属,而且在必要的情况下为英勇牺牲的烈士建立祠庙,以与洋人死战到底。[4] 另一些集会上,店主们筹到一个月的房租用来购

1　FO17/120, Incl. 3, Desp. 7, July, 29, 1846;Incl. 40, Feb. 8, 1847.
2　John Nolde, "The 'False Edict' of 1849," *Journal of Asian Studies*. 20: pp. 299-315, 1960.
3　John Francis Davis, *China, During the War and Since the Peace*. London, 1852, chap. 5;Nolde, "False Edict";W. C. Costin, *Great Britain and China, 1833-1860*. Oxford, 1937, pp. 120-128.
4　FO 228/72, MacGregor - Davis, Desp. 64, May 20, 1847.

买武器和支持雇佣军,同时,木匠和泥瓦匠行会还保证他们将不会为洋人在河南地区建造任何房屋。[1]

参加这些集会的商人和工匠对这些举措非常满意。对他们来说,这些通过招募团练等项决议的过程,近似于"九十六村"里那些富裕的、受人尊重的、令人羡慕的、社会地位相当的士绅们的做法,因此使他们自己的社会地位集体性地提高了。不过这种新型的城市团练与乡村的完全不同。它的长处并不在于乡勇身上,因为他们只是在必要时才雇佣来,而在于,其领导成员得以迅速把城市区域组织成各个"可控"块的能力。这是管辖,不是防御,它在 1855 年被证明具有决定性意义。

当时,团练一点儿没派上用场,因为那场"房产"危机只是虚惊一场。到了 1847 年 6 月 7 日时,河南的房主们终于明白了,英国人只想租地,而非购买,租地用来当仓库用。但城市边缘地带一些较蒙昧的村子则继续抱怨有夷人在。到了 8 月 3 日,英国商会终于得出结论:无论利益多大,都不值得引起社会麻烦。[2]

广州城很快平息下来,但在 1847 年夏秋,广州郊区反洋人事件却仍不断发生。一次又一次,莽撞得令人吃惊,英国人被南海和番禺的农民咒骂、扔石头,并被赶回城内。每一次事件发生,耆英都竭尽全力让德庇时息怒。袭击者很快受到惩罚,同时在乡间还不断有布告贴出,告诫人们节制。然而无论总督如何尽力,英国人却越来越恼火,而在地方士绅看来,耆英处理每一个新事件的方法都越来越像个绥靖者。终于,发生了一件再也无法用公众鞭打或贴布告平息的事件:黄竹岐村残暴的谋杀案。

黄竹岐,是广州隔岸南海县恩洲南侧的一个小村庄。该村已经加入了升平社学。1847 年 8 月间,人们可以看到一群群青壮年频繁地在那里操练。曾经有一组激昂的乡勇朝一艘载满外国人的游轮开火,幸亏没

---

1 彭泽益等编:《中国近代手工业史资料》,北京,1957 年,第 1 册,第 509—511 页。
2 参见附录三。

有击中什么人。¹ 1847 年 12 月 6 日早晨，六个年轻的英国人在黄竹岐附近登陆打猎水鸟。到了傍晚他们仍没回来。有船夫听见远处有枪声和村子里乡勇们的鸣锣声，惊恐万状下，他赶紧回到商馆报告。² 次日早晨，流言传到广州，说那六人被村民杀了。于是那些本来有意无意参加自卫团的外商们这时全都积极地投入行动。他们武装起来，成群结队，正欲赶往那个村子时，遇上了闻讯赶来阻止他们的马额峨。³

12 月 8 日，开始出现征兆不祥的布告。升平社学总部用最鄙夷的言辞指控英国人。⁴ 显然，某种东西正在发酵。次日，所有的流言、所有的猜疑，都被证实了：两具年轻英国人的尸体被发现——且都被残忍地用刺刀乱戳，并被截肢。另外四人的尸体据说仍在黄竹岐村里。⁵

德庇时震惊而又愤怒，他知道对此事件自己无法施加过大的压力。因为德已立将军在春季发动袭击之后，伦敦命令他不准采取军事行动，除非事先得到批准。但另一方面，耆英也许完全不知道这个指令，那就有可能把他吓住。德庇时的预测再准确不过：他刚威胁将把外商全部从广州撤离准备开战时，总督就被吓瘫了。⁶ 一想到虎门炮台之战，耆英决定拿黄竹岐村村民问罪示众。黄竹岐村被清军包围起来，四个村民被迅速斩首，另 15 人被抓捕等待审判。⁷ 三名省里最高官员亲自查访了南海和番禺县，警告当地居民：若再袭击洋人，他们将遭遇同样的下场。同时，官方贴出布告宣称：

> 如邻里间互不相扰，有德行、有教养者就能安居。轻启争斗，何能各保家宅安宁？愤怒中采取行动，就会无意间蹈个人危险之机

1　FO 228/73, MacGregor-Davis, Desp. 162, Aug. 10, 1847.

2　同上，Desp. 252, 253, Dec. 6, 1847。

3　同上，Desp. 162, Aug. 10, 1847。

4　同上，Incl. 1, Desp. 258, Dec. 9, 1847。

5　同上。

6　Costin, *Great Britain*, 125-134.

7　FO 228/73, Ch'i-ying's declaration of his arrests, Incl. 1, Desp. 261, Dec. 10, 1847.

> 戾……自本命令至乡绅和乡村中其他人等时起，务须父诫其子，兄教其弟，遇洋人四处散步、打猎或在村口河岸钓鱼，如无妨碍村民之事，切勿加以理会。¹

耆英仍试图在士绅与乡村"不可靠"分子二者中进行协调。在他看来，反洋人运动中最危险的一面是对民众治安的威胁。反洋人运动最终会导致战争，战争又会引发盗匪、抢劫及社会造反，而他坚信，士绅们必须在为时过晚之前意识到这点；广东的各派力量必须看到，只有温和的外交政策才能最好地代表他们的利益。可惜，总督低估了敌意所产生的结盟力。在 19 世纪 40 年代，尽管盗匪和秘密社会活动持续增多，面对洋人的威胁乡村各阶层已团结成一体，而耆英无法理解这些，因为他本是个理性之人，他困惑、迷失，最终被非理性力量击垮了。现在，没时间了，皇帝对南方的乱势变得越来越不耐烦。

总督在该年 12 月至次年 1 月发送北京的奏折中，反复强调他对洋人入侵的担忧。² 他在奏折中假装站在强硬派一边，但实际上他着重安抚的是夷人而非广州人。³ 皇帝认可耆英的三项务实政策：要求英方安抚其公民；要求地方官员稳定郊外地区，以避免洋人有借口入侵；暗中在虎门炮台防备英方再次袭击。然而赔偿的问题仍未解决。

在这个问题上，不幸的耆英仍处于悬而未决状。一方面，道光皇帝赞同"严惩"地方上的肇事者。另一方面，在谕旨中，他郑重地警告军机处：总督应"妥为办理，务使各得其平，勿令有失民心，是为至要"⁴。1 月 2 日，皇帝得知黄竹岐村遭处罚一事，耆英同时安慰他说洋人似乎不会马上入侵。但一想起 1847 年 4 月德庇时发动的意外袭击，皇帝提醒：

1　FO 228/85, MacGregor-Davis, Desp. 17, Jan. 13, 1848.
2　"复经札饬该夷目，令其安抚各夷，毋许辄行前往。"引自《道光朝筹办夷务始末》，第 78 卷，第 27 页下。
3　《道光朝筹办夷务始末》，第 78 卷，第 26 页下—28 页上。
4　同上，第 28 页上—28 页下。

夷人就像野狗,一旦激怒,便无法制约。¹虽然新年已近,商人会清理账务,但英国人仍有可能爆发不可预料之怒。因为夷人之举既非循礼,亦非遵理。他们对事情的反应可谓莫测。²

但这次皇帝的批复则似乎是不祥之兆。他完全无视耆英关于引发战争的警告,而只是对黄竹岐村的处罚表示警觉。他担心总督对凶手严惩会失去民心。³

耆英的第三份奏折是在1月12日递送到京城的,他在写奏折的时候不可能收到皇帝这封谕旨,所以他在其中替自己下令对四个村民砍头的决定作了辩解。徐广缙的调查证明,那六个遭谋杀的英国人并没有滋事挑衅。当地的重要官员们,甚至连士绅团练的首领许祥光也都认为,只有即刻处罚,才能避免英方进攻广州城。此外,官府并未因此而失去民心。地方官员正与那些具有责任心的士绅及村庄耆老肩并肩协力维持治安,以及清除潜在的盗匪。⁴

但是,皇帝与巴麦尊一样,也把事情反过来看:首先,那些英国人去黄竹岐村干什么?他们的出现,才是引发事件的真正原因,而非乡民的表现。⁵

耆英无法说服他的主子自己的正确性。1848年2月3日,这位满洲老人被徐广缙接替了两广总督兼理通商事务钦差大臣的职位,而叶名琛被任命为广东巡抚。皇帝自信地对军机处授意:"惟疆寄重在安民,民心不失,则外侮可弭。嗣后遇有民夷交涉事件,不可瞻徇迁就。"⁶3月1日,耆英接到皇帝谕旨。他立刻向徐广缙交出官印,两周后在遭贬的阴

---

1 耆英仍在文化差异的基础上运作。年终,城市内装满了各种货物,他预计那些"图利"的外商会因此而对发动军事进攻持谨慎态度,因为那会中断贸易。
2 《道光朝筹办夷务始末》,第78卷,第28页上—39页下。
3 同上,第30页上。
4 同上,第30页上—32页上。
5 同上,第32页上—32页下。
6 同上,第36页上。并参见《东华全录》,影印本,台北,1963年,道光朝,第12卷,第39页下。萧一山:《近代秘密社会》,第3卷,第359页(并见第一章第10页,注1)。

影中启程赴京。广东省排外的狂潮让他丢了乌纱，最终还丢了性命。

基调已定。必须维持百姓的忠诚，即使不惜引起战争。没人理会耆英关于造反、关于失控的团练运动将损毁本省的警告。排外仇恨蔓延开来，徐广缙企图将计就计，而在他的身后，人们已隐约可见圆明园闪烁的火光。

第九章　1849年的胜利

> 总督密召诸乡团练,先后至者逾十万人。自乘扁舟赴英船,告以众怒不可犯。耆老十余辈迭入领事馆,陈说百端。英酋方谋留总督为质,两岸练勇呼声震天,英酋惧,请仍修旧好,不复言入城事。于是粤人益自得,谓洋人固易制也。
>
> 薛福成[1]

1848年3月16日那天,为人谨慎的新加坡总督文翰接替了德庇时爵士的职位,成为英国全权公使和香港总督。那年春天和夏天,这位刚上任的公使向中方新钦差徐广缙提及了英国人进城的事。[2]因为根据耆英与德庇时签订的《虎门协定》,次年,即1849年4月,英国人应当被允许进入广州城。但这位中方总督却任意忽视这个约定。新上任的徐广缙把他前任签订的外交协约一笔勾销了。中方显然不熟悉国际法,也不了解"全权"这个概念的含义。也就是说,中方把一个既定的政策看作某位官员的个人作为,此人若下台,那么他在位时制定的政策也跟着他

1　"Viceroy Yeh Ming-ch'en and the Canton Episode (1858-1861)," *Harvard Journal of Asiatic Studies*, 6. 1:49.
2　W. C. Costin, *Great Britain and China, 1833-1860*. Oxford, 1937, pp. 134-152; J. J. Nolde, "The 'False Edict' of 1849," *Harvard Journal of Asiatic Studies*. 1960, 20: 299-315.

一起下台。况且《虎门协定》在大多数中国人看来与其签订者耆英一样，本来就不光彩。

奇怪的是，文翰本人也倾向于取消进城限期，背后的原因却不同。他对巴麦尊说："阁下也许意识到，根据殖民署命令，我不能从香港调动军队，而我认为，若不显示军事威力，企图进城将是徒劳。而且我本人并不认为进城有那么重要。"[1] 当时在中国的英国人有两种观点。那些在广州的英国商人、在香港居住的英国人，以及中国通德庇时等认为，广州城是对中国施行理性政策的关键所在，如果能击败其对英国人的抵抗，那么皇帝对大英帝国那些傲慢的外交政策就会随之改变。另一种观点认为这缺乏远见，北京对南方的灾难不屑一顾。皇帝会罢免倒霉的总督，再任命一个新的取而代之，并会继续把夷人局限在距离帝国偏远的角落里。璞鼎查就这么认为，阿礼国和文翰也会赞同他这个观点，而文翰索性就想完全绕开广州。因为中国官方的抵制不会松动，民众的排外情绪太激烈，英国人无法和平地进入城市，必须展示出一个大规模蛮横的军事力量才行，而那样做的话就会阻断广州的贸易。相反，文翰想走海路北上至白河，在那里他可直接向朝廷提出增加关税、入城等一系列建议。必要的话，他还会以封锁长江和切断北京的粮食供应相威胁。[2]

巴麦尊因长期受德庇时报告的影响而迟疑不决。当文翰关于这个事态的第一批报告于1848年9月送达伦敦时，这位英国外交大臣命令他继续在进城问题上施压。全权公使于12月收悉这些指示后，便顺从地开始安排与徐广缙会见。[3] 双方在次年1月底同意将于1849年2月17日，在虎门的中国水师提督衙门进行会谈。[4] 但还有一个问题：巴麦尊受文翰对局势的悲观预测影响，改变了主意：还是再等等吧，到进一步发生

---

[1] FO 17/144, Bonham-Palmerston, Desp. 69, July 20, 1848.

[2] FO 17/145, Bonham-Palmerston, Desp. 113, Oct. 23, 1848.

[3] FO 17/153, Hsü-Bonham, Incl. 1, Desp. 12, Dec. 29, 1848；Bonham-Hsü, Incl. 2, 同前；Hsü-Bonham, Incl. 4, 同前。

[4] 同上，Bonham-Hsü, Incl. 3, Desp. 12, Jan. 20, 1849.

严重违反条约的事件时再说，那时英方采取的行动就可能引发战争了。当这些新指示抵达时，文翰已经快要会见中方总督了。于是，便出现了这样的情况：在伦敦政府决定了暂时不提进城一事后，英国公使却开始了迫使徐广缙向英国人打开城门的谈判。

1849年时，英中双方的外交模式截然不同。英方的文翰会向伦敦汇报请示每一个细节，甚至连购买几个月的办公用品量都会请示汇报。相比之下，徐广缙几乎独立行事，他只是在事后向北京奏报，他的外交手段灵活而冒险。这并非徐总督鲁莽或不与皇帝保持联系，相反，从他2月份会面之前的6个月里向朝廷递送的奏折看，他采取的是一条明智而理性的外交政策。

首先，徐广缙意识到，英国的军事列阵并非如耆英以为的那么强大。从香港密探发送来的情报来看，英方的军事供给很有限，而且他们在缩减驻防军。不过他仍肯定，到了4月6日原定进城那天，英方起码会显示一下军事实力："是夷情素好矜张，动辄依仗兵船，有挟而求，乃其惯技。"[1] 进城其实是一个借口，英方想用此来获得更多的让步，最终达到取消对鸦片的禁令。绥靖不可能。因为无论中方怎么应对，夷人仍会对地域和资源提出越来越多的要求，"夷性贪利"也。[2]

绥靖最终亦会使王朝因丢失民心而防御溃散。"外则礼重怀柔，内则允孚舆论。"[3] 然而，如何既能内则"允孚"，同时又得以怀柔远方夷人呢？这两个宗旨互相矛盾，且已在南方造成不妙局势。虽然广东的官员们从未故意用入城问题来煽动民众，但广州人在夷人出现的地方自行爆发反抗。黄竹岐村村民的群情激昂便是一个例子。若予以压制，民众也许会揭竿而起。[4] 这并不是说应该默许广州的排外运动，但这些民众在采用某些完全不该使用的手段来强迫地方官员，强迫老百姓服从他们自

---

1 《史料旬刊》，北平，1931年（台北1963年影印），第339页下。
2 同上，第340页下。
3 《道光朝筹办夷务始末》，第79卷，第31页上。
4 同上，第31页上—32页下。

己,而造成官民分离。[1] 而事实上,广东的官民双方已经互相疏离。故省内出现的任何外交危机,都会归罪于省里高官们。所以,南方官府的主要目标就是重获民心。地方团练尽管是个潜在的危险,也须予以鼓励,只是不得任其乱来,而让英国人借机发动战争。[2]

对于通商条约时期的那代外国人来说,徐广缙是非理性、疯狂排外势力的象征。但事实完全不是这样。他见证了耆英倒台,成为广州暴民的牺牲品。此刻作为总督,他决意主导事态,而非被事态主导。而唯一能使他主导掌控事态的方式,就是担任起排外运动的领导,这意味着抛弃所有权威们推崇的关于"抚夷"的观点。作为一个实用主义者,徐广缙否定了抚夷的朝贡体制。在他看来,贪婪的英国人不会满足于微小让步。中国必须准备长期斗争,也就是说以通过加固天朝臣民基础的方法,来强"内"抗"外"。再进一步说,就是必须完全拒绝英国人进城。为达到这个目的而又避免再次战争,唯一可行的就是拿耆英关于民众抵抗的外交说法来对付。而既能证明这个说法,同时又准备在失效后准备战争的办法,就是地方团练。

1849年2月17日,徐广缙与文翰在停靠在安生湾的哈斯汀斯号旗舰上会晤。礼仪客套后,文翰请总督去他的舱房进行个人交谈,其他在场的仅有两位翻译。[3] 徐广缙感到不安,他想起了琦善与义律的私人会面如何被皇帝误解的事。他欲携带助手,但文翰坚持说,需要的话随时可把他们叫来。徐广缙最终同意了。他们便一起进入舱房。[4] 文翰立刻提出了进城一事,徐广缙开始"演说",且激动地重复了好几遍,他强调:

---

[1]《史料旬刊》,第340页上—340页下。

[2] 同上。

[3] 他们分别是:密迪乐(Meadows)与郭士立(Gutzlaff)。

[4] 这个事件想必引发了后来的野史,它们说总督被文翰押为人质,后被团练救出。参见《清朝野史大观》,台北,1959年,第2册,第176页。

实施德庇时爵士与耆英之间达成的协议，不在他的职权范围之内；在安排这次会见时，双方的每一个官员都十分清楚这一事实。的确，耆英由于害怕广州城被炮击，曾作出允诺。因此，应当迫使耆英回广州来执行他自己的协议。尽管如此，他会向北京报告，请求皇上的谕旨，无论皇上作何指示，他都会不计任何风险加以贯彻执行。[1]

次日，文翰到虎门中国水师提督衙门进行回访。徐总督答应，应该在不晚于4月5日时得到皇帝批示。[2]

徐广缙一回到广州，便命卫戍官军备战，并告诉许祥光动员团练——徐广缙一直与升平社学有密切联系。但无论情况如何，团练一概不可挑起英军进攻。[3]"夷人志在入城，不许则必挟兵以要我。先守后战，曲在彼矣。"[4]

尽管在团练组织方面有一系列的严格规定，但徐广缙的命令确实正式改变了官方对待团练的政策。这是1843年以来，第一次有总督认可团练！

在得到准许公开组织成立之前，团练在很长时间里愤愤不平。整个广州都意识到危机四伏，一些人甚至惊恐万分，成千上万的人前往城外的庙寺朝拜祈求平安。[5] 还有些人越来越愤怒，城里到处张贴着煽动性的布告，呼吁百姓从他们的屋顶向英国人头上浇滚烫的稀粥。[6] 要不就是重提三元里的辉煌胜利：10万乡勇再次准备好了用他们的生命来抵

---

1 FO 17/153, Bonham-Palmerston, Desp. 22, Feb. 21, 1849。下圆点为我本人添加。
2 Nolde, "False Edict."
3 光绪《广州府志》，第81卷，第44页下；"Viceroy Yeh Ming-ch'en and the Canton Episode (1858-1861)," *Harvard Journal of Asiatic Studies*, 6.1: 49, 注24；《清代通史》，第3卷，第460页（并见第一章第10页，注1）；《道光朝筹办夷务始末》，第80卷，第13页上。
4 夏燮：《中西纪事》，第13卷，第4页下—5页上（并见第一章第10页，注2）。
5 *China Repository*, 18: 162 (Januanry – December, 1849) 可能是海光寺和南海观音寺，见：Edward H. Schafer, *The Vermilion Bird: T'ang images of the South*. Berkeley and Los Angeles, 1967。
6 *China Repository*, 18: 163.

抗夷人进城,"我们决不让犬羊之辈留有孑遗;我们一定要全歼这些野蛮、自私的无赖,他们的水兵将无一生还"。[1]

士绅头领们一接到总督抗敌的命令,就劲头十足地开始运筹,青壮年们也自告奋勇参加。[2] 另一些人,他们肩负着徐广缙授予的财政权,开始为团练征税。[3] 资金来源具体情况各地区有所不同。在有些地方,每户人家具体"捐献"的数额,取决于该户的条件——由当地的士绅耆老会做出非官方性的估量。在另一些地区,征税额是根据每户人家拥有的土地来决定的。[4] 经费历来由"社学"保管。在危机爆发之前,社学的董事们可以擅自出借这笔款项。现在,因为随时有可能需要动用这笔资金,他们只许借给有执照的当铺。[5]

升平社学发布了一系列详细指令。年轻的成员被分配到城北的各个具体炮台,布满尖桩的陷阱和木栅栏也被建筑起来了;在主要交叉通道口、城墙后及瞭望塔还都部署了岗哨,各个社学还把武器和防火设备编了号码后分发给乡勇。每个男人都得到一顶竹帽、一支矛、一把双刃剑。政府提供了一些重型火枪。由于大多数团练成员都是志愿者,他们同时还继续在田里务农,所以他们只有在晚上服役时才能得到定额的口粮。一些拥有重型装备的人员,没被派到具体地点,以保持机动。另外由 20 人组成的纵队专门负责防火。[6]

城内已经建立了团练。这类组织的首次出现,当然应该追溯到 1847 年的"房产危机"时期。1848 年,由于对城里持续增加的抢劫现象须持警觉,城北的小业主们组织起巡视治安队来抓捕盗匪,并将其交送当

---

1 *China Repository*,18: 163,217-218.
2 夏燮:《中西纪事》,第 13 卷,第 4 页下—5 页下;《英吉利广东入城始末》,赵之谦编:《仰视千七百二十九鹤斋丛书》,1929 年照相重印本,第 4 卷,第 2 页下。
3 南海县由谭瑢负责,番禺县是许应镳、潘正炜负责,见同治《续修南海县志》,第 15 卷,第 16 页下。民国《番禺县续志》,第 20 卷,第 1 页上;第 19 卷,第 30 页下。
4 稻田一两一钱/亩;菜地七钱/亩;鱼塘五钱/亩。
5 FO 17/153, Bonham-Palmerston, Desp. 28, March. 19, 1849.
6 同上。

局。[1] 但大规模的城市民防，只是在虎门会谈之后才出现。那时，徐广缙本人这么叙述：

> 回省后，即会同臣叶名琛激励商民互相保卫。家自为守，户各出丁，人不外募；铺户各捐一月房租，费不另筹。计城厢内外壮丁可得数万，公费可集数十万，均由商民自行经理。众志成城，声威颇壮。省城向与外夷贸易各行店，亦公同议定暂停交易，何时罢议进城，再行照旧通商。如有瞻徇违约者，众行共罚；知情报信者，公约给赏。[2]

从表面上看，昨日的汉奸已成了今天的英雄。那些曾经被道德家林则徐如此怀疑的老行商们，如今成了实用主义者徐广缙的同盟。难道在广州的商人阶层里，爱国主义取代了商业目标？

城市复杂的团练组织的成立能明显地表明：某种变化已在发生。到了3月5日的时候，商人们得以用雇佣来的"勇"士们组织起一支治安队伍。五天以后张贴的布告呼吁市民们加入城市团练同盟。大商店出三人，中型的出二人，小店出一人。一旦发生险情，就鸣锣，关闭城门，集合团练。每个伤员将得到50银圆的医疗费，牺牲者家属将得到150银圆抚恤费。最得信任的店员和工匠们去挨家挨户上门登记志愿者。如果某户人家无法提供志愿者，那就花钱去别处雇佣。城墙内竖立起各种障碍，武器也被造起来了。所有这些，都是由广州店主们资助的，每个商店，无论大小，一律捐出一个月的租金。但有些行店不愿捐献给防卫指挥部，他们觉得他们在1847年危机时期捐献的钱不是被滥用就是被贪污了。于是他们组织起自己的防卫团队。另一些位于城边缘区域的索

---

[1] *China Repository*, 17: 360-364 (Jan. – Dec. 1848).
[2] 《史料旬刊》，第341页下。

性从当地的"光棍"中雇人当特别治安人员。[1]

　　所有这些努力都以护城为中心,而非爱国主义。他们是在保卫自己的家园、他们的商店、他们的街区——抗拒外国人的同时,也在防御当地的盗匪、抢劫、逃兵,这些人必然随夷人侵入而涌现。[2] 徐广缙与叶名琛明白这些,所以他们向皇帝提及商人的爱国热忱例子时,并不提他们的治安组织,而是讲他们如何抵制贸易。"至省城向与外洋交易各行店,皆富有资本,安分营生,非官所能操纵,亦复激于义愤,情愿歇业亏资,一律停贸。"[3] 若真如官方所估量,那可了不得:曾经的"奸商"此刻自愿地抵制夷人。然而,徐广缙和叶名琛对广州商行的富足描述是错误的。他们没有提及鸦片战争后不久经济危机对广东的冲击。

　　《南京条约》废除了公行而建立起一个自由贸易的"新制度",一夜间老行商成了"仅略强于掮客"的存在。[4] 可惜,他们控制的资本却仍然是交易的关键,所以在鸦片战争后的第一年里,交易几乎瘫痪。因为这些前公行的商人们被那笔摊到他们头上用来赔款的500万银圆搞垮了。[5] 同时他们也故意限制贸易生意,好让"新制度"垮掉。[6] 到了1843年9月,七艘从广州离岸的货轮中有五艘是空载。但随着时间的推进,新一批中国商人开始填补这项贸易空缺。1843年冬,货轮重新启程,公行的商人们意识到,除非他们遵循"新制度"规则,不然他们就会被整个挤出贸易。1844年1月,他们接受了"新制度",开始和从

1　FO 288/99, Elmslie-Bonham, Desp. 36, March. 5, 1849;*China Repository*, 18: 167;夏燮:《中西纪事》,第13卷,第14页上(并见第一章第10页,注2);《道光朝筹办夷务始末》,第80卷,第14页上—14页下;《广东十三行考》,第169页,(并见第四章第51页,注7);FO17/153, Bonham-Palmerston, Desp. 28, March. 19, 1849.

2　FO 288/99, Elmslie–Bonham, Desp. 43, March. 12, 1849.

3　《道光朝筹办夷务始末》,第80卷,第14页上—14页下。

4　WO 1/461, Elliot –Auckland, June 21, 1841.

5　FO 228/30, Lay – Pottinger, Desp. 22, Aug. 18, 1843.

6　FO 228/30, Lay – Pottinger, Desp. 65, Sept. 29, 1843.

前一样起劲地做生意了。[1]

英国人喜出望外。公众的敌意平息了。老行商们比以前更起劲地购买货物，红茶绿茶仍有望从广州运出，而从英国进口的羊毛和棉花量从未像现在那么巨大，总进口值几乎达到800万元。茶叶、丝绸、桂皮几乎以一年1700万元的价值量流出中国；鸦片出现了四万箱破纪录的销售量，收入近2000万元。[2]

但行商们一直不满。他们在旧的垄断制度下做生意的时间太长了，且做得非常好，现在他们无法欣赏这个新的自由市场。1844年和1845年，他们一再企图恢复某种形式的包税制或垄断资本。有些人还尝试对铁进行垄断；棉花商企图对棉花征收四钱税；在广州的茶叶交易仍被人为地保持了不等的过境税；桂皮生意的垄断交给了广州的一个承包商，他收取的费用比关税高出50%。耆英甚至让德庇时特许广州的100名商人专门做国际生意。[3]旧习难改，而1844年广州的贸易兴隆似乎解释了英国人之所以拒绝"旧制度"复燃的原因。不过，接着，贸易的兴隆就衰退了。

1845年英国出现的工业和铁路的投机热导致了不可避免的坠落。接下来的1846年，秋收遭殃；1847年8月，投机玉米市场也遭挫败。到了1847年10月，英国银行停止兑现支票。[4]虽然这场危机是短暂的，但英国即将恢复之时，其危机的后效应却波及广州。

1844至1845年的贸易热潮中，广州的外商超额做生意。英国国内市场却在受到挤压，曼彻斯特的纺织业对这种过分乐观越来越感到不耐

---

1 FO 228/30，Lay-Pottinger, Desp. 12, Nov. 14, 1843；FO 228/40, Lay – Pottinger, Desp. 1, Jan. 8, 1844。

2 FO 228/40, Lay – Pottinger, Desp. 2, Jan. 31, 1844；FO 228/51, MacGregor -Davis, Desp. 9, Feb. 4, 1845。

3 1844—1845年间领事报告的相关数据实在太多而不在此一一列举。关于商人们企图垄断生意的情况，可见当时的相关叙述：John Francis Davis, *China, During the War and Since the Peace*. London, 1852, 2: 48-109。

4 Elie Halevy, *The Age of Peel and Cobden: A History of the English People, 1841-1852*. London, 1947, pp.161-182。

烦。频繁出现的情况是，那些卖不掉的羊毛囤积在广州的仓库里，这就增加了库存租金开支。到了1847年，曼彻斯特的公司索性拒绝海运投机的货物。甚至连享有盛誉的怡和洋行也不得不预购英国制造的产品和日用品，而仅得50%的销售盈利。[1] 渐渐地，在广州的英国公司发现他们的本金与存货绑在了一起，资金因此紧张起来。那些新开张的中国商号，它们曾经在贸易兴隆时期从老行商或山西票号那里大笔贷款，突然间发现它们现在必须还清债券，于是不得不宣告破产。[2] 到了1847年年底，英国制造品进口越来越少，中国的茶叶和丝绸出口直线下跌。

信贷危机一旦结束，茶叶交易则很快得以恢复。1838年至1842年，茶叶出口量平均为1.91万吨/年。但到了1844年至1851年，平均出口量增加到2.9万吨/年。那些觉得新通商口岸有损广州茶叶贸易的担忧，似乎被证明是错了。然而，对此持乐观态度的人却忽略了一个事实：广州与华中之间隔有大庾岭山脉，所有物资的运输都得经过陈岭或梅岭上盘旋的陡峭而狭窄的山路。这意味着：任何反民或土匪只要控制了这两条要道，就可挟持广州的贸易。起初这似乎没显示出其战略意义。开埠后，浙江和安徽的红茶绿茶自然运往上海。但江西、湖北、湖南的茶叶交易仍在广州进行。广州自以为因别处贸易而亏损的部分，将由市场来自动平衡。但这是短见。因为现在茶叶贸易已经被地理分割成二：北方的流向上海，南方的运往广州。北江上游和梅岭山沿途的船夫和苦力突然没了活干，而南下地带运输道上的同行们却一如既往地在搬运茶叶。他们曾经是长江南部旧式运输的主力，现在却找不到雇主了。梅岭一带有10万来名没活干的搬运工，北江流域有1万来名船夫因此而陷于穷困，这些人便是潜在的秘密社会或帮匪的发展对象。社会动荡不安，失业和骚动在华中和广州泛滥。当太平天国的起义军一路杀到这些地方时，这

---

1 Nathan A Pelcovits, *Old China Hands and the Foreign Office*. New York, 1948, pp. 12-13.
2 FO 228/73, MacGregor-Davis, Desp. 172, Aug. 18, 1847.

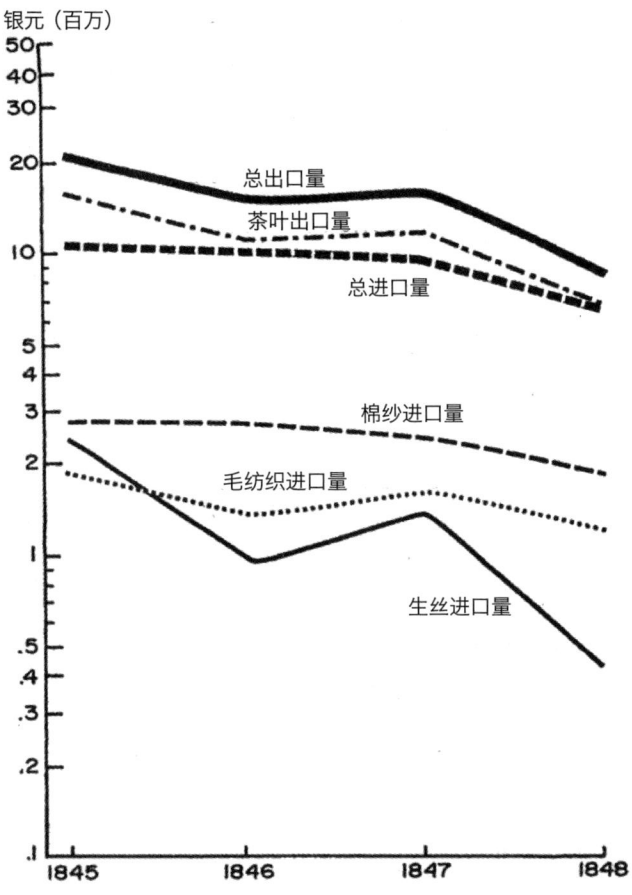

图 1　1845—1848 年广州英船进出口货物趋势

这些数字源于英国领事报告：FO 228/61, Desp.28；FO 228/72, Desp.11；FO 228/85, Desp.65；FO 228/99, Desp.25。

些船夫和苦力纷纷加入，广州的茶叶贸易跌落到了半数。[1]

茶叶贸易的变化并非源于19世纪40年代中期的商业危机。但纺织品贸易市场的变化则是1847年危机的直接反应。[2] 优质丝绸的原产地是

---

[1] Hosea Ballou Morse, *The International Relations of the Chinese Empire: The Period of Conflict, 1834-1860.* Shanghai, 1910, pp.363-366；*China Repository*, 12: 331 (Januanry – December, 1843)；《清代通史》，第3卷，第457页；Yi-faai Laai, "The Part Played by Pirates of Kwang-tung and Kwangsi Provinces in the T'ai-P'ing Insurrection," University of California, Berkeley, 1950, pp. 43-48、54-55.

[2] 从进口来看，早在1846年初就出现了上海已在吸取商业订单的兆头，那时囤积在广州仓库里的大批英国羊毛织品开始积灰。见 FO 228/61, Incl. 1, Desp. 28, Feb.21, 1846。

一个狭长地带，长仅 160 公里，上海城就在它的东北角。这使上海的公司可根据现有的需求迅速调整安排其供应，上海因此而具有成为中国最大丝绸贸易中心的威胁力。信贷危机将这个可能变成了现实。当远离产地中心的广州面临着贸易过剩时，上海一下子跃入领先地位。广州不再是中国最大的贸易港了。[1]

首先受挤压的是当地的搬运工、管仓库的、货币兑换商、买办等，这些人本来是靠外贸为生的。也许，伴随着排外运动而出现的各种社会动荡，就是这场经济危机的反应。[2] 可到了后来，连大商行都受到影响。随着丝绸贸易衰弱，许多老行商开始转向专做茶叶生意。其他越来越多的人则开始做起高利贷生意。鸦片战争后的重建需要资金，公行愿意以高利息对其提供资金。[3] 但是贸易"新制度"加上贸易的转向联合产生的影响，是无法克服的。到了 1900 年，所有公行的成员全都变得贫穷而无人理睬，除了伍崇曜的后代。最终，甚至连伍家的巨额财富最终也枯竭到只剩 10 来万银圆了。[4]

这期间福州、潮州的沙船生意也受到冲击，但这主要因桅杆船的兴盛所致，而非鸦片战争的直接后果。自从 1835 年泰国的海运开始采用桅杆船后，深海航运就越来越少使用沙船了。1842 年后，外国商船被允许在中国沿海运行。后来因为外国商船在武装和速度上都胜过那些在鸦片战争后猖獗起来的海盗船，沙船就在海运中被淘汰了。最终，由于海峡贸易主要都是些奢侈品贸易（海参、燕窝等），在 19 世纪 40 年代的危机时期，它便最先衰落。而一度曾经达到 200%-400% 爆额纯盈利的沙船业，到了 1852 年其盈利只有 20%-40%。[5]

自然，结果便是，那些英国进口货的中间商们发现，作为对所有这

---

1 FO 17/154, Incl. 1, Desp. 37, Mar. 28, 1849. Morse, *International Relations*, p.366。
2 Morse, *International Relations*, p.313。
3 《广东十三行》，第 168—169 页（并见第四章第 51 页，注 7）。
4 Henry Cordier, "Les Marchands hanistes de Canton," *T'oung Pao*, 2.3：309-311.
5 FO 228/143, Incl. 1, Desp. 169, Oct. 28, 1852。

些压力的回应,对外国纺织品的需求索性几乎全部取消了。这么看来,在1849年纺织商行中断了与英国的贸易并不奇怪:那年2月26日羊毛商中断交易,3月3日棉织品中断交易。[1]他们的一张布告说:

> 我等常闻"近者悦,远者来"[2]。如此,生意就会兴隆。又闻国家安宁,货物就会自由流通。故我等布商从夷人手中买货又运销各省,一直相安无事。自道光二十一年英夷滋事以来,各商号生意眼看一日不如一日。试问在过去几年中,我们中能获微利者究有几家?……岂我们不能用自己的丝和棉做成衣服而必须用外国货乎?[3]

是贸易衰落引起了抵制贸易,而非排外主义所致。[4]然而广州团练的兴起、商行的经济决策,并不代表城里商界在动机方面发生了根本性变化。例如,那年4月2日,城里的名流们致函文翰,请求他放弃入城的要求:这种对荣耀的无端向往又有何用?若城市受到打击,人人会遭殃,贸易会损失一半——"丢失一天的交易,便是丢失一天的盈利。"[5]

但尽管商人们对夷人入侵心怀恐惧,尽管棉布商们对经济不满,他们却仍然与英国人分享着巨大的共同利益。他们注重的是本地利益,而非民族利害关系。

英国人静观着团练的壮大和百姓高昂的情绪。毫无疑问,百姓将抵制他们进城。文翰的唯一希望是皇帝会对进城给予肯定的答复,因为他于3月22日已收到了巴麦尊的答复:否定了他关于徐广缙若拒绝入城就北上的计划。不过他的希望似乎并没有完全落空:广州城里的流言说,皇帝准许入城。[6]

---

1 FO 228/99, Elmslie–Bonham, Desp.34, Feb. 28, 1849; Desp. 41, Mar. 10, 1849.
2 "近者悦,远者来",引自《论语·子路》。
3 英译文见 FO 17/153, Bonham–Palmerstone, Desp. 28, Mar. 19, 1849。
4 关于这段时期广东省经济总体讨论,见本书附录四。
5 参见夏燮:《中西纪事》,第13卷,第13页下—14页下(并见第一章第10页,注1、2)。
6 FO 17/154, Bonham-Palmerstone, Desp. 40, Mar. 30, 1849.

徐广缙的虎门会谈报告于 3 月 11 日送达北京。报告叙述了各种军事准备后，关于团练总督却只字不提，但他警告说英国人可能会绕过广州，北上浙江。[1] 而这一来，徐广缙请求皇帝下谕旨令夷人不得入城的努力便遭挫败，因为皇帝对英国人北进的可能真的警惕起来。于是皇帝下令徐广缙作退让，让夷人保全面子："自宜酌量日期，暂令入城瞻仰。"[2]

徐总督想必是在 3 月 25 日至 30 日之间收到这番指令的，即他答应给予文翰答复期限日的几天前。徐广缙现在处于两难境地：目前，他在没有上报北京的情况下支持的民众抵抗运动已经全面展开，若现在反悔，后果将不堪设想。于是他决定向皇帝上报团练情况，同时隐瞒自己在其发展中的角色。他的特急奏折于 4 月 14 日抵达北京，朝廷终于获悉：10 万来名壮士"自愿"组成了团练。自然，他们"忠顺于朝廷之命令"。然而，驻广东卫戍正规军一共才几千人马，"岂能敌汹汹之众？……地方文武，亦安能有千亿化身，为之禁止耶？"一旦英国人被允许进城，那便意味着"内外交讧"。[3]

广东巡抚叶名琛全力支持他朋友的见解：英国人不外乎在虚张声势。他们"声东击西……但外强中干，口虽大言不惭，实则力有不逮"。与此同时，地方团练已经组织起来，他们"均皆良善，并非匪徒，本系各顾身家"。[4] 皇帝信以为然。1849 年 4 月 14 日，即总督奏折送达的当日，皇帝对奏折"进城一事实属万不可行"的进谏，批示道："照该督等所议酌办。"[5]

皇帝的这些新谕旨在 4 月 29 日才传达至广州。这之前的那段时间里，事态掌控在徐总督手中。他也许确信关于团练的消息会迫使皇帝改变允许夷人入城的决定，但他在得到谕旨前仍须与英国人周旋。如果他

---

1 《道光朝筹办夷务始末》，第 79 卷，第 36 页下—38 页下。
2 《道光朝筹办夷务始末》，第 79 卷，第 39 页下—40 页下；Nolde, "False Edict," p.310.
3 同上，第 43 页上—46 页下。
4 同上，第 46 页上—47 页上。
5 同上，第 47 页上。

一味拖延时间，文翰会发现他在隐瞒真相，并借此发动军事进攻。[1] 于是，徐广缙做出了他一生中最冒险的决定：4月1日，文翰被告知皇帝的谕旨已到，谕旨为："中国不能拂百姓以顺夷人。"[2] 徐总督"伪造"了圣旨！[3]

这一冒险可能引起的后果不堪设想。英国人若无视这个假造的诏书而硬攻城的话，那么徐总督即使未被判作谋反，也会被定作抗旨之罪。令人意外的是，英国人确实看到了谕旨的真实版本。因为即使在那时，英国的中文秘书处在广州的衙门里具有一个广泛的情报网，小职员们会把奏折和谕旨的副本拿去偷换金钱。3月底的时候，郭士立[4] 获得并翻译了暂时允许外国人入城的谕旨副本，但对其真实性尚持怀疑。[5] 所以，当文翰得到那份徐总督假造的谕旨时，他丝毫没有怀疑其伪造性。他所能做的只是转换攻势的角度。他问徐总督：一个都市的居民何以阻碍一个伟大帝国履行其条约规定？皇帝的拒绝是否等于"正式拒绝履行条约"？[6] 总督巧妙地回避着这些问题，因为他已经开始怀疑文翰最终会退让了。[7]

徐总督的这个怀疑仅持续了一个星期多一点。4月9日，这位英国全权公使突然且无奈地以一个温和得荒唐的警告，中断了与总督的通信："这种逃避履行条约的事实将迫使我向我的政府报告，而我不得不在这份令人不快的报告中再三表述我的遗憾。"[8]

成功了！这是中国在19世纪中第一个了不起的外交漂亮之举。北

---

1 不过，后来包令宣称，美国领事把巴麦尊愿意放弃进城的决定向浩官（伍崇曜）通报了，浩官又告诉了徐广缙。见 FO 17/188, Bowring – Branville, Desp. 1, April 19, 1852。

2 FO 17/154, Bonham–Palmerstone, Desp. 45, April 18 , 1849；Hsu-Bonham, Incl. 1, April 1, 1849.

3 Nolde, "False Edict," pp.310 -313.

4 郭士立（Guzlaff，1803—1851），被荷兰路德教会派往泰国和中国的德国人，他是最早掌握汉语的传教士之一。他在各处布道的同时，也为鸦片商和西方官员们翻译。后来成为英国公使的中文秘书。

5 FO 17/154, Bonham–Palmerstone, Desp. 41, March 31, 1849.

6 同上，Bonham – Hs, Incl. 2, April 2, Desp. 45。

7 同上，Bonham – Hs, Incl. 3, April 6, Desp. 45。

8 同上，Bonham – Hs, Incl. 4, April 9, Desp. 45。

京欣喜万分。[1] 皇帝重赏了徐广缙和叶名琛及主要的士绅首领,甚至连普通民众也被授予一块刻有"众志成城"的荣耀额匾。广州更是一片狂欢。士绅们尤其感激徐广缙和叶名琛,因为他们使民间传统式的抵抗运动合法化,并重振了广东的民心。民众为这两位英雄立碑时说:

> 从1840年和1841年的战争中结下仇怨以来,十余年间,彼等践踏我疆土,捕逐我男妇,河海内外同被摧陷,独我广东灭之于三元里,诛之于黄竹岐,即三尺童子欲食其肉而寝其皮。凡此均吾粤民风使然,亦赖诸大人关心民瘼,激励百姓奋起,才得众志成城,固若金汤。[2]

徐广缙陶醉在功劳之中。他甚至斗胆对皇帝说,这个战略是他酝酿已久的结果:"臣等窃以进城之万不可行,有不待今日始之者。"[3] 皇帝没怎么在乎他这个显得冒昧的语调,因为他与总督同样乐观。不过,这二人都没有预见到英国进攻中国的长期性。但在当时,徐广缙的对策的确非常成功。徐总督完成了不可能的任务:既"搞定"了夷人,又安抚了人民。于是,1850年7月4日,皇帝宣布:将由徐广缙单独掌管清朝夷务。[4] 从那时起直至第二次鸦片战争(1856—1860),广州的徐总督几乎是中国外交政策的唯一制定者,他的任何建议都被毫无异议地全盘接受。

徐总督本人欣喜万分,踌躇满志,他觉得一切都在自己的掌控之中。他作为林则徐的朋友,一直对禁烟持有与林则徐相同的态度。现在他觉

1　*China Repository*, 18: 280 (Januanry – December, 1849); 夏燮:《中西纪事》,第13卷,第5页上(并见第一章第10页,注2);《道光朝筹办夷务始末》,第80卷,第12页下—13页下。
2　FO 17/155, Incl.1, Desp. 66, May 18, 1849. 这段文字印在一个小册子上,于5月11日发送给Peking Gazette(《京报》)的订户,以解释为何给徐广缙树碑。
3　《道光朝筹办夷务始末》,第80卷,第10页下。
4　Morse, *International Relations*, pp.398-399.

得自己能让广东民众团结一致,彻底扫除鸦片了。但下属的激烈反对迫使他不得不放弃了这个计划。[1] 接着,也许是为了报答伍崇曜及其他在护城中有作为的人,他转向贸易而获得了更大的成功。1850 年 1 月,他下令增加茶叶税——它们只能存放于公行仓库,[2] 从而恢复了旧的贸易垄断制。文翰对此向海关监督提出抗议,[3] 见他这么做,英国人都松了口气,也就把这事给忘了。直到 6 月,当南海和番禺的知县们突然对每一担茶叶增税两钱,同时恢复旧的贸易垄断制,英国人才大吃一惊。可英国人还没有意识到究竟是怎么回事时,公行已经手握选择权了:它可以自行选择并批准哪些中国商人可与外国人做茶叶贸易。那些额外征集的税收被送到徐总督的衙门,以换取承包税收贸易的特权。[4] 两年前英国人的抗议会震撼整个城市,此刻英国人只好忍气吞声。

徐广缙越来越傲慢了。据说他因成功而膨胀到甚至连自己分内的公事都让手下们去办,而他们只顾拼命地吸吮民脂民膏。[5] 除了这类现象外,1849 年的外交胜利还携有对中国未来并不那么有利的影响。

首先,振兴团练让社会分化了。士绅们因权力平衡转向对他们越来越有利而牢固地掌控了地方团练,与此同时动员参加团练扰乱了乡村,助长了"好事者"。[6] 于是自 1841 年就泛滥起来的排外运动,1849 年终酿成社会动乱。

其次,北京已把自己与两广总督衙门的决策绑在一起了。尾巴在主导首脑。

最后,英国人一直愤愤不平地在反思他们所经历的失败。所以,在 1849 年失败后不久,巴麦尊那挥舞着手杖宣称的著名断言,绝非巧合,

---

1 FO 17/155, Bonham-Palmerston, Incl. 1, Desp. 71, May 21, 1849;Incl.1, Desp. 78, May 24.
2 FO 288/112, Bowring - Bonham, Desp. 4, Jan. 8, 1850.
3 FO 288/112, Bowring - Bonham, Desp. 10, Jan. 21, 1850.
4 FO 228/113, Meadows' report, Incl. 1, Desp. 179, Dec. 28, 1850.
5 《清朝史料》,《清朝野史大观》,台北,1959 年,第 177 页。
6 同上,第 177 页;夏燮:《中西纪事》,第 13 卷,第 6 页上—6 页下。

他说:"对这些半开化的政府机构……每隔八年十年就得敲打一下,以免出格。"[1]

北京换来了闭关自守的七年,其代价是《天津条约》。

---

[1] Costin, *Great Britain*, p.152.

第三部
叛乱与反动：地方主义政治

（1850–1856）

第十章　阶层与宗族

> 乡中设升平公所以安良善，建义勇祠以励民气，皆本真之谋也。[1]

19 世纪的广东社会是一个盘根错节、根深蒂固的社会交织网：团练、公行、秘密社会、士绅们的委员会、海盗帮匪、"公所"，尤其是沿血缘形成的宗族体系。其中，"族"[2]，似乎使华南地区有别于帝国的其余部分。这并不是说其他地区不存在宗族体系，但广东那尤为庞大且与生俱来的宗族体系，却是发动民众的基本而无所不在的组织形式。其原因之一，是因为这些宗族成员往往是省里最大的土地拥有者。[3]他们的"族田"（祭田或长田）所提供的收入，被族长们用于资助生童读书、发放拥有功名者的津贴、科举考试的开支、救济贫苦病残等。[4]也有把土地

1　《番禺县续志》，第 19 卷，第 9 页上。
2　人类学者通常把中国的血亲关系，按其规模从小到大分成四组：核心家庭、主干家庭、宗族房支、宗族。见 Daniel Kulp, *Country Life in South China*, p. 121；Olga Lang, *Chinese Family and Society*, pp.19-21.
3　R. H. Tawney, *Land and Labour in China*. London, 1964, p.32.
4　见 Han-seng Ch'en, *Agrarian Problems in Southern China*. Shanghai, 1936, chap. 2。作者在意识形态上的偏见，可能导致了他对宗族土地拥有权的程度估计过高。Eberhard 教授向我指出：日本学者 Makino 认为宗族拥有的全部土地占广东省的 33%。中国台湾"中央图书馆"（新店分馆）的档案里，存有大批广东官田文件。我认为这些文件大部分是自 1926 年以来的，其篇幅浩繁（未分类），它们本身可以被编辑成一本书。

收入分给本族内各个家庭的,而那些家庭转而又把得到的收入用于再征购更多的族田。土地的收入是可观的。在广州三角洲一个有 5000 户人家的镇子,镇上 130 个宗族祠堂的开支,就来自约平均每年 90 万银圆的土地收入。[1]

在广东,如此富裕而有影响力的家族,每一个都是"经济和政治的势力中心"[2],其成员自然不会愿意主动从家族分离出来,因为他们享受着家族中有声望的士绅首领带来的地位与荣耀,要不就是在危难时可受到本家族及其盟友的庇护。[3] 此外,宗族拥有的土地本身也标志了家族的统一性,是其综合力量和特权的基础。不过与此同时,其他力量——他们均以族田为代表,却能使血亲关系分裂。宗族并不代表一个田园牧歌式或静止状的相互关系。比如,用作津贴的田租就是从本族相对贫穷的成员和佃户那里征集来的,于是这些农民就会,也一定会,对本族施行高田租或高利贷的族长们怀有深深的怨恨。[4] 正因为意识到这一点,有时一些族规禁止向本族成员出租祭田。[5] 但在另一些地区,家族与村庄本身就是一回事,那么这类族规就很难施行了。

---

[1] 这自然是一个极端例子。清朝时期,像佛山这样的大城市共有 420 座祠堂。那些祭田名义上由各家族家长管理,出售土地须得到他们的首肯。20 世纪 30 年代,三角洲地区的宗族土地占比如下:花县 50%,东莞 20%,英德 20%,香山 50%,南海 40%,顺德 60%,新会 60%,恩平 40%,番禺 50%。见:Makino Tatsumi, *Shina kazoku kenkyū*.Tokyo, 1944, p.573; Han-seng Ch'en, *Agrarian Problems in Southern China*. Shanghai, 1936, chap. 2; Kulp, *Country Life in South China*, pp.101-104。

[2] Maurice Freedman, *Lineage Organization in Southeastern China*. London, 1958, pp. 17, 27-30; Kuang-chuan Hsiao, *Rural China: Imperial Control in the Nineteenth Century*. Seattle, 1960, p. 329; Hsiao-t'ung Fei, "Peasantry and Gentry: An Interpretation of Chinese Social Structure and Its Changes," T. Bendix and S. Lipset, eds., *Class, Status and Power: a Reader in Social Stratification*. London, 1954, pp. 639-640。

[3] Maurice Freedman, *Lineage Organization*, p.54; Myron Cohen, "The Hakka or 'Guest People': Linguistic Diversity as A Sociocultural Variable in Southeastern China"(哥伦比亚大学硕士论文,1963), pp. 57-59; Everett E. Hagen, *On the Theory of Social Change: How Economic Growth Begins*. Homewood, Ill., 1962, p. 68。

[4] Hsien-chin Hu, *The Common Descent Group in China and Its Functions*. New York, 1948, p. 90。

[5] Wolfram Eberhard, *Social Mobility in Traditional China*. Leiden, 1962, p.224。

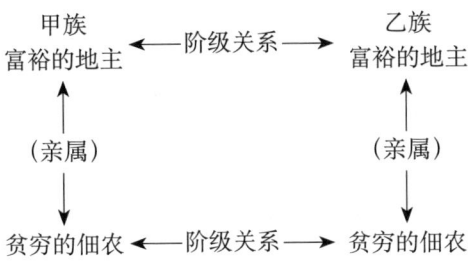

图 2　宗族干系与亲属阶层

于是，在家族内就会经常发生各种力量互相挤压撕扯的情况，结果时而会导致瓦解、时而会产生团聚。这些力量以各种方式表现出来。最突出的表现是在一个宗族内两种关系并存：一个是阶层，另一个是亲属层。地主和佃户，[1]各自与其家族相对应的阶层共同具有潜在的（若不是实际的）阶层利益。但与此同时，这种横向的凝聚则被纵向的亲属关系减弱，随之阶层间的冲突亦得以减缓，于是宗族便有助于乡村的社会稳定。不过，统一血缘干系最有效的手段——宗族战争，却也扰乱了广东的乡村。

1766 年，乾隆皇帝对广东出现的大规模宗族争斗感到担忧。

> 粤东随祠尝租每滋械斗顶凶之弊……建祠置产以供祭祀赡族之资，果能安分敦睦……何尝不善？若倚恃族藩赀厚，欺压乡民，甚至聚众械斗，牟利顶凶，染成恶习，其渐自不可长。此等刁风，闽

1　这段时期内，广东的贫穷佃农代表了下层农民阶层。1852 年，一些佃农仅在丰收季节打短工，而其他没有土地的农民则当全年长工。打短工的一天才挣 2.5-5 分工钱。长工每天给吃三顿饭和米酒，年底可得 10 石粮食，当时值 20 银圆。要是把中国挣工钱的农人当作一个完全独立的经济阶层，认为他们与为其打工的农人明显不同的话，那就错了。其实他们与法国或德国南部乡村里挣钱干活的人一样，"四处分散在一个基于多重小规模产业的社会缝隙里"。见 R. H. Tawney, *Land and Labour in China*, p.34。我关于农村劳动的资料，主要来自：Harry Parkes' Report on emigration, FO 17/192, Incl. 1, Desp. 132, Sept., 1852。

广两省为尤甚。[1]

皇帝下令调查。结果发现，一些家族控制着大量的祭田，每年的地租由家族内各户轮流征收。负责征收地租的这户也负责交税和放债贷利。富裕的越来越富，很快乡村就出现极富和极贫分化的家族。前者显然会压迫后者。但实力相当的家族之间就会因土地和水源的拥有和使用等问题发生争执，只有武力开战方能决定胜负。一旦宣布开战，双方家族就在祖宗祠堂前聚集，参战的族人获得保证：一旦受伤，会得到奖励；死难者将被列入祠堂纪念；患难家属将得到终身抚恤金。若把敌方杀死而遭官方衙门追捕的话，本族内因其他罪而遭官方追捕的人就会以自首的方式去"偿命"，这样便对付了衙门，而其家属将从本族资金中得到一份终身收入。[2]

其他地方就截然不同了。比如在江西地区，士绅们不参与宗族间斗争。农民们自己决定何时开战，并在自己人中选出首领。他们仅在斗争之后才去宗族首领们那里寻求法律庇护。自然，宗族内富裕门户完全不赞同这类做法，因此他们常常力图审判带头闹事的人，然而当族长们在祖宗祠堂聚集时，他们立刻发现本族的暴民们并不会任他们这么做。[3]一旦发生这种情况，宗族内部就自然发生分裂。

在广东宗族间的斗争是公开地由族长们支持组织的，因为这是他们加强自身权力及掌控家族祭田的重要途径，而祭田转而又为宗族之战提供资金。说到底，宗族斗争所需的代价和许诺的犒劳费用增强了族内的团结，密切了富裕后辈们之间的关系。[4]

到了19世纪，宗族斗争在广东泛滥。省内的一些地方处于"长期

---

[1] 《大清高宗纯皇帝圣训》，第264卷。
[2] Hu, *Descent Group*, Appendix, 60. Eberhard 教授指出，宗族间的争斗也会在关帝庙通过双方会议解决。
[3] Hu, *Descent Group*, Appendix, 10.
[4] Kulp, *Country Life in South China*, 1：114-115；刘兴唐：《福建的血族组织》，载于《食货》，1936年9月16日，第4卷，第8期，第43页。

无政府"状态，典型表现为各村庄的斗争状：竖立的高墙、土筑的壁垒、武器库、半专业化的斗士到处可见。[1] 比如，在黄埔一带，1835 年至 1836 年，有两个宗族几乎持续处于斗争状态，他们用自己的鲜血写下誓言以志复仇，还捣毁对方的祖坟，并像 18 世纪描述的那样雇用"敢死队"和"偿命者"。[2] 大多数斗争都起源于水或土地的使用权。各宗族都偏向用斗争解决，而非依赖衙门判决，以避免被敲诈勒索或受中国司法的愚弄。他们会对斗争的损失预先做相当确凿的预计。虽然这是个预估好了的冒险，但不幸发生暴力的区域总会蔓延开来，于是就得去雇用兵马，或者向同盟求援，有时求援对象并不是本族人员，而仅仅属于同姓而已。[3] 团练也是扩大斗争依赖的部分。"为了共同防守，同族成员积聚成保甲，保甲亦组织团练并布置岗哨。所有这些都在祖宗祠堂进行，于是祠堂也成了军事指挥部和团练集中地。"[4] 1840 年至 1850 年，广东的宗族和团练交织一体，在由单一宗族构成的村庄里，团练也就是宗族内的组织，其领袖就是族长。伤残或阵亡者是以祭田来抚恤的，最关键的是他们的牌位会被列入祠堂祭奠。

祠堂，即祖先堂，尤其讲究必须是风水宝地，于是这就令人非常向往而难以获得。唯有富裕的宗族才买得起这样的地盘。[5] 所以，祠堂也就与血亲关系的分裂及宗族的形成有密切的关系。因为家庭中祭祖殿堂上的祖宗牌位超过四代人以上的就得移走，所以"任何超越大家庭的干系就无法在其中找到共同的祖先"。但被移走的牌位，可代之以另一种形式的牌位被放置在祠堂里。这样一来，超出祖辈四代合成的大家庭的

---

1 Freeman, *Lineage Organization*, p.8；Scarth, *Twelve Years in China*, p.66.
2 *China Repository*, 4: 412-415 (May, 1835 – April, 1836)；6: 496 (May, 1837-April, 1838)；Meadows, *The Chinese and Their Rebellions*, p.47, 注。
3 Hsiao, *Rural China*, pp.364-365；Freeman, *Lineage Organization*, 5, pp. 105-113；Hu, *Descent Group*, p.94.
4 Freeman, *Lineage Organization*, p. 65.
5 同上，第 78 页。

社会群体宗族的中间干系就形成了。¹ 随之，围绕着祠堂形成的宗族干系，更多的中间干系也汇集进来，资源也随之汇集起来，一个宗族就出现了，并以几何图状扩展。于是，在一个只有一两个姓氏的乡村地区，一千多人和二十来个祠堂可能同属于一个家族，而家族的主祠堂叫作大祠堂。²

然而，就像族田那样，祠堂既联合又分裂了宗族干系。³ 因为宗族中有钱的门户得以建立自己祭祖的祠堂并维持大家庭，贫穷的则无祭祖的地方，而处于零散状。一言以蔽之：祠堂联结了宗族的扩展部分，尤其是兴旺的干系，同时却分离出那些弱小的门户。

既然放置在宗族祠堂里的祖宗牌位并不是家里祭奠祖辈的牌位，它们所象征的更是一种社会价值，而不是个人的宗教虔诚。它们真正体现的是亡者及祭奠他们的后辈们的社会地位。所以人们就可以理解，为何对团练成员来说，被列入祠堂会具有如此重大的意义。实际上，在广州的各地方志中，关于团练活动最出色的描写，不是在列传里，而是在祠堂的祭文里。⁴ 甚至连官方对团练的认可，也能在祠堂的赞誉碑牌中找到。虽然团练也许强化了造反和异端势力，但他们遵循的基本上是保守的、重家庭的、正统的价值观。

而宗族系统在由士绅主导的、超越村庄和家族的团练联盟中扮演了怎样的角色呢？即使在这里，宗族的作用也同样非常重要。在东平公社的25位领导人中，60%是同姓，虽然这不等于说他们就是亲戚。

1　Freeman, *Lineage Organization*, pp. 47-48.

2　Hu, *Descent Group*, Appendix 59.

3　Freeman, *Lineage Organization*, p.91.

4　可参见：Ho, *The Ladder of Success in China*, chap. 5。

表 2　东平公社的领袖[1]

辈名相同：可能是亲属者	5 人（21%）
谢卓恩、谢锡恩、谢世恩 王韶光、王韶贵	
同姓：可能是亲属者	10 人（42%）
徐大祥、徐添伯 林超龙、林向槐、林士成 王镇东、王清、王锡瀛 杨金、杨利达	
其　他	9 人（37%）
陈裕贤 江宏源 周秉钧 钟占琪 范瑞照 何廷珖 高梁材 赖定生 宋达潮	

资料来源：《三元里抗英简史》，《鸦片战争史论文专集》，第292—293页；《鸦片战争》，第4册，第24页。

但这种家族交织关联的情况，以及具有共同的谢姓与王姓家族间显而易见的互联，似乎表明在广东团练组织联盟之所以成功，正是因为其成员都出于共同的先祖"旗帜"下。那么团练是否早就以某种多宗族联盟形式存在了？也许。但真正大规模的团练联盟，如升平社学，则超越了宗族体系。士绅们将纵向的各宗族干系组合起来，结果各宗族间的士绅与佃户的潜在横向关联一下子就强化了。一个村子里的农民会发现他

---

[1] 原文统计为25人，经核史料，实为24人，最后一人 Tz'u Yang-chiu，作者将"禀宪奖赐羊酒匾额"中的"赐羊酒"误识为人名。如此，作者所做的各类人物的占比数值会有相应变化。不过，译文不再作变动，特此说明。——译注

与另一镇上的贫穷农民具有相同的经济与社会利益。若没有团练运动，那么在偏向于让族长们掌控家族的农村里，村子互相之间的敌意就会阻碍各宗族相同阶层的联合。[1]

不可避免的是，这种横向串联，把两组势力均等的阶层不断地对立了起来。只要外在的敌人——英国人，还在威胁广州，宗族派系就仍会联合一体。当1849年外来危险似乎消失后，阶层就凸显于宗族之上，而团练运动也强化了士绅对每一宗派干系的控制。宗族的世袭领导权不见得掌控在地方名流们的手中。族长须是一位相对没有权力的人，而仅因为他在家族中论资排辈的年长地位，且因他无法利用强大的地位来谋取私利才被认可当族长。[2] 然而因为团练，就有必要选举出政治上能被大家接受的士绅来承担祠堂，即"公所"的领导。这样，县衙门与地方士绅之间的权力平衡就被打破了，宗族因此受到影响。随着士绅们在经济、政治、军事上的作用增强，以家族为主的村庄的作用也多面化起来。宗族后代干系的首领们也挤进了"公所""社学"之类的政治或礼仪性组织。[3] 这种情况出现在19世纪中期，在20世纪礼仪与政治力量同时形成高潮，到了20世纪30年代，"当时在（广东）乡村自治政府体制下，各区域的负责人、村长及他们的部下，大都由强大的宗族领导推荐承担"[4]。

所有这些变化打破了由宗族维持的社会平衡。到了1845年，社会开始出现两极分化：富裕的和贫穷的阶层。阶层利益不再因亲属关系而显"温和"。各阶级利益尽管本来一直存在于中国社会中，在团练运动

---

[1] 很难想象家族与村子间有多么封闭敌对。例如在近代汕头一带，若是男人入赘到女方村子（而非相反）几乎无法被社会接受。若一个寡妇和外村的男子成婚，也是禁止的。因为这两种情况都会导致别姓男子入村，会削弱家族的完整。这类固执的社会习俗，甚至给宗族带来理念上的骄傲，因为这可以使其永远延续下去。Kulp, *Country Life in South China*, pp. 81-82。

[2] 关于族长的情况，见 Kulp, *Country Life in South China*, pp. 110-117；Lang, *Chinese Family and Society*, p.175。

[3] 可参见后来发生在福建的一个例子：Freedman, *Lineage Organization*, p.68。

[4] Ch'en, *Agrarian Problems*, p.40.

中则更赤裸裸地凸显出来。阶级利益本身并不产生运动。正如今屈诚二（Seiji Imabori）这类历史学者论述的：团练运动意在使充满敌意的佃户们持续处于受经济剥削的状态。他据此认为：太平天国时期的士绅团练是被明确地定为镇压农民造反的"反革命"的。而事实却相反：最初团练把地主和农民团结成一体。排外主义和宗族力量也使部分因鸦片战争而坠入严重经济衰退中的广州乡村保持了相对稳定。但上述的诸势力最终分化了社会，接着团练也改变了其功能：它不再是民众防卫和团结百姓的机制，而成了控制社会的组织，从而使富有的名流们汇拢了极大的权力。随着这个现象的发展，农民被排挤出去。他们中越来越多的人开始加入超越了宗族界限的秘密社会。[1]

这种现象并非中国独有。在欧洲南部也出现过两极分化的情况，尤其是意大利的西西里。

> 近代经济的到来（无论其是否与国外征服力量相结合），可能而且肯定会，打破以亲族为基础的社会平衡，因为它使其中一些家庭"富裕"起来的同时，让另一些家庭变贫穷，或者索性瓦解亲族关系本身。传统的血族复仇制，也许确实会越轨，从而滋生出一系列罕见的仇杀和你死我活的罪恶，阶级斗争的因素也就开始介入。[2]

黑手党如此，三合会也是如此。

---

[1] Seiji Imabori, "Shindai nōsen kikō no kindaika nit suite," *Rekishigaku kenkyū*, pp. 191-192. 这篇文章受到质疑，见 Sasaki Masaya, "Shun-te-hxien kyōshin to tōkai juroku-sa," *Kindai chugolu kenkyū*, 3: 163-232. 有关宗族干系与秘密社会的关系，见 Myron, Cohen, "Hakka," p.6。

[2] Hobsbawn, *Primitive Rebels*, p.4.

第十一章　华南的秘密社会

圣人孔子传授吾辈以笔墨。吾已连续三年应考；迟早上天会恩赐于我，洪家的儿孙们终将榜上有名。

——三合会入会仪式誓词[1]

持有"历史阴谋论"的学者倾向强调秘密社会的巨大影响力。阴谋论似乎顺理成章，说到底，人毕竟不是适应环境的工具或社会势力的产物，而是具有自由意志的个体生命。非个人化的历史，通过阴谋论而刻意地被个性化了。此外，这种秘密性本身亦充满吸引力：秘密暗号，黑夜里遮头盖脸的身影，微妙的握手接头暗号，一个海誓山盟结成的变态世界正在伸向高层。18世纪的光照派、意大利的烧炭党、第三共和国的共济会等，人们很容易相信，是这类密谋组织标记了历史的段块。

关于中国的秘密社会，19世纪的西方人亦屈从于类似的浪漫概念。更有甚者，它们比欧洲的同类更具有神秘性，且无可否认地无处不在。尤其是广东，似乎到处是"三合会"。这是一个由三个类似性质的独立组织的综合：在福建最为流行的天地会、三点会；还有广东盛行，江西、福建及湖南也存在的三合会。一次又一次地，互不相连的叛乱事件揭开

1　引自 M. War & W. G. Stirling, *The Hung Societ or the Society of Heaven and Earth*, 1: 49。

了其神秘的面纱，让欧洲人对窥探这个神秘的地下社会充满了好奇。19世纪初，一个叫作陈礼南的福建人，曾以他的天地会恐吓了整个东莞县。而南海与香山两县也被三合会的地方支派骚扰，其成员以"脑""房长""柳枝"或"铁板"之类的名字而家喻户晓。到了1838年，三点会甚至开始在三角洲地带公开招募成员。[1]

如何命名并不重要。对于华南的百姓来说，哪个支派结社的活动都差不多。在广东人眼里，这些群体都以"洪门"著称，因为他们都是不受集中领导的单个独立的团体，在不同的时候以不同的名字运作。这种分散状既是弱点，也是长处。由于没有最终的指挥部，这些组织便意识到很难维持长期的大规模反叛。多年以来，三合会的历史只是一个分散而无影响力的反叛传说而已，不具备任何步调一致的形态。但另一方面，正因为它由诸多小支派组成而几乎无法被真正击破，除非能把东南部地区的每一个镇子上入会的"危险阶层"全部扫尽。[2]

这些结社都有一个入社仪式及一份口传历史。显然，关于三合会的起源有着不同版本的说法，但在关键细节上是共通的。在入会仪式上，头领会对新成员讲述：1674年福建少林寺的和尚们全都是武林高手，他们如何响应康熙皇帝号召征集兵士，自愿前往驱逐蒙古首领噶尔丹的厄鲁特部落兵马。得助于神明，来自部落的蛮人被击败，皇帝奖赏了方丈一枚特殊的印章。60年后，猥琐的福州知府企图得到那枚印章——它被珍藏在附近寺庙里。知府先让雍正皇帝相信，少林寺的和尚们正在阴谋造反。接着，他在一个叫亚七的叛徒和尚协助下，焚烧了庙宇，除了五个和尚逃脱之外，其他人全部被烧死，而那些得以逃生的和尚带着那枚印章进了省内的一座深山寺庙躲藏起来。一天，他们在山涧溪流中发现了一个漂流的陶瓷香炉，上面印有"反清复明"的口号。香炉闪射着

---

1 《东莞县志》，第33卷，第20页上—22页下；《顺德县志》，第23卷，第3页下；光绪《广州府志》，第81卷，第30页上；《道光朝筹办夷务始末》，第5卷，第13页下—17页上；China Repository, 1: 80 (May, 1832 – April, 1833); Henry Cordier, Les sociétés secrètes chinoises. Paris, 1888, p.4。
2 萧一山：《近代秘密社会史料》，第2卷，第6页上、10页上。

红（洪之谐音）光，显现出一把神剑。这些奇遇之后，有五个新人突然神秘地加入这五个和尚，那五人是"虎将军"，以及明王那个14岁的孙子——有的传说坚信这一点。他们血誓立志，欲高举造反的义旗。但在与官军的首次交战中，他们被击败了。这些像丧家犬般遭到驱逐的结拜兄弟，兵分五块阵营，分散在华南与华中地区，他们发誓将与罪恶的清廷斗争到底。[1]

然而，这个杂乱的传说与秘密结社的真正历史没什么关系。的确有那么个少林寺，它以中国武术发源地而闻名天下，但在唐朝时期它就存在于河南。也的确有关于13个武艺高强的和尚如何帮助皇帝的传说，但那个皇帝是唐太宗，敌人是王世充，时间是7世纪。在1674年发生过一次叛乱，其忠于明朝的领袖叫朱一贵，他在台湾。不过，确有一些结社的产生起源于礼仪神话。看来三合会的确起源于台湾，因为一些有案可稽的史实把秘密结社与1786年林爽文的起义相关联。他们将台湾的秘密社团迁移到了大陆的福建，传说中的寺庙也应该就在那里。18世纪末白莲教起义后，分布在整个南部地区，偶尔会与另一些从元朝佛教组织衍生出来的秘密教门，如青莲教、无为教、八卦教等，一起浮出社会层面。1800年后，每一次小规模叛乱一般都会引发三合会的反应，它们全都以复兴明朝为由：1813年的八卦教叛乱、1814年的朱毛里叛乱、1832年的赵福才瑶乱，等等。[2]

关于这之后的历史说法，民间故事则没有提及。但从某种意义上说，那些被严格遵守沿袭下来的结社仪式，则比直白的历史记载要更多地揭

---

[1] Cordier, *Les sociétés secrètes*, p.13；B. Favre, *Les sociétés secrètes en Chine*, chap. 5；*China Repository*, 14: 59-69 (Jan.-Dec., 1845)；M. War & W. G. Stirling, *The Hung Society or the Society of Heaven and Earth*, chap 5；萧一山：《近代秘密社会史料》，第2卷，第1页下—2页上。

[2] 萧一山：《近代秘密社会史料》，第3卷，第2—4页，（并见第一章第10页，注1）；C. K. Yang, *Religion and Chinese Society*, p.220；魏源：《圣武记》，第7卷，第41页上—45页上；*China Repository*, 1: 29-31, 207；C. Gutzlaff, *China Opened*, 1: 157-158；J. J. M. de Groot, *Sectarianism and Religious Persecution in China*, 2:485-550；K. Hsiao, *Rural China*, pp. 291-293；萧一山：《近代秘密社会》，第2卷；P. Pelliot, "Review of Ward and Stirling's The Hung Society," *Toung Pao*, 25: 444-448 (1928).

示了关于三合会的活动。其秘密程度,与中国农村生活的公开形成鲜明对照。就像围筑在高墙内的衙门或紫禁城,秘密社会也具有一套让人生畏的复杂仪式。在那个农业帝国的乡村地区,三合会就像一个"反"政权,是该社会内的一个政治机制。更有甚者,秘密社会代表了一种人为的但却是完整的次级社会(subsociety)制度。加入秘密兄弟结盟会,就等于新生,意味着进入一套新的永恒关系中。社会差别会被去除掉,一个强大的团结体形成了。

"我等谨遵天意,结为一体,立志推翻清朝,恢复明朝,以使天地之意志再次合一……今晚我等对天起誓,天下所有兄弟皆为同胞,如一父母所生,一母所养,同祖同宗。"[1] 以此结成牢不可破的纽带。然后宣誓,每个人饮下血酒,再记下各种特殊辨认标记。"如果我像亚七那样成为叛徒,就让我的脑袋像这只白鸡的头一样被宰下。"这是真正的血盟拜兄弟,类似家人的手足情。[2]

理想的中国社会单位就是大家庭。通常,只有主干家庭被证明在经济上是稳定的。嫡长子之外的儿子们须自己成婚组建家庭,不然就沦落为流动人口,在儒家社会伦理中属"危险阶级"。[3] 这个社会内在的无产阶级自然而然地助推着任何小规模社会或经济危机演变为一场大乱。[4] 他们的家庭理念如此根深蒂固,以至于他们的造反组织也可以模仿亲属关系,并用一套复杂的仪式来确保这种人为关系的密切。准备入会的人总是先净身,然后穿上白衣服,象征新人的纯净——白色,也象征反对

---

[1] M. War & W. G. Stirling, *The Hung Society*, 1:61-63.
[2] 同上,1:72。并见 G. Schlegel, *Thian Ti Hwui, the Hung League*, Part 6; C. K. Yang, "The Functional Relationship Between Chinese Thought and Chinese Religion," in J. K. Fairbank, ed., *Chinese Thought and Institutions*, p.286; M. H. Fried, *Fabric of Chinese Society*, p.230。
[3] L. Bianco, "Classes laborieuses et classes dangereuses dans la Chine Impériale au XIX siècle," *Annales, Economies, sociétés et Civilisations*, 17.6: 1175-1182 (Dec., 1962).
[4] M. Levy, *The Family Revolution in Modern China*, pp. 58-59.

黑暗势力的明朝的纯洁。[1] 这新生是彻底的。新成员洗净了旧尘埃而进入了新时期。"用三江水洗去你们脸上的清朝污垢，这将显出你们真实的面目，闭上你们的嘴。脱下你们的清朝服饰，那是奴役的象征，代之以明朝的服装。"[2] 这是光复主义，是革命者，而非革命党。[3] 说到底，三合会不仅希望光复明朝，他们那生机勃勃的合法性也源于康熙皇帝的那枚印章。他们的每一次造反都有根有据，细说是因为地方官贪婪渎职，纵观则是因为清廷违反了以明朝为典范的君主制正统秩序。实际上，区别秘密社会与官方认可的儒家反对思想之间的唯一意识形态成分，就是反满，而这一点，传统就有。南宋一直强调中原统治外夷，这以来，民族优越论一直是秘密社会的一个要素。[4] 无论是女真、契丹、蒙古还是满人，这些蛮夷都是纯正汉人憎恨的对象，在广东尤其如此。人们怎会忘记 1650 年对广州围困达 11 个月的事件呢？——清军最终用大炮启开了城墙，血腥、疯狂地野蛮屠杀了 10 多万人。[5] 人们对这段历史的记忆不会轻易消失。相反，以孙中山为典型的反满革命者认为，对清朝的仇视，是三合会意识形态的要素。

> 迫至康熙之世，清朝已盛，而明朝之忠烈，亦死亡殆尽。二三遗老见大势已去，无可挽回，乃欲以民族主义之根苗，流传后代，故以"反清复明"为宗旨，结成团体，以待后有起者可借为资助也。[6]

---

1 这里又出现了文字游戏：明朝的"明"字，象征光明。清王朝的"清"字，虽是表达清廉，但若去掉三点水，就是"青"，是一种暗绿。于是，明亮相对黯淡，好相对坏，明对清。光明、善良和拯救社会的光焰，几乎存在于所有的仪式形象中。

2 M. War & W. G. Stirling, *The Hung Society*, 1:58; 1; chap.4; 3: chap.10.

3 关于革命党（Revolutionary）与革命者（Revolutionalist）的区别，见 B. A. Wilson, "Millennialism in Comparative Perspective," *Comparative Studies in society and History*, 6.1: 95 (Oct., 1963).

4 Yuji Muramatsu, "Some Themes in Chinese Rebel Ideologies," in, A. F. Wright, ed., *Confucian Persuasion*, pp. 241-267.

5 *Description of the City of Canton* (Canton, 1839), pp. 10-13.

6 《近代秘密社会》，卷首，第 3 页上。

不过，很难相信这种民族优越感代表了某种形式的"早期民族主义"。即使在海外，秘密社会也以方言为基础而形成相互间对立的团体，这一下子分裂了华人社会，阻碍了其民族主义的发展。在清朝被推翻之后的长久时间内，他们仍维持了那些无意义的明朝礼仪的事实，说明民族主义和光复主义是服务于其他目的的。[1]

首先，被剥夺驱赶的人们能在属于自己的纯种族中找到自尊与骄傲。其次，光复主义与"理性的永久本土主义"相符，都怀念往日的时光，那时官员廉洁，粮食充裕，社会祥和。[2]再次，把对本土上层的社会愤恨转向满人。最后，在叛乱实际发生时期，光复主义让三合会与一般的帮匪区分开来，而让他们产生一种政治使命感。实际上中国南部存在三种层次的"叛乱"：盗匪、歹徒、真正的造反者。[3]

"盗"是乡间帮匪专门为偷盗某一特定目标而临时聚集的小团伙。参与者没什么稳定性。一个农民可能参加了这次抢劫而没参加下一次。为一次抢劫组织大规模团伙仅属偶然。秘密社会成员很少宣称参与抢劫，因为在单一的"土匪"和充满造反危险的"会匪"之间是有明显区别的。若说在他们之间有任何意识形态上的共识的话，那就是这样一个概念：他们都是限制社会压迫的力量。[4]

"贼"往往居住在村庄之外的山林中，他们是永久性结盟的兄弟。他们与村民间没什么合作。相反，各村经常付保护费以防贼进村。歹徒们则长期处于无穷尽的社会捣乱中，他们收买路钱、绑架过路人、敲诈

1　G. W. skinner, *Chinese Society in Thailand,* chap 4； G. W. Skinner, *Leadership and Power in the Chinese Community of Thailand*, p.5； M. Freedman, "Immigrants and Associations: Chinese in Nineteenth-Century Singapore," *Comparative Studies in society and History*, 3.1: 33 (Oct., 1960)。
2　关于"理性的永久本土主义"，见 R. Linton, "Nativistic Movement," in W. A. Lessan and Evon Z. Vogt, eds., *Reader in Comparative Religion: An Anthropological Approach*, p. 469。
3　对中国历史的早期阶段，E. Eberhard 提出了略微不同的划分：雏形帮、山寨帮、厮杀战斗帮、地区帮、获得士绅资助的攻打城市帮。他不认为这些人是被家庭遗弃或被社会剔除的，他视这些为年轻人，他们与当地农民共生，直到被士绅们剔除，或合并到一个大帮派内而打破原先与农民的共生关系。参见 *Conquerors and Rulers*, pp. 100-106。
4　T. T. Meadows, *The Chinese and Their Rebellions*, p.117； E. J. Hobsbawm, *Primitive Rebels*, chap. 2.

搜刮钱财，有时甚至会攻打小镇的行政中心。广东的许多歹徒帮都是原鸦片战争中的非正规团练乡勇。当时的一位中国学者写道："义勇聚则仰食于练饷，散则结党窜踞山谷间，肆其劫掠侵夺，至于拒捕戕官，绅民受其害……大府亦养痈无及始以上闻。"[1] 中国的匪徒与西西里的黑手党一样，也以秘密社会的结缔将处于不同境遇下的他们维系成一体。与其不同的是，匪徒的头领们不是乡间的地主（仅在潮州附近一带偶有地方名流担任官员或充当宗族战争的头领），故秘密社会很少能以自己头领的社会地位或财富而自豪。在相对富裕安定的珠江三角洲地区，农民都反对"贼"。[2]

最后是造反的秘密社会。当地方经济状况坏到了无法容忍的地步，越来越多安分守己的农民就不得不以偷窃为生，这时"盗"与"贼"就没什么区别了。有流言暗示：朝代元气已尽。这时任何一个帮匪，只要打明朝的旗号，就可聚集起众多的帮匪团伙，并公开招募没活干的农民。政府和司法都已运作失败："天道"即将显现。政治的改变，而非抢劫致富，开始成为明确的目标。[3]

这种政治压力使中国的秘密社会有别于欧洲中世纪的基督教派。在欧洲，教会是普世性的；教派则注重建立直接的个人关系，而遗弃普世主义，并从肉体上和精神上逃离"人国"。[4] 这不是一种替代，而是一种逃离或拒绝。秘密社会不拒绝普世的世界观，不拒绝与自身所处的大社会相匹配。在漫长的中国历史中，确实也存在过"纯粹"的宗派，他们的理念体现出一种意识形态，或者代表着社会的边缘，如唐朝的素食者或 12 世纪的某些白莲教派系。但一般来说，无论一个宗派的起源有多怪异，他们的追求很快都会变成现世的、政治性的。2 世纪下半叶的

---

[1] 夏燮：《粤氛纪事》，第 1 卷，第 2 页上。

[2] Yi-faai Laai, "The Part Played by the Pirates of Kwang-tung and Kwangsi Provinces in the P'ai-P'ing Insurrection," pp.18-19.

[3] De Groot, *Sectarianism*, 1: 8; C. K. Yang, *Religion in Chinese Society*, p.176.

[4] E. Troeltsch, *The Social Teaching of the Christian Churches*, 1: 331.

五斗米道首领张陵，他也许只是创建了一个恢复信仰的道教支派，但他的儿子张衡则迅速地利用其宗派在四川的势力为自己开辟了一个地盘。[1] 就连最具有革命性的中国秘密社会，如南宋时期的抗粮运动，也不涉及乌托邦。欧洲慈善性的圣方济会和公社性的修道院在道义上都反对财产制，而中国的兄弟会只是寻求财产的再分配而已。[2]

这种乌托邦性质的逃离与持久的政治参与之间的区别，揭示了为何中国的秘密社会被持续卷入中国的朝代变迁之中，也解释了为何秘密社会无法提出对儒家体系的替代。从这个意义上讲，中国的社会理念（无论是"大"传统，还是"小"习俗）属整体论。相对而言，欧洲的基督教只是在外表上统一，而实际上则包含了两大社会思潮：一是以托马斯为代表的保守主义，它以自然法则（lex naturae）和亚里士多德的方式来解释"天国"以外的社会制度；第二种属于激进主义，它以"千禧年说""普爱"，以及倾向原始共产主义为特征。罗马教廷以建立僧侣秩序来容忍这具有反制度教义的后者。然而9—16世纪的天主教历史，可以被简单地理解为：教廷对那些携有潜在革命理念的宗派或异教如阿尔比、圣方济、塔波尔教会，进行孤立、驱逐、毁灭未遂，而一再失败的历史。教会最终被宗教改革击败。因为无论是宗派还是脱离教会现象，二者都是对强调秩序、法规、制约的教皇制度及其等级制的"纯粹"抵抗。教派历史本身并不是用一个含有普遍得到认可的价值和信仰的具体宣言来替代教廷等级制的一系列过程。准确地说，教派更是代表了一系列的疏离，而他们的信仰饱含激情，教廷对此只能可望而不可即，因为托马斯的社会理论基础不具备必要的"魔力"而使人共享其理念。

中国的传统思想就不同了。集大成的汉朝儒学，以其"五行"说、宇宙论、君权神授论、天人感应说，便能吸收很多潜在的废除道德律的

---

[1] Yuji Muramatsu, "Some Themes in Chinese Rebel Ideologies," A. F. Wright, ed., *Confucian Persuasion*, pp.241-267.
[2] 同上，并见 N. Cohn, "Medieval Millenarianism: Its Bearing on the comparative Study of Millenarian Movement," *Comparative Studies in society and History*, Suppl. II, p.37。

主张和对思想禁锢的反叛。也因为孟子倡议反抗的权利和后来公羊派思想家们的隐秘"君子"论，中国传统思想便具有容纳任何思想的足够空间（除了来自于这个文明以外新颖而强大的理论）。在中国秘密社会和宗派历史中，真正具有革命性的，是佛教传入了千年至福说。

饱受饥荒和祸灾时，佛教三世说为受难的人们带来了希望和慰藉。这个理念认为，从一个周期向另一个周期的过渡是以灾难来宣告的，而这个说法确实与旱涝及外族入侵的实际历史恰好对上。自我行善的，会得拯救；行恶的，则遭没顶之灾。简言之，精神力量会战胜世俗权力。[1] 但是，儒家政治制度的结构本身使得任何单一的理论都无法宣称独具这份精神力量。皇帝一旦披上龙袍，便被赋予了掌控天地的神力，直至新一轮灾难出现。于是，佛教关于精神对历史作用的理念，最终让皇帝倾向用儒教来平定动乱。世界没有终结。失意的、被疏离的、反叛的，都被纳入这个持续更新、永不中断的儒家历史轮盘中。甚至唯一预言了万物皆空（Kunyata）的佛教，也没有为世界提出一个解决方案，而只是预言了从其中出走。阿弥陀佛的乐园从来没现世过。历史一直是个过程，从来没有变成为进步。[2] 以此为背景，这便是西方与中国思想最根本的区别。当第七封印被打开时，世俗世界就会消失。但是用维科、孔多塞的理性或用乔·费奥莱[3]或波艾姆[4]的神秘论，乐园成为现世：斯威登博格[5]的天堂以一座"巨石糖果山"显现。奖赏这个世界的允诺，被证实是19世纪最具爆发力的社会力量。圣西门、傅立叶和马克思均把历史视为进步与工业革命的结合体，由此产生了现代社会主义。在中国，这

---

[1] C. K. Yang, *Religion in Chinese Society*, pp. 176, 223, 235.
[2] 我须补充一点：Eberhard 教授对我这里的相关阐述指出过一些例外。比如宋朝王则的救世运动与四五世纪的弥勒运动着重而具体地允诺了一个更好的"新"社会将会在世界上出现。
[3] Gioacchino Fiore (1135—1202)，意大利神学家。——译注
[4] Martin Boehm (1725—1818)，美国神职人员，牧师。——译注
[5] Emanuel Swedenborg (1688—1772)，瑞典哲学家、神秘主义者、科学家。——译注

种历史观,仅在洪秀全建立了太平天国时才被引进。[1] 在此之后康有为才得以把公羊派的"大同"学说,从古朴世界变为乌托邦;从恬静的往昔变成辉煌的未来。然而,到了那时,中国要的是西方的而非本土的乐园。马克思—列宁主义出现了,儒家学说气息奄奄。

---

[1] 洪秀全与傅立叶一样,也把天堂带到了地上。他在《马太福音书》上的私人批注说:"一个大国是总天上地下而言。天上有天国,地下有天国。天上地下同是神父天国。勿误认单指天上天国。故太兄预诏云:天国迩来。盖天国来凡间,今日天父兄下凡创开天国是也。"

第十二章　广东与太平天国运动

> 祖先神圣的传统已被遗忘，上天抛弃了我们。那些专心注视着事态发展进程的人，那些看着我们的地方官是多么自私和人民是多么堕落的人，都有一种沉重而奇怪的预感。我们正处在一场大革命的前夜。许多人都感到了这一点，但不知道其触发点将来自外部还是内部。
>
> 　　　　　　　　　　　　　　　　　　一位中国知府的谈话，1846年[1]

鸦片战争对广东和广西山村地区的影响，与美国的内战对其中西部和中南部的影响几乎相同。中国的秘密社会类似于美国的詹姆斯青年帮[2]，也不断地朝边界地区扩展他们的活动。随着货运线路的改变以及失业者的增加，没活干的冒险者和亡命之徒们发现在广州地区可掠夺到手的东西越来越少，而官方控制则越来越严，他们就转向西朝山区移进。[3]1841年春，湖南巡抚不无忧虑地禀报：山区通道沿路一带的苦力

---

[1] 出自 R. P. Huc, *A Journey through the Chinese Empire*, 1: 372。
[2] 詹姆斯青年帮（James-Younger Gang），源于美国密苏里州，以长兄Jesse为首的兄弟们组成，是19世纪美国家喻户晓的不法帮匪，以抢劫银行、扒火车劫货著称。该帮于1876年在明尼苏达州被捕获而解散。——译注
[3] Hatano Yoshihiro, "Taihei Tengoku ni kansuru nisan no mondai nit suite," *Rekishigaku kenkyū*, 150: 32-42 (Mar., 1951).

们正在卷入鸦片走私,并开始加入源于广东的秘密社会。[1]1846年后,珠江三角洲的海盗们也加入其中,他们从珠江河道一带移居到高山里。[2] 19世纪40年代,在广东、广西、湖南三省交界地区,主要有五大帮匪出没活动:以任文炳为首的一万来名海盗活跃在平南县一带,此外还有梧州地区的田芳帮、湖南边界上的棒棒会、广西陶八为首的山林匪帮,以及在罗定一带的凌十八。[3]这些帮匪流窜在三省的边界地区,不是在这里抢劫,就是在那里勒索过路钱。他们造成的社会动乱亦助长了太平军的兴起。在太平天国运动刚发生时,这些土匪与太平军作战,后来又与太平军一起对抗清军,他们变换立场几乎与他们更换边界那样频繁。为图自保,帮匪们很明智地仅在乡村地区活动,而不去骚扰城市,这样便赢得了地方官员们的容忍。[4]随着朝廷衰败,他们就发展壮大,出山;朝廷强化了,他们就缩减——简直成了朝廷军事力量的测量器。最关键的是,他们成了中国南方的暴力温床。因对付他们而消耗大量财政和人力,在历史上成了那些年头里广州的特点,而且因他们在广西边界的出没,使那一带的乡村变成了战地。

19世纪40年代广州附近的骚乱,使鸦片的供应网转移向广西。这一动向吸引了秘密社会和广州的盗匪们。而战后的两年中,省里许多银矿相继关闭,形成了失业大军。最后,1848年、1849年、1850年的连续旱灾,桂平的抢米暴动,还有极度的通货膨胀,所有这些与帮匪混杂一体,自广州蔓延开来。动乱如此严重,以至于1850年和1851年团练纷纷成立。[5]团练一旦成立,就被本地的地主用来对付客家佃户——他

---

1 《道光朝筹办夷务始末》,第25卷,第32页上—33页上;萧一山:《近代秘密社会史料》,第3卷,第5页;Yi-faai Laai, "The Part Played by the Pirates of Kwang-tung and Kwangsi Provinces in the T'ai-P'ing Insurrection," p.178。

2 Laai, "Pirates of Kwangtung," p.62。

3 谢兴尧:《太平天国前后广西的反清运动》,第1—13页;A. Hummel, *Eminent Chinese of the Ch'ing Period*, pp. 136-137; Laai, "Pirates of Kwangtung," pp.107-128。

4 Laai, "Pirates of Kwangtung," p.106;J. Chesneaux, "La Revolution Taiping d'apès quelques travaux récent," *Revue Historique*, 209: 33-57 (Jan./Mar., 1953)。

5 Laai, "Pirates of Kwangtung," chap.3;谢兴尧:《太平天国前后广西的反清运动》,第14—15页。

们开始秘密加入一个叫作"拜上帝会"[1]的隐秘组织。广东的社会因此而分化为两极：本地地主组织的团练为一方，"拜上帝会"的客家佃户为另一方。于是，反拜偶的结盟帮匪便成了太平天国的好战兄弟同盟。

既然两个省具有类似的情况，为何广西的拜上帝会就变成了一场革命运动，而广东的秘密社会则继续坚持光复明朝而不具革命性呢？难道基督教理念，作为一种与社会不相关的神话，它的引入足以赋予儒家思想感受到危险迫在眉睫与革命潜力？

基督教的末世论，在欧洲以外的诸国家中曾有力地推进了千禧年运动。[2] 然而，乌托邦理念根本不可能变得超凡于现实，除非现有的秩序做好了接受它的准备。一个具有感召力的领袖，必须与他周围众人的梦想和内心的敬畏感保持相同的基调，才能让他把自己所希望的，把自己内心的幻想与外部现实和谐地关联起来。[3] 实际上，他在明智状态下无法接受自己的幻觉，除非那些幻觉被外部世界确认。未来的太平天国领袖洪秀全，就是处于这种情况。他的"启蒙"时刻，优先于他发现基督教伦理。他在精神崩溃时做过一个神奇的梦，梦里他象征性地再生了：一位老妇清洁了他的身体；他身体的每一个部分都手术般地被诸贤明逐一取代。[4] 接着，作为上帝的选民，一位神秘的老人授予他一把神剑，并告知他真正的教义。[5] 震惊不已且改头换面的洪秀全，之后就忘了这段经历，直到一天他看到了梁阿发的基督教小册子，突然那个梦境的含义明了了：梦里出现的老人就是上帝，是"天父"，而洪秀全是他的儿子，是耶稣的兄弟，他将改变世界。

---

[1] Hatano Yoshihiro, "Taihei Tengoku," pp.34-35.

[2] G. Shepperson, "The Comparative Study of Millenarian Movements," *Comparative Studies in Society and History*. Suppl. II (1962).

[3] 这显然是 Mannheim 的观点。

[4] 这种再生，与大多数神秘经历相似，让人想起三合会的入会仪式。其仪式与洪秀全的幻觉一样，都具有净化精神的主题。正如天母对洪所说："我子，尔下凡身秽，待为母洁尔于河，然后可去见尔爷爷。"见王重民等编：《太平天国》，第 2 册，第 632 页。

[5] T. Humberg, *The Chinese Rebel*, pp.14-23.

> 这些书实为上天特赐予我,以证实我往时经历之真确。如我无前时之病,则虽得此书也不敢相信它们而独自来反对天下的习俗;如我只生了病而没有得到这些书,则无以进一步证明我所见的真确性,而可能认为那只是病中的幻想。[1]

洪秀全价值观的演变,应该是发生在他接受基督教千禧年学说前。[2]其他人也必然经历了类似的心理压力,才接受了洪宣扬的信条。那些最能感受这种理念异化的,是游离在士绅阶层边缘的"社会过渡"群体:他们没有真正的荣誉和财富,大多为小镇上的学校教师,大户人家的教书先生,或者是一些无业文人。这批人一次又一次地力图在儒教国家体制中获一位置,就像洪秀全本人那样,他们在本村可以是头名学子,却考不上秀才。恼怒,甚至是轻度的多疑症,都让他们转而反对那个体制。据说,这位未来的造反皇帝,曾因把孔子牌位扔出学堂而被他的大哥揍了一顿。而这位反崇拜偶像之士回道:"我不也是老师吗?孔子已死多年,他如何还能施教?你为何强迫我崇拜他呢?"[3]通常,这些思想异化人士会转向秘密社会,转向神秘的道教、流行的魔术、复明的梦幻等。但是,此刻这批失意文人突然发现了另一个强大的力量源泉:西方世界。

密迪乐的话有道理,他指出:每次英国在中国南方取得军事胜利后,洪秀全就会研究外国基督教。比如,德己立封塞了虎门的大炮之后,洪秀全马上开始在广州罗孝全的浸会教堂研读圣经。[4]可见太平天国的首领与排外运动的民众一样,面对英国人的进攻他们有一种文化上的自卑感。其实,即使排外主义,也具有暧昧性。广州人在仇恨外国人的同时,

---

[1] T. Humberg, *The Chinese Rebel*, p. 34.
[2] 后来,太平天国信徒们关于洪秀全梦幻的记载说,上帝对洪秀全说:"尔下去凡间,还有几年不醒。但不醒亦不怕,后有一部书界尔,对明此情。既对明此情,尔即照这一部书行,则无差矣。"参见:J. C. Cheng, *Chinese Sources for the Taiping Rebellion*, pp.9-10.
[3] T. Humberg, *The Chinese Rebel*, p.37.
[4] T. T. Meadows, *The Chinese and Their Rebellions*, chaps. 6-7.

却私下里仰慕他们的武力。洪秀全的意识形态体现了这种暧昧性。作为一个中国人，他必须维持自尊，而不能成为外国学说的"奴隶"。正因如此，他把基督教变成自己的理念，并提出关于在一个具有普世价值的新世界里，夷人比中国人运作得更好的原创学说。这个学说认为中国是带着她自己后千禧年的一些理论来融入这个新世界的。

洪秀全深受公羊派的影响，他汲取了大同太平的理念，独创出他自己的中国乌托邦："万能的上帝，天父，至上的君王，自始创天地、陆海、人类及万物于六日之中，由是天下为一家，四海之内皆兄弟，人与人之间，出身高下之间，并无差别。"[1] 在这个万物平等的时代，中国曾接受过天父的原初教义。因此，中国仍是所有文化的源泉，却不幸被历史上的小人颠覆了真实的教义。中国曾与大同世界共同享有的原本真理，被来自中亚的恶魔夷人给腐蚀和否定了，他们在汉朝灭亡后入侵了中国："考中国番国鉴史，当初几千年，中国番国俱是同行条大路。但西洋各番国，行这条大路到底，中国行这条大路，到秦汉以下则岔入鬼路。"[2] 鞑靼人，歪门邪道加不义，因此他们象征了历史本身，这是因为，所有相信千年王国的人都一样，太平天国起义者们把变化视为一种败坏——变化使人越来越远离纯洁的理念。

这个观点并非洪秀全独自一人发明的。清朝初期，忠于明朝的顾炎武、颜元等认为，圣贤的经书就是被宋朝的理学家弄坏了。在这些生于蛮夷侵占期的清朝经验主义者们的眼里，周朝是社会的典范。但这些经验主义者失去了先前儒家所具有的相对"天真"的观点，而不再认为只要振兴道德便可重建周制。换句话说，历史已经成为一个限制性因素。这种学派的另一代表黄宗羲认为："自然"的"法律"才是好法律，而好的法律必须从一个"良好"的社会秩序中产生。同样的法律，在不同的地点和时间，可以是不公正或难以实施的。历史主义就这样产生了。

---

1 致文翰的信，引自 L. Brine, *The Taiping Rebellion in China*, p.171。
2 萧一山：《太平天国丛书》，第 1 册，第 92 页。

于是一些人,如王夫之,他们彷徨起步,开始探索"民族"传统。王夫之完全不相信,无论谁只要接受了儒家思想就自然而然地变成中国人了。他在《黄书》中介绍了这么一个理论:蛮夷在历史上不是中国人,因为孔子本人反对蛮夷。这种理论当然不合逻辑,因为无论王夫之如何论说,满人一直是很好的儒学信徒。这就需要建立一种新的汉朝人那种与生俱来的传统。而这正是洪秀全的贡献,尽管它带有幻想成分,且对当时中国上层来说思想品味低劣。但它对反满且与儒家社会秩序利益无关的南方人来说,却非常有吸引力。"上帝划分了世界的诸王国,并让海洋做它们的边界,就像父亲把他的财产分给他的儿子们;每个儿子都应当敬重父亲的意愿,静静地经营自己的那份。这些满族人现在为何要强入中国来掠夺兄弟们的财产呢?"[1]

洪秀全对满族人的仇恨相对来说是无声的。而那个煤矿工和烧炭工的领袖杨秀清,是他引发了疯狂情绪。杨秀清在种族主义的情感中加入了"现实"成分——这对发动一场革命至关重要。[2] 满族也就是鞑靼人成了所有罪恶的代表,他们把中国的精髓吸干,"天下者,中华之天下,非胡虏之天下也;宝位者,中华之宝位,非胡虏之宝位也;子女玉帛者,中华之子女玉帛,非胡虏之子女玉帛也。慨自明季凌夷,鞑妖乘衅,窜入中华,盗窃神器"[3]。当那些"恶魔"鞑靼人被消灭时,中国就会回归自我,上帝在大地上的王国就会建立。这就是最终的千禧年国,上帝恩赐的王国,而获得这个王国的机制,就是屠杀满族人。于是乎,具有隐性的"拜上帝会"的结拜兄弟们成了太平天国激进的革命者。往昔突然变成了未来。中国必须摧毁儒家历史,才能成为真正的自己。

鸦片战争后,广州的经济和社会危机直接导致了太平天国运动的产

---

[1] T. Humberg, *The Chinese Rebel*, p.46.
[2] Hatano Yoshihiro, "Taihei Tengoku," p.38. 关于种族主义与救世主论相关联的另一个例子,见 Justus M. Van der Kroef, "Racial Messiahs," E. T. Thompson and E. C. Hughes, eds., *Race, Individual and Collective Behavior*, pp.357-364。
[3] 王重民等编,《太平天国》,第 2 册,第 624 页。

生。但其真正的温床则是湖南和江西大批失业船民和苦力,以及长江流域日益贫穷的农民和"无产流民"。[1] 因为如此,也因为太平天国是以今日的南京为都,太平军绕过了广州。但是,诸多古老的秘密社会则像觅食的猛兽,正在从内地移向广州,追踪着似乎正在改变的天命,欲将这座伟大城市当作一场盛宴。

1　Hatano Yoshihiro, "Taihei Tengoku," pp.38-40.

第十三章　缩紧勒绳

　　四周所有临近的乡村全都处于长期的无政府状态；所有的村庄、镇子和屯子都建了围墙，似乎准备与邻人作战。一些村庄之间仅相隔距离不超过半里路，各自间都竖起了高约一丈半到两丈的围墙——人们可望见村子里面的屋顶；围墙通常呈方形；不带扶壁，沿墙也没有可以瞄准射击的地方，这仅是最原始形式的建筑防御而已。[1]

　　1850年夏，广西的起义者们首次大举进攻广东。五万来名叛匪聚集在明朝的旗帜下，从山区一路席卷而下，攻占了离广西边界约150公里、距广州约160公里溯北滨江河畔的清远县城。至1851年1月，他们已巩固了对县城的控制，并开始朝下游地区进军。起义者们的行动鼓舞了其他秘密社会群体，后者随之在距离省城东北面仅64公里的从化县造反。事态不仅如此。到了夏季，起义蔓延到西江地区，沿广西边界所有地区的新兴起义人马，都汇集到了太平天国的追随者凌十八的旗下。这些造反者们并不去抢劫村庄和农田，而是开始征集一定量的税收，以此来获得农民的支持，以便扩充人马进而进攻三角洲的城镇。这是起义，

---

[1] J. Scarth, *Twelve Years in China* (1860).

而非抢劫,政府警觉了起来。徐广缙的京城朋友与同僚们开始向他发送警告:新继位的咸丰皇帝已经闻悉叛乱且变得日益担忧。要是总督不能很快平定该地区,那么皇上将拿他问罪。于是,徐广缙开始向边界地区派出壮勇,这些人都是从广州四周的乡镇招募来的。不幸的是,这些"志愿者"经常开小差逃到叛军那里扩充敌方的阵营。于是忧虑深重的总督决定亲自挑选并带领一支八旗驻军,开往距离省城以西约500公里的高州。抵达之后,总督便在罗定这一要城与广西边界之间清辟出一条警戒地段,以此来防御叛军从西江移进从而与清远县的复明分子结盟。但他的驻军无法抗衡叛军。1851年9月,凌十八的人马攻破了防线,占领了罗定。徐广缙迅速从顺德县又调来了20,000名"志愿兵",同时率驻军撤退到80公里外的信宜县,在那里度过了1851年冬天。春天到来时,他希望重新发动进攻。但到了那时,田芳的军队向广西边界的梧州发动了进攻。[1]

无奈,总督都无法平定这两个地区,徐广缙只得调来更多的乡勇,并向巡抚叶名琛求援,以使他撤离罗定前往广西。1852年6月1日,叶名琛将徐广缙的五口通商大臣关防也就是官印交给了暂署巡抚柏贵后,即率领官军进军山区。三周后他的官军抵达罗定,立即与凌十八的人马开战。清军和团练志愿兵战败。叶名琛意识到,只要罗定附近的大部分秘密社会继续协助广西的叛军,打败凌十八就是无望的。于是他心生一计:用钱和官职收买地方土匪,换取他们的效忠,以此来颠覆叛军。这条计策成功了。1852年8月2日,当他再次向凌十八开战时,叛军被击溃了,据说凌十八为避免被抓获而自杀。长达整整12个月的叛乱被镇压了。[2]

---

[1] FO 228/113, Meadows' report, Incl. 1, Desp. 97, Aug. 16, 1850;Desp. 112, Sept. 3, 1850; FO 228/126, Meadows reports, Inclosures in Desp. 9, Jan. 7, 1851; FO 228/127, Meadows' report, incl. 1, Desp. 114, July 12, 1851;Deps. 97, June 14, 1851;Desp. 117, July 14, 1851;Desp. 143, Aug. 26, 1851;Desp. 152, Sept. 26, 1851;Desp. 174, Oct. 25, 1851;Desp. 192, Nov. 27, 1851.

[2] FO 17/188, Parkes's report, Incl. 1, Despot. 42, March 29, 1852. FO 228/143, Parkes' report, Incl. 1, Desp. 111, July 21, 1852;Desp. 116, Aug. 10, 1852.

但梧州的叛乱还在继续。皇帝说话算话，他让胜利的叶名琛取代了徐广缙的总督位置，并下令遭贬的徐广缙去广西继续平定叛乱。1852年秋，叶决定在其他叛乱地区采用同样的战略。但到了11月，广州城变得愈发骚乱，他只得匆匆返回，省城四周正发酵酝酿着叛乱。[1]

一旦太平军从广西席卷而进入华中，湖南和江西就必须依赖广东提供军援和供给。北京所关切的，就是叶名琛须掌控广东省，以使广州的收入可用于平叛。[2] 但这之前在广西的平叛，已让广州不堪重负。到了1852年7月，仅两广地区的军费已经耗去400万两白银。这笔巨款部分来自广州藩库，卖官所得，[3] 部分为原定上交北京的50万两海关关税所得。一年后，政府甚至考虑向官军支付欠条时，布政使不得不命令广东的县官们每人认捐一万两，上交藩库。但那只是权宜之计，必须找出其他办法。1851年秋，一直记着广东士绅与商人们在危机时期无限慷慨的皇帝，让徐广缙和叶名琛去试探看看是否有可能让士绅们来支付两广的军费。16个月后，1853年3月，当地名流每人被要求向藩库捐赠一个月的所有财产的出租收入。士绅们勉强答应了。渐渐地，这种集资法几乎变成了正式的财源。1852年到1855年，仅顺德一个县就捐赠了35.2万两，此外他们还交款纳税20万两。[4]

三角洲的士绅们不可避免地变得越来越焦虑，因为两省的全部经费

---

[1] FO 228/143, Desp.124, Aug. 21, 1852；Desp. 130, Aug. 27, 1852；Desp. 134, Sept. 1, 1852；Desp. 140, Sept. 11, 1852；Desp. 146, Sept. 23, 1852；FO 228/156, Parkes' report, Incl. 1, Desp. 29, Feb.21, 1853.

[2] 薛福成的说法，引自：Yen-yü Huang, "Viceroy Yeh Ming-ch'en and the Canton Episode (1858-1861)," *Harvard Journal of Asiatic Studies* (Mar., 1941), p. 51。

[3] 到了1852年8月，官位降到几乎一钱不值。见：FO 17/192, Bowring-Malmesbury, Desp. 106, Aug. 23, 1852。

[4] FO 17/190, Parkes' report, Incl. 2, Desp. 57, June 19, 1852；FO 17/191, Medhurst's report, Incl. 1, Desp. 84, July 22, 1852；FO 17/199, Bowring-Malmesbury, Desp. 16, Jan. 27, 1853；FO 228/156 Parkes-Bonham, Desp. 44, April 14, 1853；FO 682/288/2, "广东省政府的报告书：1854—1857与太平军作战的收入与经费"；E. G. Beal, Jr., *The Origine of Likin (1853-1864)*, p. 14。

都落到了他们的肩上，这个重负实在让他们难以承受。[1] 政府明白这情况，然而他们又能怎么办？省城要防卫，就得支付军队和团练饷银。但从另一方面看，若广州居民被压榨得太甚，他们也会造反。当 1850 年皇帝下令免除两广次年的田赋时，这就更陷入了两难境地。皇帝想得到民众拥戴，地方又要增加收入，为此，还得继续"榨取"钱财。于是地方官隐瞒了皇帝的谕旨而继续征收田赋。然而，这迟早会被发现。

1851 年 3 月下旬，番禺县和南海县的士绅们发现了骗局，他们立刻致信全省的友人，呼吁弹劾隐瞒谕旨的布政使。丑闻轰动全省。新会县的知县公开道歉，并保证加倍偿还征收的田赋。有人还提出让所有的考生都拒绝参加当年的考试。在抗拒最激烈的东莞县，一群愤怒的士绅索性围堵了衙门，要求退还他们当初所缴纳的税钱。[2] 幸好知县得以带着钱财和印章从后门逃往广州，他在那里对东莞的士绅们提出反诉。徐广缙决定支持知县，拿士绅们问罪以示众。他先上奏北京，要求禁止东莞县的考生参加各级考试。然后，他把暴动首领之一，一个姓李的武秀才，以煽动叛乱罪抓捕入狱。李在狱中以割喉抗议，而东莞县的士绅们发誓若得不到赔偿，绝不再缴纳一两的税。徐广缙在 1852 年秋离任后，士绅们开始向柏贵施压，要求赔偿死难者家属。柏贵拒绝答应他们的诉求。到了该年 10 月，武生员聚集在广州参加三年一次的考试，李的老同伙们要求见署班总督。柏贵又拒之。这次，他们不干了，宣称将抵制考试，以此让皇帝闻悉这个事件。柏贵害怕了，他不情愿地让步了，希望这样东莞县可以平息下来。[3]

但此刻抗税运动已经蔓延开来。在新安县及广州周围的其他地区，士绅们拒绝缴纳任何田赋。1852 年可以说是一个糟糕透了的年份：夏

1　1854 年到 1857 年，仅顺德一县的居民就向省政府交了 668,682 两白银，占 14% 的军税。参见本书附录五。

2　1851 年和 1852 年，宁波也有类似的士绅因赋税而造反的情况。见：Sasaki Masaya, "Hsien-feng ninen Yin-hsien no kōryō bōdō, *Kindai Chūgoku kenkyū*, 5: 185-300 (1963).

3　FO 228/126, Meadows' report, Incl. 1, Desp. 57, March 17, 1851; Desp. 64, April 19, 1851; FO 17/193 Bowring-Malmesbury, Desp. 157, Nov. 11, 1852.

季的水灾毁坏了花县与广州之间的许多村庄,几乎所有水稻颗粒无收。因此政府现在须征收更多的田赋、更多的税钱、更多的捐款。到处都是一片混乱。番禺县发生了激烈的宗族械斗,得到赏钱的秘密社会也卷入其中。[1]抗税运动、财政萎靡、强行收费等,这一切让这个本已陷入水深火热之中的省份愈加不堪重负;风行的团练运动、城市的混乱、乡村的贫瘠、社会的两极分化,所有这些都缠在一起,而除了山里的土匪和久在酝酿的士绅们,现在又涌现出秘密社会的活动。

早在1843年,三合会就曾在广州公开化过。首先,他们非法设关收买路钱并进行抢劫;其次,他们与对手卧龙会开战。[2]虽然整个广州都收到了有关他们活动的报告,但他们在靠近澳门的香山县东海岸一带活动最猖獗。[3]在那一带,那些来自穷困的新会和新宁县的土匪们,在1843年冬天开始公开集会。数百人集聚在某个乡村集市,有带枪的岗哨,集会鼓动村民们加入他们的结社——三合会。会员费为300文钱。有些农民认为一旦入会,他们就可以避免遭受繁重的敲诈勒索。偶尔,为得到保护,整个村庄都会一起加入,因为三合会往往会去袭击一些没有保护的屯子。结果,就连衙门的小职员、差役、地方官府的衙役都成了秘密社会的成员,他们还设法庇护秘密社会的活动不被发现。整个1844年,事态每况愈下,似乎三合会掌控全县已势不可挡。1844年冬,这些兄弟结盟帮的首领觉得自己已足够强大,便决定攻打县城。这,他们可犯了大错。当这些武装的土匪进入城市,开始挨家挨户勒索保护费时,一位叫郑奎鸿的地方名流与一名正在家办丧事的知县联手召集起士绅和团

---

[1] FO 17/178, Medhurst's report, Incl. 1, Desp. 31, Feb. 27, 1852; FO 17/188, Parkes' report, Incl. 3, Desp. 10, April 22, 1852; FO 17/191, Meadows' report, Incl. 1, Desp. 84, July 22, 1852; FO 228/158, Parkes-Bonham, Desp. 141, Oct. 8, 1853.

[2] G. W. Cooke, *China: Being the Times' Special Correspondence from China in the Years 1857-1858*, pp. 435-436;光绪《广州府志》,第8卷,第41页上—41页下;民国《东莞县志》,第34卷,第22页上;*China Repository*, 12: 332; FO 17/234, Wade 翻译的曾望颜奏折 Incl. 1, Desp. 331, Oct. 13, 1855。

[3] 光绪《香山县志》,第15卷,第33页上。

练，把三合会土匪赶走了，平定了县城。[1]

1845年后，三合会并没有消失。他们要么被强劲的团练运动制约起来，要么从广州被赶到了广西。当时偶尔会有一些关于他们在当地活动的零星报告，但到了1853年，这些在城市周围处于"冬眠状"的秘密社会又开始公开冒出来。

如果说1852年对农业来说是个不幸之年，那1853年则是贸易的倒霉年：广州处于1848年来最严重的金融萎靡。[2]更多的脚夫、苦力和买办失业，同时农村里那些处于边缘的农民的税负压榨更是前所未有的沉重。城市的失业人口与乡村的佃农开始一起朝着三合会汇聚过去。他们在等待、观望，某种东西在空气里涌动。在厦门、上海以及广州附近，三合会开始相信：时间到了，政治宇宙即将经历另一场伟大的朝代更替。

总督叶名琛嗅到了这股气息。1853年春他们开始散播谣言，说英国人正在谋划重提进城的问题。当局显然试图用外国人入侵这一威胁来一箭双雕：一则可以此为借口来加强新年节日期间的治安警戒，同时亦可促使农村的各阶层联合。但已为时过晚。1853年4月26日，第一批反政府的布告出现在广州街头。到了6月，三合会已经在三角洲一带组织了几次小规模起义，甚至开始征税。光天化日下抢劫和绑架已见怪不怪。随着骚乱的发展，官民之间的冲突几乎天天发生。与此同时，成群结队的盗贼频繁地出没于东莞、新会、顺德、香山等县，且越来越逼近城市。广州城也蔓延着恐慌。粮米奇缺，囤积越来越放肆，以至于政府不得不出面禁止米商抬价。到了10月，数百名三合会成员在市郊抢劫掠夺。省城似乎失控了。这也是因为叶名琛如此害怕太平军会从江西和福建涌入广东，已经把大批广州卫戍清军调拨到陈岭和梅岭通道沿途。

1　FO 17/234, Wade 翻译的曾望颜奏折 Incl. 1, Desp. 331, Oct. 13, 1855；光绪《香山县志》，第15卷，第33页上；民国《东莞县志》，第34卷，第22页下；光绪《广州府志》，第81卷，第42页下。
2　FO 17/203, Bonham-Clarendon, Desp. 63, July 6, 1853; FO 228/156, Elmslie-Bowring, Desp. 118, Jan. 27, 1853.

好在，因得益于重建的城市团练的"管辖"，大部分土匪被驱逐殆尽。但城郊地区开始变得像兵营阵地一般：有设置的重型障碍物、有雇佣来的巡警，以及武装起来的家家户户。[1]

同一个月，广州城附近第一次出现了大规模起义。虎门赌场的职业赌徒和赌场老板们与衙役发生了冲突，后者要向他们勒索比以往更多的钱，于是他们决定与已经占领了上海和厦门的小刀会的一支结盟。在经历了一系列胜负不明的斗争后，小刀会成员终于决定公开交战。他们穿越乡村，朝着距离广州120公里、位于东江沿岸的惠州一路杀来。[2]

在叶名琛获悉这些情况之前，他与惠州的通信已被切断。镇压叛军的企图遭到挫败。但到了11月，叛军似乎已被围困在惠州地区。若不是东莞附近出现的小刀会激励了好战的宗族而重振抗税运动的话，该地区的秩序本可得到恢复。但这次，相对贫穷的宗族成员们纷纷投入到了秘密社会一边。叶名琛决定"杀鸡儆猴"，不然全省将引发抗税运动。1854年1月，他命令广州知府专程前往东莞县，视察禀报那里日益危险的局势。知府提议采用最严厉的措施，并开始逮捕不法宗族成员处以死刑。还是老样子：形势失控了。不受制约的官军横扫各个村庄，男女老少全遭杀戮，房屋被烧。痛苦的民众怒火汹涌。[3]

一个叫何六的走私商，也是秘密社会成员，其兄弟在知府围剿石龙（位于惠州和省城之间）时被杀，这成了导火线——悲痛欲绝的何六以"悲痛的复仇者"自居，他开始召集其他失意者和复仇人为伍。1854年

---

1 FO 228/156, Parkes-Bonham, Desp. 44, April 4, 1853；Desp. 54, April 26, 1853；FO 17/202, Medhurst's reports, Incl. 1, Desp. 47, June 5, 1853；FO 17/204, Bonham-Clarendon, Desp. 111, Sept. 27, 1853；FO 228/158, Parkes' report, Incl. 1, Desp. 124, Sept. 5, 1853；FO 17/203, Bonham-Clarendon, Desp. 72, July 28, 1853；FO 17/205, Bonham-Clarendon, Desp. 116, Oct. 10, 1853.

2 FO 17/204, Desp.111, Sept. 27, 1853；FO 228/158, Parkes' report, Incl. 1, Desp. 124, Sept. 5, 1853.

3 FO 17/205, Bonham-Clarendon, Desp. 124, Oct. 26, 1853；FO 228/158, Parkes –Bonham, Desp. 141 (Oct. 8), 153 (Oct. 25), 162 (Nov. 9), 170 (Nov. 25)；Elmslie-Bonham, Desp. 180, Dec. 24, 1853；FO 228/172, Parkes' report, Incl. 1, Desp. 5, Jan. 9, 1854；Desp. 16, Jan. 25, 1854.

6月，何六得到一位叫刘英才的朋友相助，召集人马去攻打东莞县城。这像是发射了信号弹：三角洲的每一个秘密社会的首领这时都亮出了造反的旗帜。红巾军起义开始了。[1]

---

[1] 光绪《广州府志》，第 82 卷，第 3 页下；Scarth, *Twelve Years in China*, pp. 235-240；Huang, "Viceroy Yeh Ming-ch'en," p. 53, n. 36.

第十四章　红巾叛乱

> 古书昭示我等，五百年必有贤者兴，彼超乎侪辈，为国家希望之所寄。明朝灭亡之后，数百年于兹。现正是出现一位拯救民族的英雄之时。
>
> 红巾军告示[1]

当局认为，各地起义同时发生，这证明了这场叛乱是预谋的，是一个反现存秩序力量的重大密谋。[2]

> 咸丰四年四月红巾贼起。先是粤省莠民聚众拜会，其党分布各州县，约期皆反……其余啸聚党羽，私相部署者，不可胜纪。从逆者裹红巾，服梨园衣冠，设将军、元帅、先锋、军师等伪号。官军麾帜用白，贼遂名之曰白兵。[3]

1　我的讲述是基于光绪《广州府志》第82卷，第3页下—24页上，以及对本书附录中列出的那些地方志记载的分析比较。但府志是这个章节的基本材料，除非我另外标注资料来源。可惜我没能找到陈坤的《粤东剿匪纪略》(广州，1871年)。
2　FO 17/226, Iucl. 1, Desp. 18, Jan. 9, 1855.
3　周朝槐编，《顺德县志》，第23卷，第5页下。

真相是，根本不存在什么密谋，也没有任何同步起义的计划。事实上，自何六叛乱之后，造反一拨连一拨，且显而易见地在持续递增。起初，黄埔一带的械斗宗族联盟秘密社会的6000名歹徒，将河南也拽入乱局。[1] 然后，三合会约7000名成员，由一个名叫陈开的人领头，向佛山突然发起进攻，于1854年7月4日攻占了佛山这座大城市。[2] 在那里陈开宣布一个新王朝——大宁朝降临了。他与他的追随者们易服，留起长发，还把他们的队伍象征性地称为"洪兵"。开始，他们比较节制，只对富人征税，赢得了一些人心。但这却让总督和巡抚非常担忧，唯恐陈开会在得了人心之外，还会知道如何利用佛山著名的锻造厂和兵工厂。于是朝廷水军战船迅速列阵于佛山城外，随潮涨潮落进退，找准时机炮击叛军的防御工事。而进攻佛山仅是个开始。远在梧州的土匪认为机遇到来了，开始纷纷下山，奔袭广州。7月12日，甘先率众在离省城正北40公里的花县发动起义。三天之后，一个叫区球的秘密社会头领，在省城以西同等距离的三水县竖起了明朝旗帜造反。南海亦陷入战火之中，县衙被彻底捣毁。一支八旗军遭袭击后被歼灭。[3] 广州被迅速包围。[4]

7月13日，甘先在城北门发动首次攻城。如果所有的叛军统一调度，城门就可能被攻破。一周之后，政府的最大恐惧变成了现实：甘先亲自统率了三支叛军。从此至因新年而终止包围的这段时间里，广州城持续被攻打着。此刻，城北的白云山头营地驻扎了上万叛军，叶名琛不得不调回驻守在佛山的官军来守城。他只能暗暗寄希望于三点：广州城能够自卫；陈开在佛山的人马不会与城北的叛军联合；乡村的团练仍然忠于朝廷。

首先须面对的是城市自卫问题。虽然城墙下小规模冲突不断，但官

1　FO 228/172, Elmslie-Bonham, Desp. 73, June 14, 1854.

2　该城距广州西南24公里，其居民中有20万—30万从事纺织、藤编、铜铁器、桂皮、粮食和油料等产业。FO 17/30, Gulzlaff's report, Incl. 1, Desp. 4, Jan. 10, 1839.

3　FO 17/215, Morrison's report, Incl. 1, Desp. 112, July 20, 1854.

4　见附录六。

军焚烧了北郊,捣毁了叛军的藏身之地。城内,官方卫戍得到民间团练的补充。[1] 自卫团成立了,它由街区委员会负责,该委员会确保每户人家交出一定数量的金钱。商人们这次的捐赠数额前所未有地多:仅伍崇曜和梁纶枢的集资和捐赠就达 50 万银圆。此外,街区委员会由四个领导组(由具有声望的居民组成)负责,每个组代表四分之一的城市,并受布政使、按察使、粮道、巡道指导。[2]

与此同时,佛山陈开的叛军得到广西来的大批土匪的增补后,计划加入广州的甘先部队。官军绝对无法阻挡他们的进军。而在佛山与广州之间是升平社学的老团练区,那里的团练已消亡,原本恩洲附近牛栏岗的团练总部,现在变成了叛军司令部。但叶名琛若能促成南海的士绅们与农民重振团练的话,他也许可指望以此制约佛山的叛军,并保持广州与外界的通讯。于是总督竭尽全力争取该地区农民的忠诚,他一方面保证赦免所有放下武器的人,同时尽力激发他们曾经在英国人入城危机中体现的"正义"。他的努力似乎有了结果。1854 年 7 月 29 日,一支企图穿越此地的甘先部队被官军和当地小队团练人马击退。然而,当力量的平衡开始倾向于红巾军时,士绅领导们是否仍然能保证乡村民众对政府的忠诚呢?[3]

无疑,红巾军的胜利令人震惊。8 月 5 日,陈吉一队占领了顺德县;清远县、肇庆县完全被叛军控制;香山县的大部分地区也被李洪英部占领;被大雨淹没的城北炮台,每天遭受攻击。接下来的两个星期里,事

---

1 当时,约有 5000 名八旗兵、4000 名绿营兵、2000 名来自潮州的乡勇,及 4000 名来自三角洲的乡勇,他们都属于卫戍军。乡勇被认作防御军的精锐队伍。官军每人得 5 银圆/月,雇佣军每人约 7—10 银圆/月。三角洲的乡勇大多数来自东莞县,由一个名叫朱国雄的武举人统率。他率领的这支机动队伍参加了内战中的各大战役:校阅场之战、夺回佛岭市之战、攻占石井等。后来朱国雄率领他的团练队伍参加了抗击英军的第二次鸦片战争。参见《东莞县志》,第 72 卷,第 4 页上;J. Scarth, *Twelve Years in China*, p.229。

2 同治《续修南海县志》,第 14 卷,第 48 页上;A. Hummel, *Eminent Chinese of Ch'ing Period*,pp. 501-502。

3 FO 17/215, Morrison's report, Incl. 1, Desp. 112, July 31, 1854;郭廷以:《太平天国史事日志》,第 326—328 页。

态发展得更糟了：陈松年攻打新会县城；一个叫徐兆表的三合会成员，在距广州西北近80公里的开平县发动了起义；河南也发生了首批造反群；"悲痛的复仇者"何六拿下了增城后，继而向白云山进军，投奔甘先的部队。

钳制广州的包围圈正在卡紧。城北门外集聚了三万人马，市民开始向着更危险的乡村地区逃离。一个英国人这么描述遍布全城的恐怖：

> 还有什么样的苦难这些城市没有经受过！占领，收复，大火，抢夺，摧毁……恐怖左右着广州的百姓。根本就没有正义可言。谎话不仅说说而已，还成了行动。如果战事中抓不到俘虏，那就抓无辜的百姓来处死……几个月来城门都一直紧闭着，只在某几处开放，而且还备有许多预防措施。人们必须佩戴标记，写上姓名、年龄及住址……恐慌情绪极度严重——商店关门，贸易停顿，同邻近地区几乎没有任何联系。[1]

此刻红巾军已从惠州穿过番禺县，进入城东门外的八旗校阅场，并在那里驻扎为营。一旦佛山的两万叛军被13门大炮武装起来，再乘坐110条船渡江投奔甘先，那广州城就完了。升平地区的团练能否阻挡他们汇合呢？

突然，在8月底的那几天，事态变了。地方上连续的小规模胜利，似乎表明叶名琛寄希望于南海县的团练没错：他们确实敢于对抗叛军。8月11日，三元里的团练协助官军攻打叛军的牛栏岗司令部。这让陈开意识到，他的队伍和广州城之间的主要障碍，是团练村联盟，此联盟是由一个名叫欧阳泉的当地要人在距离佛山8公里远的大沥组织起来的。8月19日和24日，陈开率领红巾军先后两次企图消灭团练，但每次都被打退。愤怒之下，红巾军占领了大沥附近一个抗击他们的村子，

---

[1] J. Scarth, *Twelve Years in China*, p.227.

将其付之一炬。然而，彼时，广州官府正在向团练总部提供武器、供给，还有一支正规军小队伍。[1]

在白云山绝望地等待陈开队伍的红巾军，变得越来越焦虑了。原因之一，是中心控制问题。红巾军无疑宣称要光复明朝：

> 总理政务除奸诛邪灭清神威大将军总督兵马罗、总理国务内阁大臣加三级记录五次杨为晓谕事：缘中国户口众多，难分良莠。惟我大明太祖洪武在位时，万国通商，尊卑有序，干戈不起，于邻邦均无欺诈。[2]

唯一的麻烦是，他们找不到一个愿意充当皇帝的人，让他们积聚在其麾下。当一个秘密社会的头领站出来宣称自己是明朝的统帅时，他人却不愿服从。气恼之下，此人率领手下6000人马投奔了官府。另有一些头领为战利品分配或收税权而争执不下，甚至互相开火。随着时间的消磨，北城外聚集的大批队伍耗尽了南海和番禺的储备，而那一带大多数村庄都被焚烧或荒废了，许多人逃向富裕些的地方。到了9月5日，甚至连何六本人也决定撤出联合队伍。[3]

不知道这些情况的广州军事当局，受团练胜利鼓舞，决定对红巾军发动一次危险的突击，以缓解城东部的压力。1854年9月7日，一支由卫佐邦[4]率领的队伍冲出城门，对驻扎在八旗军校阅场的大批红巾军发动攻势。红巾军落荒而逃，纷纷撤回到甘先在牛栏岗的总部，明朝的官印、武器和供给等悉数丢在身后。这是官军第一次在野战中击败大股红巾军。现在广州城总算在军事上获得一定的稳定，但红巾军的围城已

---

[1] 郑梦玉编：《续修南海县志》，第17卷，第14页下。
[2] 英译文：FO 17/215, Caldwell's translation, Incl. 1, Desp. 123, Aug. 26, 1854。
[3] 同上。Morrison's report, Incl. 1, Desp. 112, Aug. 5, 1854；FO 17/216, Morrison's report, Incl. 1, Desp. 135, Aug. 31, 1854；Consular Memo, Incl. 1, Desp. 142, Sept. 8, 1854。
[4] 东莞县人，曾担任驻守顺德县的绿营协将。他因与红巾军作战勇猛而著名。见民国《顺德县志》，第16卷，第5页下。

经造成严重后果。商人们不相信政府可以守住城市，他们被没完没了的捐助要求搞得财源枯竭。这时，街头巷尾反政府的呼声越来越高，许多商人开始把大笔账户转移到香港。随着运茶船的正常水道转向佛州，广州的国际贸易陷入停顿。广州的小业主们甚至开始互相低价出售各自的货物，以便在城市沦陷之前清除囤货。与此同时，因城市的供应渐渐耗尽，米价高涨。[1] 为了存活下去，政府不得不恢复与乡村之间的行政和财政连接，以补偿财源损失。于是内战进入了一个延缓乡村复兴的新阶段。无论广州能提供什么样的后勤支援，由士绅们领导的团练都不得不挨村挨镇，在每一地区剿灭秘密社会，重建秩序。团练中心建立起来了。在南海县，大沥团和"大沥局"监控佛山的叛匪；番禺县的"北路平定会"负责攻打红巾军设在佛岭市"社学"的一个重要指挥部；属于团练网的吴氏宗族主攻新造附近的黄埔红巾军。东莞知县华廷杰率领全县抵抗，最终于1854年12月26日击败了何六。在顺德县，"东莞"团练局资助、培训了地方团练，收复县城。

通常，团练局由那些领导了40年代抗英运动的人负责。[2] 不过，这次的自卫方式不同。广阔的乡村地区必须得到平定，而非防卫。这不是如施行"保甲制"那样的静态控制，而是在一个特定地区清剿叛军土匪。渐渐地，一种平定叛匪的机制成形了。20个或者更多的村子组起一个"围"，该地区内的所有捣乱分子都将被清剿：武装匪帮、秘密社会分子，还有那些被宗族头人视为捣乱分子的人。一旦一个地区的安全系统建立起来了，它就与另一地区的"围"结盟。"约"是结盟的中介。"约"地区能够安顿相对庞大的武装团练人组，肃清"围"之间的区域。这在后来的地方主义发展中至关重要——"约"得以通过控制粮价和发放救济、分配族田收入等方式，来确保不发生混乱。而所有这些，都由附属团练

---

[1] FO 17/216, Robertson-Hammond, Desp. 17, Oct. 10, 1854; Morrison's report, Incl. 1, Desp. 4, Sept. 25, 1854.

[2] 毫无疑问，广州的自卫历史、宗族的存在，以及长期作为省城的背景，都是乡村得以团结的因素，并最终使维持秩序的一方获胜。

的"公局"来办理，这使政治、司法、财政等权力都落入地方士绅要人手中。

渐渐地，到了 1854 年的秋冬时节，广州乡村的秩序得以恢复。到了 9 月，增城被收复；10 月，香山和新会县被收复，甘先设在牛栏岗旧升平公所的司令部也被扫平。次月，龙门县被收复，红巾军在佛岭市的中心被摧毁。12 月，花县被官军控制。新宁和新会的叛军分子四下溃逃。到了 1855 年 1 月，三元里四周的地区平定了。

乡村地区的平定几乎没人注意到，公众的关注焦点都聚集在广州市本城。1854 年 9 月 7 日，官军校阅场的胜利之后，当局的关注集中于三个要点上：城北地区和佛山的叛军，以及黄埔附近新造镇越来越活跃的三合会帮。

9 月，城北门的叛军从城墙下撤退了不到 10 公里的距离，但他们仍旧在那里，继续威胁着城市。次月，一些衙门的小职员被察觉在密谋放秘密社会兄弟从北门入城。叶名琛决定铲除这个威胁。官军被告知：若能清剿广州城北门地区，他们将得到 30,000 银圆的奖赏。经 11 月 3 日、4 日的连续战役后，卫戍军终于将北门的叛军如数驱逐。连续多月封闭之后，城市的北门终于又打开了。[1]

现在，当局的注意力可以转向佛山了。11 月 10 日，官军登岸后与大沥的大批团练人马汇合，向着佛山进军。这次进攻胜败不分。一星期后，他们决定再次进攻。但这次，红巾军吸取了以前受攻击的教训，当官军下船开始向城市进军时，一部分红巾军悄悄绕到官军背后，迅速缴获了 3 艘快艇、7 艘护卫船只、16 艘战船。然后他们把战舰上的大炮瞄准了位于他们和佛山之间的人们。战争的硝烟散开后，1500 名官军不是失踪就是阵亡。[2]

---

[1] FO 17/217, Morrison's report, Incl. 1, Desp. 59, Nov. 10, 1854.

[2] FO 17/217, Morrison's report, Incl. 1, Desp. 59, Nov. 10, 1854; Roberston-Hammond, Desp. 75, Nov. 25, 1854.

攻打佛山惨败。撤退时正值广州城南面遭受来自新造的红巾军船队的逼近。这支红巾军流动队伍由城市流氓无产阶级组成：小店伙计、水手、苦力，以及曾经在商行当过买办的人。甚至还有些与不法分子一块儿干的外国人，主要是美国和荷兰海员，他们被雇来制作弹药和炸雷等。为保持这个团体的特点，它未按中国方式命名，而是沿用西方的称呼：组织的头领们叫"领事"。[1]

当选的首领叫陈显良。他曾占领县丞衙门，在那里身为"统领水陆兵马大元帅"，宣称他的目标是"消灭压榨百姓的官吏及其狗腿子，恢复旧日的大明王朝"。[2] 陈显良原来是河南开小店的。甘先造反时，陈加入了佛岭市的叛军。后来他去了黄埔，加入了由来自顺德的人组成的叛军队伍。[3] 他的团伙通过向行驶在广州和黄埔之间的商船征税，以及在当地抢夺农民的种植粮草来补充自给。尽管陈显良口称欲"恢复大明王朝"，但他唯一且始终如一的目标却是征服掠夺广州。[4]

新造的叛乱逼迫英国人思考他们在这场内战中的角色。当1854年7月叛乱刚爆发的时候，罗伯逊领事写信致英国公使包令爵士说："我认为我们的对策必须是保持中立，我们得在商馆里等待事态结果，而不与任何一方联系。"[5] 公使本人对事态不知该如何判断。一方面，从英国商业现实利益出发，他们倾向维护广州的秩序；但同时，他对傲慢的清政府陷入如此绝望的困境，不免幸灾乐祸。还有，作为英国功利主义者詹姆斯·密尔的密友，罗伯逊倾向于把叛乱者看作真正的抵抗者，他们是在以自由人的身份在造反。陈显良的做法符合他们的预料：10月1日，

1　FO 228/172, Roberston-Bowring, Desp. 86, July 24；Desp. 91, Aug. 17, 1854；FO 17/226, Morrison's report, Incl. 12, Desp. 8, Jan. 4, 1855；FO 228/189, Bird's report, Incl. 1, Desp. 3, Jan. 4, 1855.

2　FO 17/218, Memo from Ch'en Hsien-liang to Bowring, Incl. 2, Desp. 235, Dec. 23, 1854.

3　陈有可能在1854年4月领导过一次广西起义。英国报告中曾提到"红肚带造反者"由"一个曾经当过广州小店主的人"领导。见FO 17/213, Bowring-Clarendon, Desp. 14, April 20, 1854。

4　FO 17/226, Morrison's report, Incl. 12, Desp. 8, Jan, 4, 1855.

5　FO 228/172, Roberston-Bowring, Desp. 84, July 18, 1854.

陈怀有敬意地邀请英国公使参观叛军在黄埔的营地。[1] 然而，当罗伯逊写给包令的信终于抵达时，已过去了许多个星期。这期间叛军的战船与英国商人的货轮发生了太多的冲突，以至于英国人对陈显良和他的叛军失去了原有的同情。而红巾军有证据认为英国商人在偷偷地向广州当局贩卖武器。次年2月10日，陈显良愤怒地指控外国人在向广州偷偷运送火药，他严厉下令所有的夷人都立刻离开广州。[2] 包令被这个信息激怒（"我认为这是一个试探性的冒犯举动"），他开始对叛军不耐烦了。[3] 此外，既然陈显良已经无处可抢，无商人可绑票，他唯一可寻找的供给，便是假以封锁之状沿河袭击船只。2月下旬，几乎没有一天英国或美国船只没被强行登上抢劫过。叛军已成了海盗。这时包令断定新造的"造反分子"不过是一群盗贼而已。"稍许的爱国主义因素与略微引起的敬意和理解的有理造反，全都被那些用抢夺富裕的广州来填满其流氓腰包的大目标覆没了。"[4] 但这意味着英国人将积极地支持官府吗？

1854年12月初，黄埔的叛军船队把官军在通向澳门水面上的战船扫清后开始向广州开火，从那时起叶名琛就一直在指望英国人的援助。英国商界因被不断发生的船运事件激怒，自11月起就设法摧毁新造的叛军。一个名叫钧克的美国人，聚集了一队外国人，准备"收复"新造，以此领取总督许诺的25,000银圆奖赏。但在钧克带队出发之前，罗伯逊成功地劝阻了他们，因为他怕红巾军报复。尽管"钧克讨伐"没有付诸实践，但却标志了19世纪50年代的一个新现象：由商人、士绅阶层为代表的秩序力量，开始把英国人视为他们自然而然的同盟，而不再是种族敌人。早在1853年5月，浩官就请当时在英领事馆做翻译的巴夏礼（Harry Parkes）帮忙让英国人出来反击太平叛军。[5] 此刻，在12月2

1　FO 17/218, Ch'en-Bowring, Incls. 1 and 2, Desp. 235, Dec. 23, 1854.

2　FO 17/227, Ch'en-Bowring, Incl. 1, Desp. 86, Feb. 14, 1855.

3　同上，Bowring-Clarendon, Desp. 86, Feb. 14, 1855。

4　FO 17/228, Bowring-Clarendon, Desp. 108, Feb. 28, 1855.

5　FO 17/202, Parkes-Bonham, Incl. 2, Desp. 45, May 27, 1853.

日叛军船队攻击之后，广州卫戍部队司令沈棣辉亲自敦促叶名琛，让他通过行商请求英国海军援助。[1] 包令对这一非正式要求的回答是，坚定英国完全中立的立场，只有在叛军胜利的情况下，英国才会干预，以防发生大屠杀。但他补充说，要是叶名琛真的想得到英国的帮助，他本人得亲自出面。[2] 最后一点完全出于恶意。因为当12月7日，叶名琛屈尊地向包令求救要求英国海军援助时，包令却幸灾乐祸地说，他的国家没有干涉另一主权国内政的惯例。[3]

叛军200条战船的舰队在佛山与黄埔之间的水面上肆无忌惮地往返，若没有外援，广州似乎束手无策。从潮州调拨来的强悍雇佣军守卫城市的沿岸，却因他们抢劫失控而加剧了混乱。英国领事罗伯逊断定，广州城随时可被攻克。[4] 然而，一星期又一星期过去了，叛军没有动静。只能看见叛军在掌控水路。当叛军的战船任意向广州开炮的同时，新造本地的士绅们，由享有声望的吴氏宗族领头，正在组建"公所"和"约"，他们最终在战场上聚集了35,000名团练乡勇与陈显良的叛军作战。红巾军虽然掌控了水路，却丢失了陆地阵营。1855年3月，在官军尽其所能提供援助下，黄埔的乡勇们扫平了叛军在新造的指挥部，将红巾军打得四下逃散。[5]

早在这之前，陈开相对温和的政权在佛山已失去了民心。1月初，叛军向城市一偏僻地段索要捐赠。当一名叛军军官亲自前去征收税钱时，他被居民抓住不放，直到保证减税才被放走。可他一被释放，就立刻跑回营地纠集了一大帮人马回到那地方放火焚烧，把所有逃离火灾的人都

---

1 薛福成的叙述，引自 Yen-yü Huang, "Viceroy Yeh Ming-ch'en and the Canton Episode (1858-1861)," *Harvard Journal of Asiatic Studies* (Mar., 1941), 53, n. 37。
2 FO 17/218, Incls, 1 to 4, Desp. 226, Dec. 6, 1854。
3 同上，Bowring-Clarendon, Deps. 230, Dec. 11, 1854, and Incls 1-2。
4 FO 17/226, Robertson-Bowring, Incl. 1, Desp. 8, Jan. 4, 1855；Bowring-Clarendon, Deps. 31, Jan. 15；Morrison's report, Incl. 1, Desp. 33, Jan. 15。
5 FO 17/218, Morrison's report, Incl. 1, Desp. 231, Dec. 11, 1854；FO 228/189, Robertson-Bowring, Desp. 35, Jan. 23, 1855；FO 17/228, Robertson-Bowring, Incl. 1, Desp. 130, Mar. 9, 1855；FO 228/190, Pedder's memo, Incl. 1, unnumbered Desp., Mar. 13, 1855。

杀死了。大火足足焚烧了两天,当大火终于熄灭后,佛山所有的居民都坚定地站到了政府一方。所以,当大沥的乡勇与官军(加上从福建来的2000名新人马)于1855年1月18日发起进攻时,佛山市被轻易收复。官军进城后看到的只是荒芜和燃烧后的废墟,但两万红巾军已被打得溃散,广州城现在完全安全了。[1] 这场内战中最危险的阶段过去了。

---

1 FO 17/226, Morrison's report, Incl. 1, Desp. 33, Jan. 15, 1855; Bowring-Clarendon, Deps. 36, Jan. 19; Desp. 39, Jan. 20; FO 17/227, Pedder's report, Incl. 1, Desp. 87, Feb. 14, 1855.

第十五章　大清洗

去年如此多的人被杀头之后，警方对执行总督关于在农村各处抓捕更多造反嫌疑犯的命令（可能基于确切情报）进退两难。在大多数情况下，抓捕造反者的责任强加在村民身上，若他们不服从的话，他们的村子就会被毁掉。

——马礼逊报告[1]

倒退开始，取而代之的，是白色恐怖。如今，以往的三股反叛中，最大的那批帮匪撤回到山区边界，在那里重操旧业，进行不法活动；海盗与江河流域的土匪们则沿水路顺流而下，他们在即将来临的岁月里将成为英国人或中国人的瘟疫；小部分被解散的秘密社会团伙依然留在原地活动。叶名琛决意不让这些"危险阶级"再来威胁社会。于是对已知的秘密社会成员的抓捕开始了，接着是"流浪汉"，最后是所有与叛军"合作"过的人，不幸的宗族成员，甚至连曾经向红巾军交纳过税钱的可怜村民都在内。旧的敌对势力瓦解了。机会主义者和告密分子们便趁机把他们所能抢占的抓到手，比如土地，水权，坟地，等等。死亡人数持续增加。以往通常情况下，北京会复审每一件死刑案，但叶名琛已获

1　FO 17/245, Morrison's report, Incl. 1, Desp. 62, Feb. 12, 1856.

得了灭绝叛匪的通行证。[1] 于是从一开始,叶名琛就大刀阔斧地执行大规模的死刑。例如,在东莞叛乱初期,他手下的军事头领们就向他献上三大箱人的右耳代替人的头颅。到了1855年夏天,他的手下遵其命令不接受俘虏而一律杀戮,仅广州一处就有7万人头落地。河面到处漂浮着尸体。[2] 虽然官方通报,被处死的总数为47,000人,但据说全省被处死的人数高达100万。[3] 叶名琛本人公然宣称,他亲自下令处死了10万"反叛者"。他唯一的遗憾是未能"根除那整个阶级"。[4] 但他几乎如愿以偿。1855年的大清洗,让广东的士绅阶层及富裕宗族彻底掌控了乡村。地方治理的平衡于1839年出现倾斜,而现在则完全倒向了乡村名流一边。甚至连政治活动的焦点,也都偏向了乡村的"县"一边,因为城市不是被摧毁,就是破产了。[5] 然而,这并非19世纪40年代政治"地方化"的结果。县城里领头的名流们,不再简单地是成员或族长,乡村事务现在由经皇帝本人批准和支持的一批新的专职人员掌管。在地方防御问题上,北京改变了态度。

1849年徐广缙曾利用团练成功地阻挡了英国人进城,这大大振兴了团练。乡村团练的标准训练手册,就是由许乃钊基于那场抗英经验写成的。那场危机期间,许乃钊本人任广东学政。然而,虽然在1850年夏地方乡勇们成功地抗击了三合会,但朝廷对允许团练自行行动仍充满

---

[1] 叶名琛并不急于让朝廷知道他管辖范围叛匪的不满,他也不想让朝廷知道他欠了团练巨额债务。当叶的军事助理沈棣辉向他提供忠义义士和团练人员名单时,他只是搁置一边。他仅以个人的名义,而非以皇帝的名义,奖励功勋士绅们匾额而已。更有甚者,在向北京报告新造之战如此重大的胜利时,他竟然都不向朝廷正式提及乡勇们的决定性作用。见《大清历朝实录》,咸丰朝,第167卷,第1页下—2页下;同治《续修南海县志》,第5卷;Hsien Fu-ch'eng account, cited in Huang Yen-yu, "Viceroy Yeh Ming-ch'en and the Canton Episode (1858-1861)," *Harvard Journal of Asiatic Studies*, 6, 1: 52, n. 4 (March, 1941).

[2] G. W. Cooke, *China*, pp. 406-407; FO 17/231, Morrison's report, Incl. 1, Desp. 208, June 9, 1855; FO 17/233, Bowring-Clarendon, Desp. 297, Sept. 13, 1855; J. Scarth, *Twelve Years in China*, pp. 235-240.

[3] 《咸丰朝筹办夷务始末》,第19卷,第16页上。

[4] Cooke, *China*, p. 407.

[5] FO 17/234, Wade's report, Incl. 1, Desp. 331, Oct. 13, 1855; FO 17/229, Morrison's report, Incl. 1, Desp. 15, April 15, 1855; FO 17/231, Morrison's report, Incl. 1, Desp. 208, June 9, 1855; FO 17/235, Morrison's report, Incl. 1, Desp. 368, Nov. 14, 1855.

忌惮。最后因官军与太平军交战初期失败而迫使朝廷松手。若想完全击败叛军，与其让一名常胜将军（Count Belisarius）诞生，不如利用多位文职领袖。于是，在1853年年初，朝廷选出一批前高级官员，委任他们为团练大臣，让其返回各自的家乡。[1]

如此破除"回避制"，朝廷无疑是在冒大险。通过团练的同年、同乡关系网或许能动员当地民众抗击叛军，但与此同时一路凯旋的士绅们会心甘情愿地向北京交出权力吗？这会不会导致王朝出现诸侯分割领地的后果呢？满族朝廷把赌注下在高官上：他们具有出色的任官资历，相对他们出生的宗族或村子而言，他们会更忠于朝廷的体制。事实很快证明确实如此，于是同治的"中兴"才成为可能。但最终，他们在地方上组建的军事和政治机制，分化了王朝的中央集权，促使了朝廷的崩溃。

但从另一方面看，这些专职高官们亦促成了地方政治的集中化。随着如曾国藩或李鸿章这些半独立的封疆大吏与士绅及团练的联合，并通过他们那些具有忠义特征的个人小圈子获得了资助，纯地方主义就被地域主义取代了。但广东的情况并不完全如此。湖南和浙江等省区必须建立灵活作战的正式军队，才能抵抗太平军。相比之下，广州的防御完全是地方性的，虽然曾有各种努力使防御地域化，但权力仍然被地方掌握。不过，1855年的团练与1841年的团练不同。1841年，团练是从"群众"性转为"社区"化，1855年团练运动体现的是"阶级"性。[2] 红巾军起义不仅使团练成为维持社会秩序的工具，而且间接地提升了其政治地位。突然间，一个知县发现他面对的士绅，其地位和声望比他本人还高。[3] 这些地方要人并未一点一点地拿走他的职权，而是建立起了一个

---

1 Philip Kuhn, "The Militia in Nineteenth Century China," pp. 15-20, 126-140；萧一山：《清代通史》，第3卷，第115—119页；罗尔纲：《清季兵为将有的起源》，载于《中国社会经济史集刊》，1937年6月，第5卷第2期，第235—250页。

2 Max Weber, in H. H. and C. W. Wills, eds., *From Max Weber*, pp. 183-184.

3 FO 228/157, Parkes' report, Incl. 1, Desp. 101, July 21, 1853.

与县平行的机构,产生了一个经过协调的县级政治制度,该制度超越了他本人作为知县的职权,且偶尔会偏向于士绅们本身的经济和社会利益。其最典型的例子,发生在顺德县。

顺德县惨遭红巾军袭击。该县不仅被徐兆表率领的"本地"叛匪惯常性地挨村挨户袭击,还遭到了来自开平县陈吉土匪帮的联合抢掠。1854年8月1日,位于广州南面24公里的县城所在地大良,遭受了陈吉叛匪们连续三日的洗劫。那里所有的团练首领全部被杀,城墙之外的房屋被洗劫一空,城墙内的店铺和房屋被焚烧殆尽。当县城被攻下时,知县马映阶已经逃离。[1] 县政府瓦解,乡镇的地区凸显出来,这并非由于那些村庄饱受战乱,而是因为那些处于无能防御的大户人家遍布在这片富饶的三角洲,唯有士绅们凝聚起来,并倾其所有的努力,才能重建安定与秩序。

当然,仍有一些低层次士绅领导的老团练通过社学和书院在继续运作。[2] 但真正大规模的防御行动还是由高层同乡人士来组织,他们在1855年5月大良沦陷前一直留在广州。其中陈松、陈元楷等统筹协调团练,筹集了大量的款项,并赢得了那些迟疑不决的宗族和乡村领袖们的支持。[3] 在这些享有声望的士大夫中,最著名的要数龙元僖,他在英军占领期间即成为全县的权威、反洋人运动的关键人物。龙元僖出生于大良的一个富裕世家,是本地最优秀的学者。在1835年的殿试中,他名列前三名,后任翰林院编修、国子监祭酒、太常寺卿。1853年他担任会试副考官后,被授二品衔,被任命为顺德县团练大臣。回到广东后,他协助领导团练事务直到收复大良。凯旋归乡时,乡民们"欣喜若狂"地向他和他的团练局献礼和捐赠。[4]

---

1 民国《顺德县志》,第20卷,第14页上;第23卷,第6页上—6页下。
2 其中名声最响亮的有冲鹤的潘氏家族、龙山的左梦衡、小湾堡的程选、大良的杨康。见民国《顺德县志》,第17卷,第3页上、9页下;第18卷,第6页上、10页上、11页下、14页下;第19卷,第3页上;第22卷,第18页下。
3 民国《顺德县志》,第18卷,第6页下。
4 同上,第18卷,第2页上—2页下。

龙元僖的团练并非独立于总督叶名琛而自行运作。相反，叶名琛意识到，龙元僖和陈松这些人可以帮助广州与分散在乡村中原生的团练之间建立正式联系。欲恢复与广州郊区的连接，须通过这些高层士绅来组建四周的团练局——保证它们从理论上讲能听从广州，并由广州任命人事。1855年5月7日，叶名琛命龙元僖在大良南面的一个寺庙里开办顺德团练总局，该局的18名地方士绅由龙领导，专门负责乡村的重建与防卫。[1]

总局的确担当了团结领导重建该县的重任。这一方面由于龙元僖享有声望，另一方面也因为士绅们收编利用了原先的团练机构，其中一些就是原来的团练，另一些是稍微不同的"沙所"或"沙局"。

沙所，原是大良东南一带用来处理冲积淤泥田地（即东海十六沙）所有权的公所，一些大宗族多年来一直在那里争夺由河流淤泥堆积成形的土地权。这些沙田一旦被堤坝圈住，积水枯竭后，就是极宝贵的肥土沃田，须加以保护以免被临近的宗族抢占去。因此，各个宗族的沙所都把族田的租金拿去雇用"沙夫"。偶尔，一些单个沙所会联合成大型的沙局，为地界或驱逐土匪而战。其中最著名的，是在康熙年间成立的"共同体"，它以不同的名称一直延续到19世纪。1809年，龙元僖的叔叔龙廷桂就是用它来与张保的海盗们作战的。从这个意义上讲，这是一个士绅组织，是地界战争的代理人，代表了宗族联盟。[2]

显然，知县一直企图控制沙所和共同体对土地权的认可及卫护等事务。所有的土地认可，都必须在土地开垦后一个月之内申报，而沙所总是由一位官方正式指定的"地保"监督指导。若沙所或士绅联盟想雇佣沙夫收钱，他们得从知县那里领取许可证。

现在，一切都变了。新组建的顺德团练总局——地方上称其为"大良公局"，收编了团练，把沙所变成了一个单纯的财政部门，用它把各

---

[1] 民国《顺德县志》，第3卷，第1页上；第23卷，第7页上—7页下。
[2] 这个描述基于佐佐木正哉的《顺德县乡绅与东海十六沙》。亦参见牧野巽《支那家族研究》，第575页。

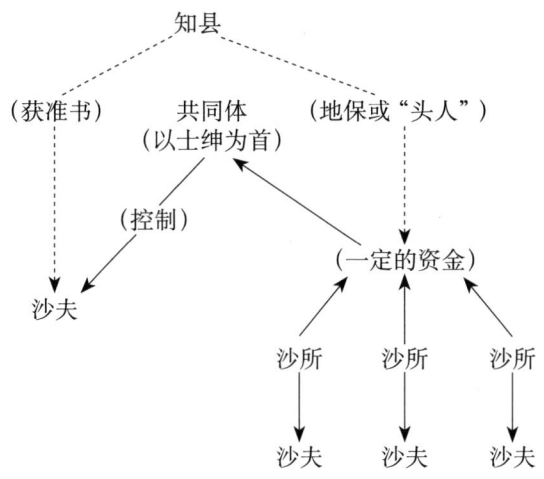

图3 17、18世纪的顺德沙所

宗族的沙田租金汇集到总局。[1] 随着士绅们掌控了宗族的财源,他们也发展出一套新的筹资方式:厘金,即对流通的商品征收过境税,从而使他们得以部分独立于底层的沙所。大良公局下的每个分局都得负责资金分配,以用来雇佣团练、发放救济、修建乡学,等等。

每一个分局都有一个提供资金的相应"公约"组织,该组织通过在县城四周和主要商镇设置关卡税来筹集资金。[2] 资金若有结余,就再投资于沙田。就这样,富裕的士绅们把越来越多的肥沃的淤泥地囊括进他们宗族的世袭财产中,而家族的财产则名义上挂在地方公局。总局本身的租金年收入总量为二万两白银。显然,这些资金在名义上是用于公务,而事实上归那些领导局子的士绅所有。1889年,一名官员私下告诉当时的总督张之洞,东莞县的一个孔庙是如何利用其财产的:"我已调查了东莞县孔庙的土地和财产。虽然这些财产属于县里的士绅所有,但并没有完全用于社学。许多财产都被地方大族的士绅和官员们暗地里侵吞

---

[1] 民国《顺德县志》,第18卷,第16页上;第23卷,第19页下。以下的探究,主要基于佐佐木正哉的《顺德县乡绅与东海十六沙》,除非另有说明。

[2] 民国《顺德县志》,第3卷,第5页上—16页上;第23卷,第14页下。

了。"[1]但要制止这种过分行径,已为时过晚。在17世纪,沙所由知县直接掌控,而现在的总督仅仅任命团练局的领导,同时因在很大程度上依赖他们的社会支持而无法对其侵吞行为进行制约。还有,富裕阶层历来都具有向往更多的权力这一习性,他们曾因惧怕农民造反而收敛,而现在那些"危险阶级"已被叶名琛的大清洗基本铲除了,在社会上已无对抗广州士绅的势力。此外,一个地方知县怎敢对龙元僖这类人逃避土地

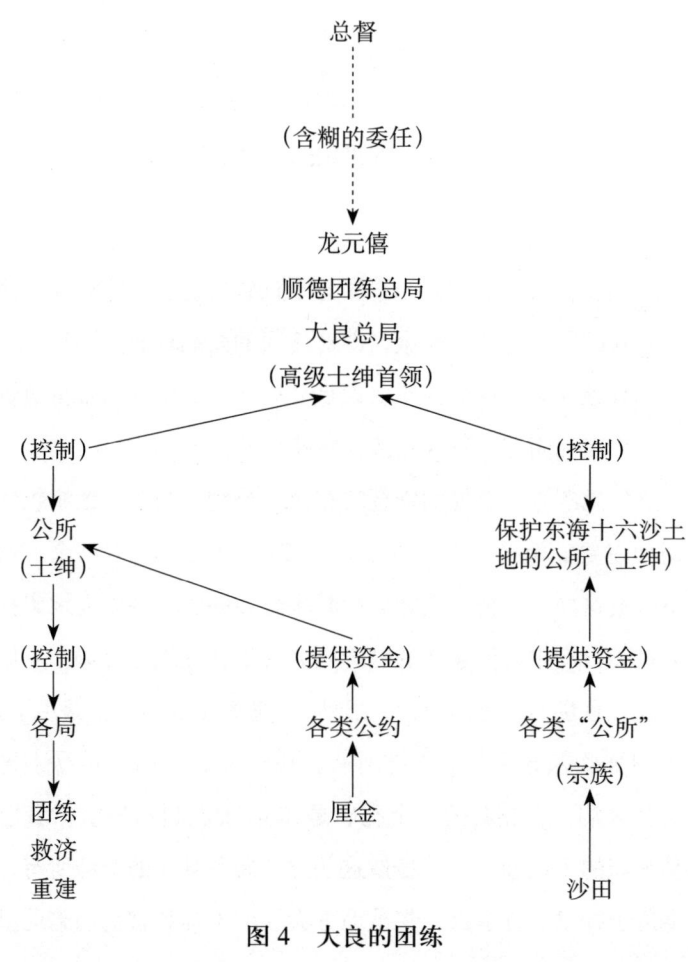

图4 大良的团练

---

1 佐佐木正哉的摘引,见《顺德县乡绅与东海十六沙》,第175页。

税或非法审判罪犯土匪的行为提出质疑呢?[1]

结果，官员们索性把征税事务交给士绅们承担，任由他们压榨农民，只要他们保证交足官税就行。这样，田租和税收被混为一谈。到了1900年，本是用于县衙役的什一税，变成了收成税。随着过多的商业资本对广州一带传统土地所有制的冲击，自耕农开始渐渐消失。而拥有土地曾经享有如此高的社会地位，也曾经是如此可靠的投资方式，以至于城市商人们愿为土地出高价，即便正常的农业收益低于土地购买价。有时，他们会从乡村宗族那里租用整个三角洲的土地，然后再出租给第三者，让他们雇用短工或佃农来种植经济作物。到了20世纪30年代，广东已发展出一套毁灭性的地租制，其租金高达土地收成的71%。[2] 公共与宗族的财源都全部落入地方名流的掌控之中。"包商"同意支付一笔固定的资金贿赂地方官员，以换取接管全县所有学田的特权。然后他们再把学田转租给下面的小"包商"，并以此类推，通过多达五个层次的租借一直到佃农，租金持续递增。[3] 由于当地没有制约士绅统治的官方机制，对当地的精英来说就无须建立保护农民和中介协调的公权机制了。那些士绅未能获得功名或官职，却成了寄生阶级。所有这些不公现象，都是19世纪中叶失去平衡的直接后果。团练、排外主义、起义，所有这些都撕裂了体制，分割了社会。革命几乎不可避免。

---

[1] 郭廷以：《太平天国史事日志》，第816页，（并见第十四章第155页，注3）；《东莞县志》，第35卷，第13页下。

[2] M. Freedman, *Lineage Organization in Southeast China*, p.76; R. H. Tawney, *Land Labour in China*, p. 37; Kung-chuan Hsiao, *Rural China*, p. 408; Han-seng Chen, *Agrarian Problems*, pp.47, 63.

[3] T'ai-ch'u Liao, "School Land: A Problem of Education Finance," *Yenching Journal of Social Studies*, (Feb. 1940), 2. 2: 212-233.

第四部
广州被攻克：合作政治
（1857—1861）

第十六章　攻占广州

让人惊讶的一点是它的异常沉寂，那 150 万人口毫无动静，似乎被四面城墙埋葬了般，一片死静。他们的脉搏像是由于前夜的那场恐怖而停止了,假如他们还能够思考,他们唯一的愿望,好像是：连他们的基本存在，也能被征服者忘掉。

G. W. 库克：《作为"时代杂志"特约记者在中国》(1858)

1856 年 10 月，爆发了第二次鸦片战争，导火线是著名的"亚罗号事件"。[1]

之后的三个月里，英国海军不时地发动进攻。后来包令和西摩尔上将停止了进攻，以等待伦敦的最后决定——发动英法联合远征军，攻打清帝国。

"亚罗号"之战让已经贫困不堪的广东进一步遭受经济重压[2]——即

---

[1] 1856 年 10 月 8 日，广州一位士绅向地方官报告，他在停泊于黄埔口的一艘快速帆船的水手中间发现了一名海盗。于是，4 名官员带着 6 名士兵登上了这艘中国船主的船。由于该船是在英国航海册上以"亚罗号"非法登记的，他们扯下船头上的旗帜并逮捕了船上的 12 名中国水手。对此，好斗的英国领事巴夏礼宣称，英国国旗遭受了侮辱，要求总督叶名琛公开道歉，这一要求得到包令和海军上将西摩尔（Sir. Michael Seymour）的全力支持。叶总督自然不能接受。结果爆发战争。

[2] 1857 年夏，因大米极度缺乏，米价上涨了三倍。而且，任何广州能够弄到的大米均来自暹罗。见 FO 17/217, Parkes' report, Incl. 1, Desp. 355, Aug. 20, 1857。

使在平常时期,广东每天的防御开支也超过了1200两。[1] 叶名琛宣称:"我一心希望全体绅民捐款以敷需用。"顺德县被摊派20万两,新会12万两,香山10万两。叶名琛在保证把捐款人的名字上报皇帝请赏的同时,一再警告捐款数目不可短缺,所有的钱款必须筹集到位。[2]

这不是筹款,而是勒索。例如,在1857年10月,一位行商爽官[3]的儿子因没有交足款项而遭受酷刑,还被剥夺了财产。[4] 通常,地方名流和族长们会收到捐款单子,官方会同时向他们施压:任何人若不服从,他所在村的士绅委员会授权将其秘密逮捕,送交审判。[5] 这等于给了地方名流们"压榨"农民的无数机会,却保证了广州府财政艰难时期行政运作的维持。

对此,那些"正义"的士绅们最终也厌倦了。随着白银一批批流入广州府的银库,他们要求官府确认他们已经捐献出的巨款数额:仅番禺县、南海县、新会、顺德及香山就捐出了150万两。有些人,如"九十六村"那些骄傲的名流,他们索性拒绝进一步捐献任何款项,但他们同时向总督保证:只要有呼吁,他们所有16岁以上的男子都会参加集合训练,成为武装团练。别的地方,如番禺县,索性解散了村庄的乡勇。广州自己,如1849年那样进行备战,也成立了城防委员会,让每个乡的居民自行决定是否保持团练组织,大多数人选择了否决。[6]

英国人似乎永远不会进攻。当然,夷人间歇性发起海上进攻。[7] 广

---

1 FO 17/263,布告注明日期为:1856年,12月24日,见:Incl. 2, Desp. 6, Jan. 3, 1857。

2 同上,Wade's report, Incl. 1, Desp. 6, Jan. 3, 1857。

3 爽官(Samqua)通常指吴健彰,他在外贸中得利后于1851年赴上海负责外交关系。见 A. Hummel ed., *Eminent Chinese of the Ch'ing Period*, p. 865。

4 FO 17/272, Ward's report, Inc. 1, Desp. 407, Oct. 21, 1857。

5 同上。

6 《咸丰朝筹办夷务始末》,第17卷,第44页下;FO 17/271, Parkes' report, Incl. 1, Desp. 362, Aug. 24, 1857;Wade's report, Incl. 1, Desp. 319, July 10, 1857;FO 228/240, Parkes-Elgin, July 25, 1857;FO 17/272, Chinese Secretary's Memo, Incl. 1, Desp. 370,Sept. 2, 1857;Desp. 385, Sept. 21, Desp. 390, Oct. 5;Desp. 399, Oct. 13;Wade's report, Desp. 407, Oct. 21。

7 G.W. Cooke, *China: Being the Time's Special Correspondence from China*, pp. 16-42。

州人开始认为,由于在印度发生了反东印度公司的武装暴动,英国已经放弃了攻打广州的念头。[1]

然而,中国人正在自信地撤除在广州城门前设置的防御设施时,额尔金爵士[2]却在酝酿攻打城市的计划,他要在北上抵达白河前惩罚叶名琛。[3]"亚罗号事件"过去15个月后,英法联军开始炮轰广州。现在,对这场迟到战争的等待期已经消磨、损耗了官方的团练运动。只有千总邓安邦统率的东莞乡勇前来进行实际抵抗,其他乡勇在横扫一切的炮火下消失于北城门外。[4]

到了1857年12月29日下午2点,广州城完全被联军掌控。之后的一个星期里,征服者们俯视这座城市,猜想一旦欧洲军队进入这些兔子窝般密集而谜乱的街道时,广州人会如何反应。他们也在等待,等待着总督最后投降。[5]

但这事一直没有发生。叶名琛似乎力图用意愿来否认夷人的存在。[6]他的同僚们及部下,甚至连很了解他的人都很纳闷,既然城墙在西摩尔将军的炮轰下纷纷倒塌,他为何还拒绝与英国人交涉。在一些人眼里,他是个极其自信的人:不到40岁就当了总督,成功地残酷镇压了红巾军,享乐使他丧失了对英国人威胁力的预判。而在另一些人看来,他为人做作,小丑般故作姿态,好像他内心的镇静和他的伟大会弥补军事上的软弱。从这个意义上看,他似乎是广州暴民的一个工具,是耆英的最

---

1 FO 17/271, Wade's report, Incl. 1, Desp. 319, July 10, 1857;FO 228/240, Parkes-Elgin, July 25, 1857.
2 额尔金是英国最显赫的贵族之一,曾任牙买加总督、加拿大总督。1857年,巴麦尊首选他担任远征中国的司令官。
3 FO 17/276, Elgin-Clarendon, Desp. 46, Sept. 24, 1857.
4 《续修南海县志》,第14卷,第48页下;梁鼎芬:《番禺县续志》,第20卷,第25页下;FO 17/271, Morrison's report, Incl. 1, Desp. 336, July 25, 1857; Parkes' report, Incl. 2, Desp. 336, July 25; FO 17/277, Wade-Bowring, Incl. 1, Desp. 75, Dec. 9, 1857。
5 S. Lane-Poole, *The Life of Sir Harry Parkes*, 1: chaps. 12-13.
6 夏定域:《英吉利占据广州之役史料》,载于《国立中山大学语言历史学研究所周刊》,第10卷第110期,第45—48页,1929年12月18日。

后一个化身。[1] 此外还有一些关于他个性比较阴沉的流言：比如暗示大清洗让他变得残暴，要不就说他对道教很痴迷，且在他官僚生涯的最后关键时刻求救于魔力。[2] 可以肯定的是，他把让步、中庸、妥协视为软弱。他一再拒绝同僚关于与夷人交涉的建议，对他来说外交就是一副牌局，得震慑对手，使其屈服。[3] 于是在那个警觉等待的一星期中，他继续无视英国人的存在。终于，1858 年 1 月 5 日，英法联军攻入了广州城。他们迅速攻占了城北边缘地带的观音山，大部分省级官员已经从该地撤离，去别处进行最后抵抗。紧接着，当叶名琛乔装企图从一个友人家的后墙逃离时，被抓获。[4]

英国人即将占领城市成为显而易见的事实时，广州府开始与联军秘密谈判。很快，12 月 29 日，广东巡抚柏贵派遣浩官和经官前去求和。到了 12 月 31 日，广州将军穆克德讷和巡抚柏贵相继公开安抚民众，因为他们最怕暴民乘机进行焚烧抢劫。[5] 就这样，在叶名琛终于被抓获之后，其他中国民政和军事当局都不加抵抗而开始协助联军维持法律和秩序了。

秩序是英法联军的关切所在。5000 人的部队加上两名中国翻译，联军若想以此统治那 100 万充满敌意而骚动的民众，就得靠现存当局的配合。[6] 英法在两个方案中间权衡不决：或者，柏贵和穆克德讷回到原来的衙门，而联军维持他们在城里的部队；或者，柏贵作为战俘登上英国舰，在那里"管理"广州。最终，折衷的方案形成：柏贵将恢复在他的衙门执政，但须以"一种意在增加而非损害当局名望的方式，因为在

---

1 夏定域：《英吉利占据广州之役史料》，载于《国立中山大学语言历史学研究所周刊》，第 10 卷第 110 期，第 45—48 页，1929 年 12 月 18 日。

2 A. Hmmel, *Eminent Chinese*, pp. 904-905.

3 Huang, "Viceroy Yeh Ming-ch'en," pp. 71, 74；《咸丰朝筹办夷务始末》，第 17 卷，第 38 页上。

4 梁嘉彬：《广东十三行考》，第 198 页（并见第四章第 51 页，注 7）。

5 同上，第 170 页；Huang, "Viceroy Yeh Ming-ch'en," pp. 75-82。

6 陆钦墀：《英法联军占据广州始末》，《史学年报》，第 2 卷第 5 期，第 287 页，1938 年 12 月（并见第七章第 85 页，注 1）。

这个非同寻常的时刻,城市的安宁,甚至城市本身的存在都取决于它"¹。不过,私下里,他将被告知,他所有的行政决定都须得到联军的批准。

柏贵对此方案考虑了 24 小时,这期间城里的士绅们都请求他为了商业利益和社会秩序而接受这个方案。² 谨慎而又保守的柏贵,绝对不是一个能够领导一场民众抗英、支持团练运动的"梁山好汉"。1 月 8 日那天,他接受了联军提出的条件。³ 次日,英法联军在衙门为他举行了盛大的任职典礼,因为他执政的名望和"光环"将对联军政府有用。而事实上,他只是英法统治的木偶而已。他的日常活动被限制在衙门深处,且由英国士兵看守,而外面的事务均由联军官员们负责:由托马斯·哈罗威上校(Colonel Thomas Holloway)、马蒂内·德·修莱海军大佐(Captain F. Martinez de Chenez)和巴夏礼全权处理。⁴ 现实中,巴夏礼包揽了最多的权力,他亲自领导全省日常行政事务,起草或审批从巡抚衙门发出的所有公文。⁵ 满族将军穆克德讷已经主动解散自己的卫戍部队,且交出了所有的武器。⁶

此外,除了成立联合法庭外,巴夏礼还监督全城的治安。开始,由 100 名英国人和 30 名法国人组成的警察部队单独巡视全城。但对"番鬼"的恐惧让人们恐慌不已,以至于只要联合警察巡逻队一出现,商人和房主们就纷纷躲藏起来,扒手们则跟在巡逻队后面行窃。最终,每个巡逻队都缩减成一行外国水兵和一行中国衙役。⁷

广州城慢慢地复苏了,联军开始思量中国朝廷将会如何应对这个新

---

1 L. Oliphant, *Narrative of the Earl of Elgin's Mission to China and Janpan in the Years 1857, 1858, 1859*, 1: 151.
2 《英法联军占据广州始末》,《史学年报》,第 287 页(并见第七章第 85 页,注 1)。
3 许多同胞都认为他是不得已才接受了这个决定,"励巡抚柏贵以制粤民",见同治《续修南海县志》,第 14 卷,第 35 页下。
4 Oliphant, *Narrative of the Earl of Elgin's Mission*, 1:148-157.
5 FO 228/252, Regulations to be observed by the Chinese Commissioners in Canton, Incl.3, Desp. 11, Jan. 12, 1858.
6 同上。
7 Oliphant, *Elgin's Mission*, 1: 169.

局面。皇帝会让柏贵继续留任吗？

当1858年1月26日坏消息抵达北京朝廷时，叶名琛以"刚愎自用"被问罪解职。他那两广总督和办理善后及通商事宜大臣的职位，则由黄宗汉接替。但在黄到任前，柏贵暂时兼任这两项官职，皇帝自然十分清楚联军对他的任命。[1]

然而，在地方事务方面，柏贵已经让自己的职能削弱了。而当联军在广州成立委员会的时候，按察使、知府、粮道却在佛山组建起一个影子政府，以向乡村士绅们提供一个忠于朝廷的出路。[2]而其他人，那些高级团练大臣们，则正在制订一个全盘的抵抗运动计划，意在把英法联军驱逐出广东。

---

1 Huang, "Viceroy Yeh Ming-ch'en", p.82, n. 142.
2 同上，第77—78页。

第十七章　广东的团练局

> 着柏贵与士绅罗惇衍等密传各乡团练，宣示朕意，如……仍冥顽不服，久踞城垣，惟有调集各城兵勇，联为一气，将该夷驱逐出城，使不敢轻视中国。
>
> 咸丰皇帝上谕[1]

农村的团练往往是过渡性的，且因其纪律不严明而无法真正抵抗入侵的部队。但现在英法联军才是入侵者，他们便成了团练进行任何性质骚扰和抵抗的打击目标。村团练也许对抵制一个被正式任命的巡抚迟疑不决，但皇帝私下允许省里三个高级别的士绅领导抗敌的消息，很快就成了公开的秘密。那些因红巾军暴乱而赶回故乡的爱国志士们已经决定，他们也要像其他地区的团练那样，组织起类似的团练。

龙元僖是第一个创建者，他组建了顺德团练总局。第二位是龙的同学和老乡罗惇衍。罗惇衍与龙元僖一样，也出身于大良名门。他父亲罗家正于1813年中举，成为著名的越秀书院院长，因他在入城危机中的出色表现而晋升为五品官，而且还领导过修订顺德县志的修志局。因他儿子惇衍出生时"满屋红光"，这预示了此孩儿未来的荣耀显赫——罗

---

[1]《咸丰朝筹办夷务始末》，第17卷，第44页下。

先后任翰林院编修、四川安徽两省的学政、内阁侍读学士、通政副使，然后是通政使。咸丰皇帝即位后，罗惇衍因在财政和政治上的保守立场与皇帝不谋而合，平步青云。那年他递交了一个著名的奏折，警告传统道德观正在被官场的腐败和乱政侵蚀。皇帝予以认同。次年，罗惇衍被任命为吏部侍郎，接着是都察院左副都御史。到了1853年下半年，他又升为刑部侍郎，亦成了地方团练的著名倡导者。[1]

第三位领导者是苏廷魁，他的理念与罗惇衍相同，不同的是，他性子急，多次卷入决策争议之中。他也是广东人，与罗和龙同年，且与此二人一样于1835年进入翰林院。鸦片战争结束后，他因对温和派"抚夷"政策的批评最为激烈而著名。1843年苏廷魁曾上疏指控穆彰阿，这之后过了八年半的退休生活，直至咸丰皇帝即位。后来，皇帝奖赏他多年来对政敌的抵制而提升他任职军机处。甚至在那时苏廷魁又卷入了与赛尚阿的角斗，而因那位满族老将在广西遭受了军事挫败，苏廷魁被恢复了原先的高位。

与罗惇衍和龙元僖一样，苏廷魁也热衷组建团练。当朝廷表示支持团练后，苏廷魁回到广东组建地方防务。1854年至1855年，苏廷魁与大良总局密切互动，在向江西派遣乡勇抵抗红巾军这方面，他成了个专家。[2] 也就是说，在抗英运动前四年里，他们三位领导人中有两人已发展了一套地方防务的协作体系。

三人中职位最高的属罗惇衍，当联军攻入广州时他刚结束三年的服丧期。他与龙、罗联名上奏皇帝，要求允许协调团练活动抗英。1858年2月8日，皇帝秘谕允准。[3] 三人一经获悉，便在距广州城北40公里的花县开设了广东团练总局。他们在大门口上方悬挂了刻匾：钦差办理

---

1 《清史》，台北，1961年，第4818—4819页；《顺德县志》，第23卷，第16页下—23页上。

2 同上，第4589—4590页。

3 《咸丰朝筹办夷务始末》，第17卷，第44页下。

广东夷务关防[1]。

广东团练总局的实力来自各个县及广州城南：东莞和新安提供兵力；顺德供款。[2] 东莞以其勇猛的战士和出色的射手闻名，历来是招募乡勇的重地。新安没那么有名，但在苏廷魁的召唤下，于1856年也建立了地方团练。新安最有势力的族长陈桂籍，乃苏廷魁一个弟子的兄弟。陈桂籍为进士，曾在北京任职于户部，红巾军叛乱期间，他返回广东料理家业。[3] "亚罗号事件"引发战争后，苏廷魁让兄弟二人组织团练抵制向英国供货的行动，因为新安是提供香港农产品和劳力的要地。[4] 苏廷魁本人是他们和叶名琛广州衙门之间的联系人。但总督发现，这支团练每年会收到团练总局24,000两的资助，它实际成了为宗族服务的工具，而陈氏家族一直在利用它处理它与新安沿海一些村子的老账。梧州发生暴乱后，陈氏兄弟试图说服柏贵拨更多的款项，好让他们组织3000名乡勇前去阻挡叛军。叶名琛发怒了。陈氏兄弟收回了这一请愿，但他们仍然掌控着县团练。当苏廷魁于1858年被任命为"钦差"时，陈氏兄弟立刻保证会向广东团练总局派送尽可能多的人马。[5]

顺德的县团练局提供了金钱和供给。花县的团练局一成立，龙元僖便把大良局的一些事务交给县士绅委员会中的亲信去办理。[6] 在龙元僖家族成员龙葆成的安排下，一个筹款和联络的机构"新青坛文社"成立了。该社筹集了大量的借贷、沙田租金、厘金及捐款，约15万两，上

---

1 民国《顺德县志》，第23卷，第8页下；夏燮：《中西纪事》，第13卷，第8页下（并见第一章第10页，注2）。
2 民国《东莞县志》，第72卷，第18页下；卷90，10页下。民国《顺德县志》，第23卷，第9页上。
3 《咸丰朝筹办夷务始末》，第26卷，第34页上。
4 FO 17/263, 1856年12月24日布告, Incl. 2, Desp. 6, Jan. 3, 1857；FO 17/263, Wade's report, Incl. 1, Desp. 6, Jan. 3.
5 FO 17/267, Inclosures, Desp. 181, April 14, 1857. 这份快件含有50封陈氏兄弟和苏廷魁之间的信件。这些信件被Elliot在捕获一艘"团练"船时截获。
6 特别是在冲鹤镇势力很大的潘氏家族的潘念祖；还有进士、曾在朝廷内阁任职的赖子猷。见民国《顺德县志》，第18卷，第4页上；第19卷，第3页下。

交给广东团练总局。[1] 在总局，这些钱款聚集到"钦差"们的总监、前顺德知县何大璋手里，他负责购买船只或军饷，雇佣乡勇。[2]

由于顺德县对他们举足轻重，1859年年初"钦差"们决定将他们的总部迁移到这里。[3] 这也因为北面的各县虽然也反英，但在广东团练需要时，那些地区却没有提供所需的援助，南海县尤其如此。在那里，"九十六村"与升平社学一样，自1841年起就拥有自立的团练。每遇危机，他们都拒绝向广东团练总局的任何部门提供兵马和资金。这状况仍然没变。他们奋勇作战，甚至响应"钦差"们的指令来配合他们的各种运作。但他们最终只接受自己设在石井的总部控制，而总部由梁起鹏领导，尽管他的功名不高，但他来自著名梁氏家族。[4] 若说他们还承认有哪个组织具有政治合法性的话，那就是佛山的按察使影子政府所建立的团练了。

罗惇衍很快就让佛山忠义者们归顺了团练总局，但在很长时间内那里的政府仍保留了自己的防务指挥部：丝墟联防局。该联防局总部设在佛山，在南海和番禺县的每个"丝市"上都设立了招募处。[5] 到了1859年，"丝市"上的招募处终于合并汇入广东团练总局。

红巾军的政治瓦解有助于广东团练总局的存在。但瓦解的同时却阻碍了罗、龙、苏建立起一个真正的地域组织。在短短的时间内，"钦差"们似乎成立了一个新的省政治中心。然而，哪怕是朝廷的命令，或者是赶走外国人的集体努力，都无法消除二十来年形成的地方主义。

---

1 民国《顺德县志》，第18卷，第14页下；第23卷，第9页上；第2卷，第34页下。
2 同上，第18卷，第4页下。
3 同上，第3卷，第4页下；第23卷，第9页下。FO 228/284, Parkes' Report, Incl. 1, Desp. 112, May 21, 1860。
4 同治《续修南海县志》，第14卷，第35页上—35页下。
5 民国《顺德县志》，第23卷，第9页下；夏燮：《中西纪事》，第13卷，第21页下（并见第一章第10页，注2）。

第十八章　抵抗运动

> 虽附省之郡邑团练尚属整齐，自四年间股匪滋扰以后，民力迥非昔比，集众易，而不能令义愤之人裹粮以从。兵端开，而更虞致不逞之徒乘间而发。
>
> 穆克德讷、柏贵奏[1]

1858年的前六个月中，乡村的团练让城市惊恐万分。衙役和官兵只要在城门附近走动，就会被捉拿。所有外国人的头颅都被悬了赏。陷阱到处都是。每晚都有人燃烧火箭，焚烧楼房。有钱人家纷纷逃离城市。人烟渐渐稀少而凋敝的乡村，成了罪犯团伙的藏身之地。[2] 外国人，无论他们是在省城还是在香港，都很难买到食物或者雇佣帮工——知县们已命令小店主们离开广州，从香港返回老家的做工人足有两万之多。[3]

巴夏礼企图地让柏贵去安抚地方士绅和忠于朝廷的官员们。巡抚答应去试试，他写信给佛山的影子政府，让他们阻止无谓的抵抗。[4] 但他

---

1 《咸丰朝筹办夷务始末》，第21卷，第45页下。
2 《中西纪事》，第13卷，第7页下—11页上，20页上；FO 228/259, Alcock-Elgin, Desp. 9,July 21, 1858; Parkes-Elgin, Desp. 37, June 4; Parkes-Elgin, Desp. 40, June 6; Desp.43, June 18; Desp. 45, June 19, 1858。
3 FO 228/259, Parkes-Elgin, Incls.1,2, Desp.54, July 20,1858.
4 FO 228/259, Parkes-Elgin,Desp.38, June 6,1858. 并见其中的附件。

的调停毫无效果。"钦差们"持有的朝廷谕旨似乎抵消了柏贵的权威。[1] 此外，大家都认为巡抚不过是巴夏礼的代言人而已。甚至连皇帝也认为"柏贵禁止义兵之语，可见受其挟制"，必须撤换柏贵，才能遏制夷人；而一旦"该督（黄宗汉）到粤后，仍当借绅民之力"[2]。柏贵意识到，在具有更高权威的钦差大臣黄宗汉抵达之前，三位"钦差"会继续操控全省的风向。[3] 但他仍然力图让北京知道，罗惇衍所描绘的关于团练运动的兴旺气象，是对事实的歪曲。真相是，民众在遭受苦难，盗匪再次在全省猖獗，绝大多数广州人根本不关心联军占领的事儿。[4]

黄宗汉南下途中的奏报证实了皇帝对柏贵的疑虑。[5] 新总督黄宗汉力图从江西、江南、福建征集援军，但这些省份都无法分出兵力派向南方。广东的团练局似乎是广州复兴的唯一希望。[6] 同时，有迹象证明，民众反外国人的热忱并不像罗、龙、苏宣称的那样炽烈，"各乡团练并无剿夷之心"[7]。

难道罗惇衍不可信？从他向皇帝的书面奏报看，全省都已准备就绪，欲将夷人驱赶下海。枪上了膛，新兵已训练完毕，粮草就绪，探子和恐袭者已潜入广州。只要北京一声令下，即可武力攻城。[8]

皇帝仍犹豫不决。显然，在黄宗汉抵达广东，送回一个不带偏见的可靠报告之前，尚无法做出最后决定。[9] 此外，很大程度上还取决于中方与额尔金及葛罗[10] 此刻在白河的外交谈判。假如俄国和美国能够"管"住英法，那就没有必要攻打。但若外交谈判失败，那广州的团练便可对

1　同上，布告抄本，Incl.2, Desp.54,July 20,1858；Parkes'report,Incl.4, Desp.54。
2　《咸丰朝筹办夷务始末》，第19卷，第19页上—20页上。
3　FO 228/259, Parkes-Elgin, Desp.43, June 18,1858.
4　《咸丰朝筹办夷务始末》，第21卷，第45页上—47页下。
5　同上，第47页上—48页下。
6　《咸丰朝筹办夷务始末》，第19卷，第13页上—19页上。
7　同上，第22卷，第5页下。
8　同上，第37页上—41页上。
9　同上，第20卷，第25页上—26页上。
10　男爵Gros，为法国远征军司令，英国远征军司令是额尔金。

英法联军进行拦腰袭击。皇帝谕令,此事态与天津的谈判性质实为相连,"该侍郎(罗惇衍)等惟当密筹防备,候旨遵行"[1]。但到了1858年5月19日,即额尔金和葛罗强行攻入大沽炮台的前一天,皇帝已经对俄国和美国的调停完全失去希望。罗惇衍的团练也许没有广东团练总局宣称的那么昂扬,但他们起码是存在的。[2] 黄宗汉一旦抵达广东后,须立刻计划控制这场团练运动,同时警告英国和法国:四个月之内如果还不撤离广州,他们就会遭武力驱逐。[3]

就在这时,联军攻打了大沽炮台。咸丰帝震怒,他缩短了时间表:夷人须在6月25日之前离开广州。[4] 黄与罗必须策划系列攻打方案:先收复广州,再攻打香港。但整个计划必须严加保密。黄不得公开参与团练活动,因为当夷人拼命地想保住他们在两个城市里存放的外国货时,他便可出来"调停"。就目前情况看,总督在没得到北京批准的情况下不可擅自发动进攻,因为现在仍有可能通过外交途径来避免战争。[5]

到了1858年6月11日,黄宗汉终于抵达广东,并在远离广州市的惠州设立了衙门。英国人立刻警告他别支持团练;但总督根本无视他们的警告而会见了三位"钦差"来执行皇帝的命令。[6] 总督在公开表彰广州人民"忠义之忱"的同时,还张贴布告警告联军,让他们撤离,并表示要奖赏忠诚的团练。[7]

抵抗运动的发展势头立刻加快了,看上去乡村的团练似乎终于被准许攻打省城了。不具名的反洋人布告到处可见,一些恐袭小分队伪装成苦力混入城内。中国衙役越来越怕在街上被人看到与外国人在一起。广

---

1 《咸丰朝筹办夷务始末》,第26页上—27页下。
2 同上,第22卷,第17页下—19页下。
3 同上。
4 同上,第27页下—28页上。
5 同上,第41页上—42页下。
6 FO 228/259, Parkes-Elgin, Desp.40, June 6,1858;黄至联军委员会, Incl.9,Desp.47。
7 FO 228/259, Parkes-Elgin, Desp.45, June 19,1858;Desp.46, June 21;郭廷以:《近代中国史事日志》,第280页。

东籍的仆人帮工纷纷离开他们的外国雇主。[1]

联军竭尽所能管辖起广州城。巡逻增加了，交通被管制，还有一些城门关闭。嫌疑恐怖分子被割发辫为标记后被赶出城。[2]但敌人很隐蔽，同时额尔金爵士也怕无谓激怒乡村的士绅，便下令英国巡逻队的范围不得超过城门1.6公里。[3]对此，联军仅犯规了一次。6月1日那天，一位巡逻兵发现了一支乡勇先遣大队伍（其中包括由陈桂籍率领的来自新会的1000人），他们集聚在广州城外约10公里的白云山脚下。6月3日，800名联军士兵击溃了乡勇。虽然是个小胜仗，但仍鼓舞了人心。[4]

就在这个节骨眼上，朝廷展开了一场关于外交政策的大辩论。强硬派，主要是那些在都察院和翰林院的汉人，叫嚷要中止谈判而回到武力对抗夷人。[5]6月23日，强硬派辩论失败。三天后，桂良与英国人签署了《天津条约》。[6]之后的不到24小时，皇帝就收到了罗、龙、苏送呈的一份奏折，描述白云山之战是团练的一场凯旋。[7]不知怎的，这份密奏泄露给了朝廷的一些强硬主战派人士：户部尚书朱凤标、吏部左侍郎匡源、户部左侍郎沈兆霖。此三人企图利用"捷报"来再次进行辩论，请求皇帝鼓励罗惇衍等为收复广州努力。"且粤民业经开仗，仇隙已成，势不两立，则朝廷即不听攻，百姓岂能歇手？如……阻止进兵，则民与官仇，深防激变。国家根本，全在民心，英夷所畏，亦即于此。"[8]这与叶名琛的论点一致，于是皇帝同意，人民必须得到安抚。而现在条约已经签署，英法肯定会结束占领。问题就此解决了。[9]

1　FO 228/259, Parkes-Elgin, Desp.47, July 3,1858.

2　同上，Incl.3, Desp.43, June 18,1858.

3　S. Lane-Poole, *The Life of Sir Harry Parkes*,1, pp.283-284.

4　FO 228/259, Parkes-Elgin, Desp.37, June 4, 1858；intelligence report, Incl. 1, Desp.38, June 6.《中西纪事》，第13卷，第18页下—19页上；《咸丰朝筹办夷务始末》，第26卷，第33页下—34页下。

5　M. Banno, *China and the West*, chap. 2.

6　I. Hsu, *China's Entrance into the Family of Nations*, pp. 23-79.

7　《咸丰朝筹办夷务始末》，第26卷，第33页下—34页下、37页上—37页下。

8　《咸丰朝筹办夷务始末》，第27卷，第31页下。

9　同上，第32页上—32页下。

皇帝错了：英法并无撤离广州的打算。总督奏报，英国人正在建造长驻兵营；而巴夏礼在组建一个具有百来名幕友组成的班子来管理城市；罗惇衍则再三强调夷人会久驻。[1] 皇帝听了自然忧心忡忡，可现在中国欠下英法一大笔赔款，其中的一部分将出自广州的关税收入。即使英国人真的在统治广州城，那朝廷也不敢采取将毁了那笔收入的措施。团练须采取严格的自卫姿态，而黄宗汉得在公开场合下与广东的团练保持距离。[2]

在皇帝如此迟缓的决定传到罗惇衍那里之前，1858 年 7 月 21 日，准备已久的攻打广州城终于开始了。7000 名乡勇兵满怀信心地开始攻城，并攀登上城墙。但他们忘记了英国人设在观音山上的大炮。炮火把受重创的乡勇兵击落城墙，受挫的团练只得撤退。[3]

更糟的是，从北京传递来的新指令意味着：团练总局不可"合法"地发动再次进攻。三位"钦差"最后一次请求皇帝改变主意。[4] 而咸丰皇帝非常固执，他坚持："现在夷人仍居省城，既不与官绅为难，亦只可暂与相安。其民夷仇杀之案，无关大局者，仍毋庸与闻。"[5]

7 月的攻城失败挫伤了这场忠义运动的士气。皇帝反对这场运动的消息流传开来，一时间有钱人家开始对广东团练总局的权力心生疑虑。财源开始枯竭。甚至连仍坚持抗英的三元里团练局，也短缺了一个月的供给。[6] 没有粮食，又领不到月薪，那些雇佣来的乡勇便溃散成了土匪。[7] 恶性循环的混乱又开始了。官员们纷纷逃离城市，甚至连衙门的职员也被遣散了。

---

1 同上，第 28 卷，第 33 页上—41 页下；郭廷以：《近代中国史事日志》，第 282—283 页。
2 《咸丰朝筹办夷务始末》，第 28 卷，第 41 页下—42 页下。
3 郭廷以：《近代中国史事日志》，第 282—283 页；《咸丰朝筹办夷务始末》，第 30 卷，第 3 页下—6 页上。
4 《咸丰朝筹办夷务始末》，第 30 卷，第 18 页下。
5 同上，第 37 页下—38 页上。
6 同上，第 34 页下—37 页下。
7 《中西纪事》，第 13 卷，第 11 页下—12 页上。

幕友亦多星散回家。各属州县，候上司遵此示行者，半年不能回复。省垣为首善之区，刑政荡然，盗贼四起，百姓日日在水深火热之中。[1]

各方协调行动的团练运动暂时停止了，但排外主义并未因此而降温。地方团练部队在没有统一领导的情况下，仍继续袭击联军。1858年9月额尔金在上海与桂良谈判时还指出了这个事实，但无济于事。[2] 英国人须亲自让乡村感觉到他们的存在，须亲自去扫除或震慑住那里的抵抗中心。当年12月，每日巡逻兵会列队出城门，行军穿越广州四周的镇子和村庄。1859年1月4日，700来名英国海军向设在石井的南海团练总部附近移动时受到了袭击，这在此前并未发生过。一些乡勇兵勇敢地朝着英国人开火，英国人撤退，等待联军命令。巴夏礼断定，若石井的团练总部没有因此得到惩罚，其他地区就会难以对付。于是1月8日那天，1300名英军部队，在6艘炮艇掩护下向团练总部发动进攻。经过三天激战，乡勇被打败，总部被占领，村庄被烧为平地。

紧接着是三次远征。1月20日，一支炮艇分队向佛山进军，准备与影子政府战斗一场。出乎意料，他们却受到该地政府的和平接待。1859年2月8日，1000名英法联军在一队苦力的支持下，攻打了位于花县的广东团练总局，把"钦差"们驱逐到顺德县。最后，2月19日，一大队远征军沿西江上行，穿越过养殖丝蚕地区，直抵肇庆，那是苏廷魁组建团练之基地。[3]

这些攻打的效果非常明显。巴夏礼在石井总部缴获的文件中发现了皇帝给罗惇衍的鼓励团练的密旨。这份文件立即被送到了额尔金手里，

---

[1] 《咸丰朝筹办夷务始末》，第31卷，第7页上—7页下。

[2] 郭廷以：《近代中国史事日志》，第285—287页；L. Oliphant, *Narrative of the Early Mission to China and Japan*, 2, pp.469—472。

[3] FO 228/266, Alcock-Elgin, Desp.7, Jan.13, 1859；Desp.13, Jan. 23；Lane-Poole, *Harry Parkes*, 1, chap.14.

他转而向罗、龙、苏展示,一边装作不相信皇帝会如此背信弃义地支持团练运动的样子。[1] 额尔金以此要求解散广东团练;而对于那位已自我拆台的黄宗汉,额尔金要求解除其通商事务大臣的职务。内幕被揭发了,朝廷立刻做了处理。1月29日,何桂清取代黄宗汉,接任善后及通商事务大臣的职位。何桂清是"主和派"最著名的头领之一,其他的还有桂良等。而皇帝抵赖有这份密旨的存在,上面写着:"着黄宗汉严拿伪造之人,尽法惩办。"[2]

此刻"忠诚者"在意识形态方面变得不忠诚了:皇帝已经接受广州政府的双重体系。最重要的是,攻打广州让全省都笼罩在外国人的政治阴影里。例如,石井的团练局一被摧毁,"九十六村"地区的排外主义就开始消退了。此后,任何时候只要英国巡逻队一出现,乡村的耆老就会在镇口列队,热情地以礼相待。[3] 现在士绅们把联军看作在政治和社会意义上的真正对手,而三角洲的农民们则接受了外国人成了广东实际上的统治者。

---

1 L. Oliphant, *Elgin's Mission*, 2, p.469.
2 摘引于同上,第2卷,第473—474页;M. Banno, *China and the West*, chap. 14.
3 FO 228/266, Alcock-Elgin, Desp.7, Jan. 13, 1859.

第十九章　离去

在郊区，游手好闲者仍一如既往地总是辱骂外国人，但总的说来，即使在那里，情况也有了实质性的好转。在我看来，人们对那些直接经历了近来动乱的外国人，有了一种信任，也愈发希望了解有关外国的事情，还想学习，尤其是学英语的愿望在增长。

代理中文秘书威妥玛语[1]

联军，现已是广州的主政方，他们慢慢地与清政府发展出一种友好的合作关系。[2] 很快，清朝官员开始依靠英国人的权威或请求其帮助，成了很自然的事。[3] 除此之外，联军委员会在三角洲建立了一个受保护国领地的社会区域。由于巴夏礼和阿礼国摧毁了贩卖劳力的万恶"猪仔贸易"，还阻止了城市官员盘剥小店主们的3%"抽厘"，成百上千的农

---

[1] Tomas Wade, FO 17/244, Incl. 1, Desp. 23, Jan., 1856.
[2] FO 228/268, 柏贵与委员们的通信，Incl.1, Desp. 1, March 29, 1859；惠州府通告，Incl. 5, Desp. 1, March 29。
[3] FO 228/266, Alcock-Bowring, April 19, 1859；FO 228/268, Parkes-Bruce, Desp. 16, May 14, 1859.

民和商人对他们感激不尽。¹ 很快，三角洲的居民开始请求联军委员会声讨腐败伸张正义了，而以往他们都是找中国传统当局的。甚至，若看见英国人和法国人不干涉地方事务，老百姓还满腹怨气呢！

> 去年上半年，联军的衙门表现出革除弊端的意愿，可是到了下半年，自从宣布敌对状态结束起，联军在很多事情上不再接受中国人的请愿。这样，可怜的百姓就失去了申告冤屈的门路。我们认为，这并不是因为联军不注意他们周围所发生的事，而是因为他们无法彻底了解关于中国的所有情况。²

鸦片战争结束后，英国人被视为动乱势力，与土匪强盗或"汉奸"没什么不同。而现在当红巾军叛乱摧毁了地方政府后，广州人开始把那些夷人看作维持政治稳定的力量。尤其是当肇庆、嘉应、梅岭一带在1859年再次发生暴乱时，广州人把联军力量看作是一种慰藉的源泉——只有联军部队能够阻挡土匪们进入广州城。³"确实已有报告说当地土匪想联合外省叛匪，伺机发动大规模敌对攻势。一旦发生那种情况，我们就得依赖联军，他们现在主政广州，我们对其寄予信任，才能指望那些匪徒不敢骚扰我们。"⁴ 对中国人来说，西方夷人不再是陌生人了，在掌

---

1 FO 228/266, 行商向 Alcock（阿礼国）的请愿书，Incl. 1, Desp. 31, April, 1859；FO 228/370, 巡抚劳崇光发送给联军委员会关于处决18名绑架犯的证词，Incl. 2, Desp. 42, Nov. 10, 1859；FO 228/266, Alcock-Bowring, Desp. 31, April, 1859；FO 228/268, Parkes' report, Incl. 3, Desp. 1, March 29, 1859；FO 228/269, Parkes' report, Incl. 2, Desp. 37, Oct. 6, 1859；FO 228/267, Winchester-Bruce, Desp.36, Oct. 8, 1859；FO 228/270, Parkes–Browing, Desp. 45, Nov. 12, 1859. S. Lane-Poole, *The Life of Sir Harry Parkes*, 1, 319；M. Freedman, "Immigrants and Associations: Chinese in Nineteenth-century Singapore," *Comparative Studies in Society and History*, 3.1: 47.
2 FO 228/263, 广州士绅通告，英国人译，Incl. 1, Desp. 11, May 3, 1859。
3 FO 228/268, Parkes' memo, Incl. 3, Desp. 1, March 29, 1859；Incl. 1, Desp. 6, April 21；FO 17/216, Robertson–Hammond, Desp. 17, Oct. 10, 1854. Lane-Poole, *Harry Parkes*, 1: 82-83；L. Oliphant, *Narrative of the Early Mission to China and Japan*, 1,95-96；W. Lockhart, *The Medical Missionary in China*, pp. 185-186.
4 FO 228/263, 广州士绅通告，英国人的翻译，Incl. 1, Desp. 11, May 3, 1859。

权问题上，他们是政治对手。后来欧洲帝国主义发展至顶峰，广东便是全中国状况的一个缩影。

当1859年和1860年北方再次爆发战争时，三位"钦差"产生了重振抵抗运动的幻想。[1] 但已为时过晚。广东团练总局已经耗尽了财资。乡村的士绅们似乎完全不在乎大沽炮台事件。罗惇衍责难当地知县，他愤怒地指责地方名流拒绝交付摊派给他们的款项，他甚至列出了拖欠人的名单，但这一切都无济于事。各个宗族和村子不愿再合作了。人们以怨恨和鄙视的口吻谈论"钦差"；前去征税的团练总局，屡屡遭到各个村庄的武装自卫。[2]

自然，当地士绅中仍然有反夷的人，这些人仍然想要把英法人赶出广州。但皇帝已告诉"钦差"们："目前天津的乱局已不可收拾，但广州的事务仍可依前令处理，汝等必不可惹起事端。"[3] 尽管罗惇衍深知，无所作为会让他失去地方上尚存的排外主义者们的支持，但他不得不让那些士绅们放弃攻打广州。[4] 团练衰弱消亡了。巡逻的英国人发现，在乡村排外中心地区村民们对他们十分友好，且拒绝向士绅们交纳摊派的防务费。有一队巡逻兵甚至在罗、龙、苏曾经设立团练总局所在的公局过夜。一位地方县丞"对本地士绅们持续增长的权力感到悲愤，他说，这让他的地位几乎降到冰点"。现在只有那些在风中飘摇的反夷布告的破碎纸条，会让在广东的英国人想起曾经有过的抵抗运动。[5]

---

[1] FO 228/284, Parkes' report, Incl. 1, Desp. 116, July 6, 1860, 并见其中其他附件。FO 228/287, Winchester-Bruce, Desp.73, Aug. 4, 1860；Desp. 83, Sept. 20；Pedder's report Incl. 1, Desp. 99, Nov. 12, 1860；Winchester-Bruce, Desp. 101, Nov. 26, FO 228/268 Parkes-Bruce, Desp. 23, July 9, 1859；FO 228/266, Winchester-Bruce, Desp.19, July 20, 1859；FO 228/269, Parkes' report, Incl. 1, Desp. 28, Aug. 6, 1859；FO 228/266, Winchester-Bruce, Desp.22, Aug. 2, 1859；劳崇光通告，Incl. 1, Desp. 23, Aug. 6, 1859；FO 228/269, Parkes' report；Incl. 1, Desp. 28, Aug. 6, 1859；Incl. 4, Desp. 29, Aug. 22；Parkes-Bruce, Desp. 32, Sept. 18。

[2] FO 228/269, Parkes' report, Incl. 1, Desp. 29, Aug. 22, 1859；劳崇光对番禺县知府的指示，Incl. 5, Desp. 32, Sept. 18, 1859；Parkes' report, Incl. 1, Desp. 37, Sept. 25。

[3] FO 228/269, Parkes' report, Incl. 1, Desp. 28, Aug. 6, 1859.

[4] FO 228/266, Robertson-Bruce, Desp. 27, Aug. 31, 1859.

[5] FO 228/270 Parkes' report, Incl. 1, Desp. 62, Dec. 13, 1859.

三年来第一次，总督穿戴起朝廷官服庆祝1860年新年，以象征旧秩序得以恢复。¹英国人继续审判绑架犯，巡视乡村地区，并保卫三角洲的边界，不让叛匪接近。²现在甚至连南海县和番禺县的士绅们都开始认可联军存在的现实，有一次他们甚至向联军委员会请愿，要求"以他们尊敬民族的名义出一份书面文件"，允许士绅们在石井组建团练以对抗地方盗匪。³他们怎么会不知道外国人统治的事实？他们自己的知县因为对两名犯人施酷刑，被巴夏礼断然监禁起来。⁴

英国人完全感受不到历史的嘲讽。他们几乎已经忘了这25年来自己经过了多么漫长的历程。当然他们更不会想到，在接下来的60年里他们自己会与那些他们曾经与之斗争并加以约束的官僚阶级被一视同仁起来。

这么轻而易举的治理，简直太完美了。巴夏礼本人感受到了这点，他对妻子说："我们早就实现了我们原先想要达到的所有目标，在新的问题出现之前，我们越快离开越好。"⁵于是，1861年10月21日，在那个20年前炎热的5月里曾被郭富占领的山头上，联军最后一次全军列队。山下大地，斗转星移，沧海桑田：厚实的城墙残缺破裂，豪华的河南府邸已成废墟，荷塘里满是浮萍。⁶此刻，礼炮鸣响，英方与清政府交换了国旗。锣鼓喧天中，联军离开了广东。⁷广州，精疲力竭且已变得谦卑，她永远地变了模样，现在她终于能自己过了。她没感到释怀，亦不觉愤怒，也没有抗议，或者甚至不抱希望，她只是目送他们离去。

1　FO 228/283, Parkes-Bruce, Desp. 82, Jan. 27, 1860.

2　FO 228/306, Mayers' report, Incl. 1, Desp. 46, July 5, 1861；Robertson-Bruce, June 7；FO 228/284, Parkes-Bruce, Desp. 103, March 12, 1860；Desp. 106, March 25；Desp. 115, June 20；Desp. 116, July 6；Parkes' memo, Incl. 1, Desp. 112, May 21.

3　FO 228/284, 番禺县士绅向联军委员会发送的请愿书，Incl. 8, Desp. 106, March 25, 1861。

4　Lane-Poole, *Harry Parkes*, 1, p. 444.

5　同上，第451页。

6　P. G. Laurie, *A Reminiscence of Canton*, p. 43.

7　FO 228/306, Robertson-Bruce, Desp. 71, Oct. 21, 1861.

附 录

附录一　人口增长压力[1]

广东的人口调查数据总是离谱得不可思议。不过尽管如此,从可查阅到的资料看,16世纪以后,广东贫瘠的山坡上种起了从欧洲引入的红薯和花生,该省与中国其他地方一样出现了人口暴涨。然而在1787年时,广东省的人口相对稀疏,与当时人烟稀少的山西省差不多。到了1812年,人口就远比山西稠密了,但比起人口密度高的江苏和浙江,还是少很多。30年后,情况仍然如此,但却远远超出了山西,和那时的湖南差不多。

人口压力的关键,在于人口与可耕地之间的比率。根据1812年的土地数据,全省共有约3200万亩地,人均1.67亩。相比全国的人均2.19亩,显然低了很多。可以想见,这种情况不仅一直在延续,而且很有可能变得愈加严重。因为,即使在三角洲开垦出了一些可耕地,也绝对赶不上人口增长的速度。这个现实使广东成为整个清朝帝国中土地最紧张的省份之一。比如,据1812年的数据,除了贵州、广西、甘肃、福建、安徽以外,广东省是人均土地最少的地区。而我们必须意识到,这些是全省的平均数。此外,尽管广州地区土地本身相当肥沃,但那里的人口

---

[1] 此部分主要基于的材料有:罗尔纲:《太平天国革命前的人口压迫问题》,《中国近代史》,台北,1958年,第2册,第32—43页;*Shina shōbetzu zenshi*, Tokyo, 1917, 1: 19-20;巴夏礼的报告,FO 17/193, Incl. 1, Desp. 132, Sept., 1852.

比全省其他地方要稠密得多。

当然,人口的外流会减少一些人口压力。1852年,人口外流的主要集中地区是潮州和嘉应,两处都是贫穷之地,那里的农民大都为短工。那时,广州每年有三四千人外流。19世纪末,广东省每年的外流人口上升为12万人,不过其中有9万人返回了。在本书涵盖的历史阶段中,人口外流和土地肥沃的广州,持续面临着土地和粮食来源的压力。

附表一　1787—1850年的广东人口

	1787	1812	1842	1850
人口数字（百万）	16	19	26	28
增长率（%）		19	36	8
稠密度（人/每平方公里）	62	74	102	109
全国人口密度中间值（人/每平方公里）	161	196	243	/
全国人口密度平均值（人/每平方公里）	98	107	134	/

附录二 书院与社学[1]

广州，虽然远离了朝廷的政治喧嚣，但在19世纪20年代至30年代，它却是一个非常活跃的文化中心。那个闻名清朝的学海堂书院便是典型的象征——它由两广总督阮元（1817年至1827年在任）创立。学海堂也是学术与教学卓越的同义词，它最著名的成就是1829年首次出版的经学经解的大成之作《皇清经解》。山长都是一些全国最杰出的经学家和省里的文化名人，如林柏桐、马福安、张维屏、黄培芳、陈澧、梁廷枏等。

广州的确是全国最享有学术优势的地区之一。清朝时，广州府的进士数量在全国各府中居第五位。番禺加南海两县出了248名进士，名列全国第八。

其学术文化独具优势的原因之一，在于集中在广州地区密集的书院。这些书院与全国的其他书院一样，都是以朱熹著名的白鹿洞书院为模本的。从1506年到1649年，热烈的哲学争辩激励了地方学者先后建立起书院。后来，在明朝晚期的动乱年月里，作为自由思想与哲学冥想天堂的书院才衰落下来。

满人主政伊始，因惧怕地方上忠于明朝的学者们的"空谈"，而禁止任何新书院的设立。但到了1657年，巡抚袁廓宇取消了这个禁令，

---

[1] 这一研讨出处主要源于刘伯骥《广东书院制度》，台北，1958年。

并亲自恢复了衡阳著名的石鼓书院。袁的这个举措意在争取那些仍然忠于旧朝的众学者之心。康熙皇帝沿用了这个政策。但雍正皇帝登位后，钟摆又回到了旧时。为了再次把书院置于严格控制之下，政府宣布：所有书院概为半官方性质的"义学"。到了乾隆时期，朝廷又放松了管控。然而，在复兴的书院获得了名义上的自由度后没多久，1744年发生了一种根本性的改变：原先自由选择的经义课程，被一套标准的课程取代，为学生考八股文打基础。为了确保各学堂实施该教学法，礼部让各个书院每月进行一次考试。结果，不断增加的私立书院一律被并入官方统一的预科学校体系。于是，涣散、无趣，甚至腐败，渗入地方书院的行政管理。到了1817年，这些书院几乎丧尽了曾经享有了多个世纪的盛誉。

以上是1826年阮元创立学海堂的历史背景。阮元有意要复兴那种往昔的研习中心。他摈弃死记硬背应付考试，并规定山长必须由称职的学者承担，为全省树立了书院楷模。几乎同时，各书院先后恢复起以前关于经典著述的自由教学，省城四周也纷纷建立起新的著名书院。一时间，书院山长的职位变成享有社会文化地位的要职。明朝时，书院领导"山长"是颇具社会影响力的。1744年改革后，山长们因握有挑选考生的权力而间接掌控了权力，但那时他们却丝毫不具备学识上的影响力。阮元改变了这一点，学海堂和越华这类书院也因而成了广东省高级官员们的智囊。所以，广州书院的学者-士绅们活跃于相对高层次的社会圈，与官方要员和富商们都有联系互动。对此，必须在他们的活动和"社学"下层领头人的活动之间，加以明确区分。例如，下层以上的社学领头人，除了个别之外，一般都不会私下参与当时的地方自卫，尽管他们之间有联系。就我所能追寻到的材料，那时的广州，唯一在早期组织过团练的书院，只有石岗书院。

之所以被称为书院，是因为唐太宗时期建立的书院是藏书之地，后来藏书一直是书院的功能之一。乾隆皇帝曾向各地方书院发配了成套的经典著作，许多书院自己也买下了经典著作的木板，以便重印。

明朝时期,学者可通过三种途径可升官:考入地方书院、考入国子监(也叫太学)、通过省级考试。虽然前二者相当于获得学位,但不具正式身份。满人主政后,为了博得文人学者的效忠,向他们开放了更多的官职,因此宣布:只要进入书院,学生就获得了准官职。理论上,他们通过把学生身份自动升入官位,而把书院纳入了官方行政体系之中。实际上,"书院"一词包含了三种机构:是学者汇集之地,是村庄耆老和未受教育的当地名流读书的学校,也是以其足够的租金供养为数不多教员的祠堂。从规模看,可以是省级书院,也可以是州或县级——往往与真正的"地方"或"义学"差不多。总之,清朝时期,所有的书院在法律上都归地方政府教育部门监管。一个地方书院的山长,同时也是府县学的训导、教谕。

书院内部的结构取决于其规模大小。各书院拥有的学生人数不等,但在清朝时期,入学人数显著增加,因为新朝政施行给学生发放生活补贴,每个学生每月可得一二两白银。若学生出色,还能得到更多的资助。学生须在当地书院就读,省级、府级的书院亦只能在本地区招生,以此类推。入学考试每年一次,此外还须了解考生的道德品质。一旦被录取,全日制学生就进入了准官方体制:要么是有头衔的"监生",要么是没有功名的"童生"。这两类学生,广州的书院平均各有 23 名。此外,还约有 35 名半日制或走读生。学习年限为三年,每学年末和三年结业时都有考试。

明朝时期,书院的开支——印刷、薪金、修建等,均来自捐赠土地的田租。清朝时还有其他形式的私人捐助。虽然有官方支付廪膳的制度,18 世纪后仍然有越来越多的私人兴办书院。

在明朝,只有"生员"才能进入书院或政府学校读书。因此,1375 年皇帝要求地方为无功名的人设立学校——社学。15 世纪时,这类社学剧增。在广东,书院与社学的数量比例为 1∶11。由于缺乏地方资助,也因为在明朝晚期社学普遍被忽略,而有声望的书院则受偏爱,有些社学倒闭了。但是,仍有许多社学幸存下来,尤其是在南方。19世纪50年代,顺德县仍然有21所明朝时建立的社学。

1725年,清朝雍正皇帝在思想大清洗时正式恢复了社学。每个县被命令必须用"社学"或"义学"来取代具有潜在颠覆性的书院。广东与其他地方一样,仅仅把书院改名为"义学"而已。因为其教学内容无害而被默许下来。乾隆皇帝放松了对书院的各种限制后,它们便恢复了往昔的校名。但这些转变在地方上,在乡村书院与社学之间产生了长期的混乱。两种学校的功能相同,主要区别仅在于规模,而社学更适合"条件差的子弟"就读。然而,社学的资源若得以增加,就能容纳更多的学生,这个学校就会改名为"书院"。阮元恢复了往昔享有声望的书院制度,这也有助于澄清那些混乱。不过,就像许许多多地方上的政治机构那样,书院、社学、义学,到了19世纪它们之间的区别开始含糊起来。在19世纪40年代和50年代,地方上士绅组织与社学一词几乎等同。在广东,造成这个现象的原因之一是,社学与宗族学之间没什么区别。假如一个宗族牢牢根植于某个地区,当地的社学就由这个宗族的"学田"资助,于是出于所有实用目的,这个学校就变成了宗族的学校。到了晚清,除了广东之外,中国所有地区的社学开始消失。因为这里的宗族力量强大,所以当地社学继续办得很兴隆。

附表二　晚清时期广东各府书院和社学的分布数量

府　名	书院数	社学数
广州府	152	317
肇庆府	43	77
惠州府	31	50
潮州府	42	46
高州府	34	38
嘉应州	14	32
罗定州	2	5
连　州	9	9
韶州府	23	60
琼州府	39	67
连州府	15	30
雷州府	7	17

附录三 "房地产危机"[1]

1847年6月4日　浩官把猪巷的三家店铺卖给了英国人,后者要在那里建一座教堂,但他们还需另三家店铺的地皮才行。领事马额峨要求耆英让那另三家店主把房子卖给英国人。

1847年6月5日　英国商人只收购了那三家店铺中的一个,因另两家店铺归一座寺庙拥有。

1847年6月7日　河南的房主们意识到英国人只想租用土地和房子。

1847年6月23日　一位中国房主同意把河南的库房租给英国人用,但他不同意外国人在那里居住。

1847年6月25日　河南石尾塘的3000名居民警告打算租房给英国人的那家人,说这会使该地区带来风险。与此同时他们向总督请愿,要求他阻止这项交易。

1847年7月6日　耆英告诉请愿者们:1846年朝廷规定,外国人有交易权,只要房主愿意出租他的房产,他人无权阻止。

1847年8月3日　这使那房主提高了租金以弥补新增风险可能带来的损失。最终英国商会放弃在河南获得一个仓库的计划。另一方面,在猪巷的谈判则顺利完成。

---

[1] FO 228/73.

附录四 相关的经济考量[1]

广州出售到中国其他地方的纺织品中,有一部分是个体户纺织的。对那些生活在边缘的农家来说,这是不错的一项额外收入。但随着越来越多的英国产纺织品进口,那些个体户发现他们正在失去那份收入来源。这个现实导致了 1830 年广东两个县的暴动,而 1834 年许多纺织工拒绝在他们作坊里存放外国纺织品。据报道,1853 年顺德县有一半妇女放弃了纺织,就是因为廉价的进口棉布。1870 年番禺县也有类似的情况。尽管一些史学者希望找到具体的证据,以证明导致广东乡村贫困的是家庭手工业的衰落,绝大多数证据则表明其原因就是那些外国棉布进口指数的上升,而这里仅仅零散地列举了一些个体户产业的衰落而已。这个问题被不恰当地夸大为该地区历史的一个重要的经济因素。然而,关于广东乡村中家庭手工业明显衰落的那些地区,应该指出的最重要的事实是,那里正是最排外的地区。那一带的农民似乎也理所当然地将他们的困境归罪于进口洋货。

---

[1] 这部分研讨主要参考了:王瑛:《太平天国前的土地问题一瞥》,载于《食货》,1935 年 7 月,第 2 卷第 3 期,第 39—44 页;严中平:《中国棉业之发展》,载于《中国近代史论丛》,台北,1958 年,第 2 册,第 245—271 页;李文治:《中国近代史农业史资料》,北京,1957 年,第 1 卷,1849—1911 年;刘伯骥:《广东书院制度》; Hatano Yoshihiro, "Taihei Tengoku ni kansuru nisan no mondai ni tsuite," *Rekishigaku kenkyū*. 150: 32-42 (Mar., 1951); r. H. Tawney, Land and Labour in China. London, 1964; Robort Fortune, *A Residence Among the Chinese*. London, 1857; G. W. Skinner, "Marketing and Social Structure in Rural China," *Journal of Asian Studies*, 24.2: 195-228 (Feb. 1965).

这又引出一个更大的问题：广州农村在何种程度上依赖于国外市场？到了20世纪，中国南方毫无疑问是一种消费经济：福建和广东省的农业家庭四分之一的消费用品是购买来的。与商品农作物的发展同步的，是农村自给自足经济的下滑，从而导致了单一经济的产生，转而让农民受制于全国甚至国际市场的通货膨胀。早在道光时期，客家人就在广东的山坡上种植茶叶。虽然广东茶叶的价格向来不高，但在19世纪50年代里，它们还是出现在了伦敦市场上，通常被人工染色，以看似更像那著名的中国绿茶。总之，至今人们能找到的最好的证据表明，传统耕作大规模地转向商品农作物的现象，是19世纪90年代至20世纪前十年才发生的。

这些事实并不否认部分广州乡村经济在那之前已经开始商业化。起码到了1890年，普通的乡镇集市商场持续凋零，人们更喜欢佛山和广州那种城市大商场，城市和乡村因此而连接起来。乡村的农民与外部的世界有了经济接触。假如在没有确切数据的情况下能做些估计的话，那么我们可以想象，甚至在1840年前这种情况就已在局部地区出现了。从南海县对机织棉布的大量消费、广州的密集规模、相对良好的水路交通等事实，我们可以估计，城乡的地理相连与其经济相连是配套的。这可以是农民易受到市场的通货膨胀打击的部分原因。例如，在1847年的萧条中，农民除了遭受"传统"的气候或干旱变化之外，通货膨胀则是另一原因。经济商业化的另一必然结果是城乡间的互动增加。近则为敌，城乡连体也会造成互相间的怨恨，而这对发生于19世纪四五十年代的排外运动产生了不小的影响。

无疑，这些只是推断而已。当时的地方志和各种记载本身都没有做过类似的分析。然而，有一个间接的证据——对广东地方书院的投资率显示：在18世纪末广州经济繁荣高峰期间，所有形式的资本借贷都剧增了。过剩的贸易收入都被用来购买土地，于是在1795年后土地变得稀少起来。但是，在1820年和1850年，大片的土地又突然出现。而这个现象所伴随出现的事实——租金收入大幅度下降,表明有无数土地拥有者已经沦为佃户或打工的。与此同时,银币充沛及小店铺的大量涌现反映出城乡,或者说农商之间的刺眼的对照。无怪乎广州在那时吸引了如此众多丢失了土地且贫困交加的农人——他们往往沦为那些流浪的都市乞丐和扒手的男女老少。

附表三 书院和社学的资金形式

年份	土地 (千亩)	赠金 (千两)	租谷 (万石)	租金 (千两)	商店 (百家)
1722	0.2	/	0.2	1.3	/
1735	2.8	0.5	0.2	2.4	1.0
1795	15.0	3.4	3.6	18.3	1.2
1820	10.8	5.0	13.8	12.8	2.8
1850	16.6	7.2	0.1	10.7	10.0
1861	0.2	0.5	0.2	0.2	/
1874	1.5	9.5	0.2	14.7	3.0
1907	14.2	10.0	0.1	8.8	11.0

附录五 广东省军需收支（1854—1857）[1]

收入	数量（两）
收入的"常规"来源	
地税	670,060
为第二次鸦片战争分配给广东的关税	191,200
盐课	20,000
广西省收入中拨出的军费	73,000
广州府库各杂款	47,527
兵饷、军粮等项额外盈余	25,115
其他省份提供的军需（火药、子弹、木材）费用	25,115
广西省臬司转来款项	1507
广东省藩司转来款项	70,000
小计	1,100,628
收入的"非常规"来源和地方来源	
为补财政不足向商人借款	294,502

---

[1] 所有数据均来自被英国军队攻占的广州衙门军用账簿。这些账簿现存于伦敦公共档案馆，编号：FO 682/228/2，原标题：《军需收入各款月报折底》，日期为咸丰四年五月至七年二月，即1857年2月24日至3月25日。

地方官及绅士为第二次鸦片战争之集款		121,297
地方官、绅士及其他人之自愿捐款		603,645
没收、充公的地方财产及罚金所得		167,131
香山为第二次鸦片战争捐献		15,380
惠州为第二次鸦片战争捐款		14,837
广州新城区（商业区）1855年5月捐献		256
顺德捐献		
公局		191,500
随意自愿捐献		381,182
为第二次鸦片战争捐献		96,000
	小计	1,885,776
省当局在广州城西各关卡所收厘金总数		1,829,038
	收入总计	4,815,442

支出

核准的一般费用[1]		1,244,706
薪饷和救济		
省衙门职员和粮台人员、海关人员薪水		15,486
给予官军的奖赏		156,264
给予南海团练的奖赏		1300
给予阵亡者抚恤金和救济金		59,139
	小计	232,189

---

1 这项开支肯定包括了常规军的军饷和供给。

军火

枪支	124,403
大炮	93,802
火药	122,082
修建炮位和炮台	22,726
修造船只的工棚建造费	6814
船只（水手、造船工、租金、修建费）	2,530,219
小计	2,900,046

粮食与供应品

水手口粮	155,929
油、煤和干粮	63,375
其他未说明的特别军需品	2118
小计	221,422

运输

从江南调军队费用	316
向湖北调送一艘外国炮船费用	2041
各项运输杂费	3200
小计	5557

付商人借款利息 9407

支出总计　4,613,327

附录六 红巾叛乱[1]

龙门

1854 年 9 月 20 日　刘观秀攻打县城，知县乔应庚在守城中阵亡。

1854 年 11 月 21 日　代理县令与士绅李士铨收复了县城。

1855 年 1 月 6 日　代理县令惨败。

花县

1854 年 10 月 11 日　正规军与乡勇包围了县城。

1854 年 12 月 25 日　收复了县城。

1855 年 1 月 21 日　朱子仪与甘先率领的红巾军再次攻打县城。

增城

1854 年 9 月 21 日　士绅陈维岳领导的团练收复了县城。

1855 年 1 月 17 日　黄槐花率领叛匪攻打县城，汤轮英领导的团练歼灭了 90 名叛匪。

---

[1] 资料来源：《东莞县志》，1919 年，第 35、71、72 卷；《续修南海县志》，1872 年，第 14、15、16、17、19 卷；《番禺县志》，第 20、21、22、23、24、26 卷；《广州府志》，1879 年，第 82 卷；《香山县志》，1879 年，第 15 卷。

新会

1854年10月5日　突围，红巾军被驱逐。

1854年10月11日　叛军再现，并再次被清军击溃。

1854年11月4日　又一次攻打被击退。

1854年11月30日　地方团练平定了县城东北地区。

1855年1月21日　县城宁谧，将士们因其忠诚勇武而受到犒赏。

新宁

1854年9月14日　徐兆表的红巾军惨败给知县杨德懿率领的农民军。

1854年9月26日　杨德懿再次击败徐的人马。

1854年12月20日　开平红巾军首领谭亚受被俘斩首。

香山

1854年9月9日　邝鳌峰率红巾军占领小濠涌。

1854年9月15日　红巾军连续胜仗。

1854年10月11日　关士彪的顺德帮匪攻打并包围了香山的小黄圃，但被乡勇们击退。

1854年10月21日　士绅何信韬领导的团练收复了小濠涌。

1854年11月24日　农民武装平定了全禄一带。

香山县似乎没有集中的团练组织，但在那些带围墙的村子里有许多士绅组织的团练。

东莞

1854年6月17日　何六攻占县城。

1854年6月25日　何六击败一支官军。

1854年7月2日　官方名义上恢复了对县城的掌控。

1854 年 7 月 4 日　更多的红巾军在县城南部汇集，但被该地区士绅召集的乡勇打散。

1854 年 8 月 11 日　何六拿下增城。与此同时，刘万有率领的另一支红巾军进入东莞。

1854 年 9 月 1 日　由县令华廷杰组织的团练捉获刘万有，将其斩首。

1855 年 2 月 7 日　何六从增城败走石龙，一路抢劫。士绅组织农民将其击溃。

县志记载提示，何六原是三合会成员，他是被当地士绅陈铭珪激怒后才公开造反。后者指控他是潜在的叛匪，焚烧了他的房屋，并悬赏他的头颅。

尽管东莞经受了巨大的骚乱，但在知县华廷杰的努力下，县城最终恢复了秩序。在当地士绅们的帮助下，知县在县城的"西北隅社学"里创建了团练局。其他士绅们也相继模仿。比如，陈铭珪在石龙一带组建了"白旗军"指挥系统，并最终汇聚起一万多名乡勇。

南海

1854 年 10 月 27 日　士绅领袖林福盛率军占领并摧毁了叛军在牛栏岗的指挥部。

1855 年 1 月 7 日　官军收复佛山。

1855 年 1 月 28 日　林福盛在新村剿匪成功。

1855 年 1 月 30 日　在"西村"的叛匪被彻底击败。

除了大沥的团练局外，还有其他几个较大的团练组织：易维玑在沙湾的"怀仁局"，招成熙在土垆堡地区召集邻近，守望互助，等等。

番禺

1854 年 11 月 3 日　官军和乡勇袭击了在佛岭市社学里驻扎的红巾军。

1854 年 12 月 7 日　卢昌的红巾军被著名的卫佐邦率领的乡勇及清

军摧毁。

1855 年 1 月 8 日　新造的战役胜负不明。

1855 年 1 月 20 日　黄镛率军在河南攻打叛军，杀死红巾军头领林洸潃，击溃了他的队伍。

1855 年 1 月 31 日　河南平定。

番禺是红巾军的主战场，他们想从那里进攻广州。一些县城的士绅们迁移到省城，在举人陈璞领导的团练总部工作。1854 年夏季和秋季，在省城之外还建有三个大型团练局。

八旗军校阅场北侧一带，位于佛岭市的集市中心，也叫"北路"。叛乱刚发生，那里的士绅们就自发组织起一系列小型团练组，它们最终归编于曾麟书领导的"安合局"下。该局培训的团练经常与清军共同作战。

钟其耀在波罗地区组建了清平社"约"，后来他又与东莞的"七约"联盟。富足族长邬夔飏把县南部一带各村庄的团练组织起来。此人自 19 世纪 30 年代起就是当地的名人，他经常召集各村和各宗族计议要事。1841 年他也以此方式为当地的自卫防御公众筹款。红巾军叛乱发生后，他再次召集各村，让他们招募训练团练。邬夔飏亲自安排发放储粮和救济，他甚至低价出售了自己的巨量谷物以供救济。然而，那一带不幸被叛军陈显良部队扫平，士绅们的基地仅剩东山。那时，邬夔飏本人和他的宗族已完全掌控了他组建的团练组织，其兄弟邬钧飏掌管了负责征收沙田租的附属局"沙茭总局"。

负责捐献厘金的"广义会"由另外两位宗族成员邬彬和邬继枢负责。最后，这个汇集了三万五千多乡勇的庞大的自卫组织打败了陈显良的队伍。

参考文献

Selected Bibliography

Listed below are the principal Western sources that I have consulted or cited.

Abeel, David. *Journal of a Residence in China and the Neighboring Countries from 1830-1833.* Revised from the American edition. London, 1835. 366 pp.

Aberle, David F. "A Note on Relative Deprivation Theory as Applied to Millenarian and other Cult Movements," *Comparative Studies in Society and History,* Suppl. II, 209-214 (1962).

Akira, Fujieda and Wilma Fairbank. "Current Trends in Japanese Studies of China and Adjacent Areas," *Far Eastern Quarterly,* 13.1:33-47(Nov., 1953).

Allen, Nathan. *An Essay on the Opium Trade.* Boston: John P. Jewett, 1850. 68 pp.

Allgood, G. *China War, 1860: Letters and Journal.* London: Longmans, Green, 1901. 107 pp.

Allport, Gordon. *The Nature of Prejudice.* Boston: Beacon Press, 1954. 537 pp.

——. "Prejudice: A Problem in Psychological and Social Causation," in Talcott Parsons and Edward A. Shils, eds., *Toward a General Theory of Action.* Glencoe, Ill: Free Press, 1952. pp. 365-387.

An Alphabetical Guide to Certain War Office and Other Military Records in the Public Record Office. Public Record Office Lists and Indexes, LIII. New York: Kraus Reprint Corp., 1963.

Anderson, Flavia. *The Rebel Emperor.* Garden City, N.Y.: Doubleday, 1959. 352 pp.

Appleton, William W. *A Cycle of Cathay. The Chinese Vogue in England during the Seventeenth and Eighteenth Centuries.* New York: Columbia University Press, 1951.

182 pp.

Backhouse, Edmund, and J. O. P. Bland. *Annals and Memoirs of the Court of Peking.* Boston: Houghton Mifflin, 1914.

Balazs, Etienne. *Chinese Civilization and Bureaucracy: Variations on a Theme,* tr. H. M. Wright, ed. Arthur F. Wright. New Haven: Yale University Press, 1964. 309 pp.

Banno, Masataka. *China and the West, 1858-1861: the Origins of the Tsungli Yamen.* Cambridge, Mass.: Harvard University Press, 1964. 367 and 45 pp.

Barth, Gunther. *Bitter Strength. A History of the Chinese in the United States, 1850-1870.* Cambridge, Mass.: Harvard University Press, 1964. 305 pp.

Beal, Edwin George, Jr. *The Origin of Likin (1853-1864).* Cambridge, Mass.: Harvard University Press, 1958. 201 pp.

Bendix, Reinhard. "The Lower Classes and the 'Democratic Revolution,' " *Industrial Relations.* 1.1:91-116 (Oct., 1961).

Bianco, Lucien. "Classes laborieuses et classes dangereuses dans la Chine Impériale au XIXe siècle," *Annales, Economies, Sociétés et Civilisations,* 17.6:1175-1182 (Dec., 1962).

Bingham, J. Elliot, *Narrative of the Expedition to China.* 2 vols. London, 1842.

Blake, Clagette. *Charles Elliot, R. N., 1801-1875.* London: Cleaver-Hume Press, 1960. 130 pp.

Boardman, Eugene. *Christian Influence upon the Ideology of the Taiping Rebellion, 1851-1864.* Madison, Wis.: University of Wisconsin Press, 1952.

Boeke, J. H. "The Village Community in Collision with Capitalism," in R. Bendix, and Seymour Lipset, eds. *Class, Status and Power, A Reader in Social Stratification.* London: Routledge, and Kegan Paul, 1954. 541-546.

Bosch, A. J. du. *La Chine contemporaine, d'après les travaux plus récents.* Traduction de l'allemand. Paris and Brussels, 1860. 272 pp.

Bowring, Sir John. *Autobiographical Recollections.* London, 1877. 401 pp.

Boxer, C. R. *Fidalgoes in the Far East, 1550-1770: Fact and Fancy in the History of Macao.* The Hague: Martinus Nijhoff, 1948. 297 pp.

——, ed. *South China in the Sixteenth Century.* London: Hakluyt Society, 1953. 388 pp.

Brine, Lindesay. *The Taiping Rebellion in China.* London, 1862. 394 pp.

Brock, Peter. *The Political and Social Doctrines of the Unity of Czech Brethren in the Fifteenth and Early Sixteenth Centuries.* The Hague: Mouton, 1957. 302 pp.

Brunnert, H. S., and V. V. Hagelstrom. *Present Day Political Organization of China,* tr. A. Beltchenko and E. E. Moran. Shanghai: Kelly and Walsh, 1912. 572 and 81 pp.

Bulwer, Henry Lytton. *The Life of Henry John Temple, Viscount Palmerston, with Selections from His Diaries and Correspondence.* 3 vols.: London, 1870.

Burgess, John Steward. *The Guilds of Peking.* New York: Columbia University Press, 1928. 270 pp.

Callery, M. M., and Yvan. *The History of the Insurrection in China.* tr. John Oxenford. London, 1854. 301 pp.

Cantril, Hadley. *The Psychology of Social Movements.* New York: John Wiley, 1963. 274 pp.

Carter, Thomas. *Historical Record of the Twenty-Sixthor, or Cameronian Regiment.* London, 1867. 265 pp.

Centre International de Synthèse. *La Foule Exposés par Georges Bohn, Georges Hardy, Paul Alphandéry, Georges Lefebvre, et E. Dupréel.* Paris: Felix Alcan, 1934. 143 pp.

Chang, Chung-li. *The Chinese Gentry. Studies on their Role in Nineteenth-Century Chinese Society.* Seattle: University of Washington Press, 1955.

——, and Stanley Spector, eds. *Guide to the Memorials of Seven Leading Officials of Nineteenth-Century China.* Seattle: University of Washington Press, 1955. 457 pp.

Chang, Hsin-pao. *Commissioner Lin and the Opium War.* Cambridge, Mass.: Harvard University Press, 1964. 311 pp.

Chang, Te-ch'ang. "Maritime Trade at Canton During the Ming Dynasty," *Chinese Social and Political Science Review,* 17.2:264-282 (July, 1933).

Chang, T'ien-tse. *Sino-Portuguese Trade from 1514-1644: A Synthesis of Portuguese and Chinese Sources.* Leiden: Brill, 1934. 157 pp.

Chen, Han-seng. *Agrarian Problems in Southernmost China.* Shanghai: Kelly and Walsh, 1936. 144 pp.

Chen, Ta. *Emigrant Communities in South China, A Study of Overseas Migration and Its Influence on Standards of Living and Social Change.* London: Oxford University Press, 1939. 287 pp.

Cheng, J. C. *Chinese Sources for the Taiping Rebellion, 1850-1864.* Hong Kong: Hong Kong University Press, 1963. 182 pp.

Chesneaux, Jean. "La Revolution Taiping d'après quelques travaux récents," *Revue Historique,* 209:33-57 (Jan./Mar., 1953).

Chi, Ch'ao-ting. *Key Economic Areas in Chinese History.* London: Allen & Unwin, 1936.

China, Correspondence between the Liverpool East India and China Association and Lord Viscount Palmerston in Reference to the Hostile Proceedings at Canton in 1847. Liverpool: Liverpool East India and China Association. 23 pp.

Chinese Repository. E. C. Bridgman and S. Wells Williams, eds. Macao or Canton: Vols. 1-20, 1832-1851.

Chu, Shih-chia. *A Catalog of Local Histories in the Library of Congress.* Washington: U. S. Government Printing Office, 1942. 552 pp.

Ch'ü, T'ung-tsu. "Chinese Class Structure and its Ideology," in John K. Fairbank, ed., *Chinese Thought and Institutions.* Chicago: University of Chicago Press, 1957. pp. 235-250.

——, *Local Government in China under the Ch'ing.* Cambridge, Mass.: Harvard University Press, 1962. 410 pp.

Coben, Stanley. "A Study in Nativism: the American Red Scare of 1919-20," *Political Science Quarterly,* 79:1:52-75 (Mar., 1964).

Cohen. Myron. "The Hakka or 'Guest People': Linguistic Diversityas a Sociocultural Variable in Southeastern China." M. A. thesis, Columbia University, 1963. 73 pp.

Cohen, Paul A. *China and Christianity: the Missionary Movement and the Growth of Chinese Antiforeignism, 1860-1870.* Cambridge, Mass.: Harvard University Press, 1963. 392 pp.

Cohn, Norman. "Medieval Millenarianism: Its Bearing on the Comparative Study of Millenarian Movements," *Comparative Studies in Society and History,* Suppl. II, 31-43 (1962).

——. *The Pursuit of the Millennium.* 2nd ed. New York: Harper, 1961. 481 pp.

Collis, Maurice. *Foreign Mud: Being an Account of the Opium Imbroglio at Canton in the 1830's and the Anglo-Chinese War that Followed.* London: Faber and Faber, 1946. 318 pp.

Cooke, George Wingrove. *China: Being the Times' Special Correspondence from China in the Years 1857-1858.* London, 1858. 457pp.

Cordier, Henri. *Bibliotheca Sinica.* Rev. ed. 4 vols. Paris, 1904-1908. Supplementary Vol. Paris, 1924. Author Index, New York: Columbia University East Asiatic Library, 1953.

——. *Le Consulat de France à Canton au XVIII siècle.* Leiden, 1908. 52 pp.

——. *L'Expedition de Chine de 1857-1858: Histoire Diplomatique. Notes et Documents.* Paris, 1905. 475 pp.

——. "Les marchands hanistes de Canton," *T'oung Pao,* 2.3:281-315 (1902).

——. *Les Sociétés secrètes chinoises.* Paris,1888. 21 pp.

Costin, W. C. *Great Britain and China, 1833-1860.* Oxford: Oxford University Press, 1937. 362 pp.

Courcy, Rene de. *L'Insurrection Chinoise.* Paris, 1861. 78 pp.

Davis, Sir John Francis. *China, During the War and Since the Peace.* 2 vols. London, 1852. 327 and 342 pp.

———. *The Chinese: A General Description of China and Its Inhabitants.* 3rd ed. London, 1844. 263 pp.

Dermigny, Louis. *La Chine et l'occident; le commerce à Canton au XVIII siècle, 1719-1833.* 4 vols. Paris: S.E.V.P.E.N., 1964.

Description of the City of Canton with an Appendix Containing an Account of the Population of the Chinese Empire, Chinese Weights and Measures, and the Imports and Exports of Canton. 2nd ed. Canton, 1839. 168 pp.

Deutsch, Karl W. *Nationalism and Social Communication; an Inquiry into the Foundations of Nationality.* New York: John Wiley, 1953. 292 pp.

Downing, C. Toogood. *The Fan-Qui in China in 1836-1837.* 3 vols. London, 1837. 316, 306, and 327 pp.

Dulles, Foster Rhea. *China and America, the Story of their Relations since 1784.* Princeton: Princeton University Press, 1946. 277 pp.

Eastman, Lloyd. "The Kwangtung Anti-foreign Disturbances during the Sino-French War," *Papers on China,* 13:1-31 (1959).

Eberhard, Wolfram. *Chinese Fairy Tales and Folk Tales.* London: Kegan Paul Trench and Trubner, 1937.

———. *Conquerors and Rulers. Social Forces in Medieval China.* 2nd ed. Leiden: E. J. Brill, 1965. 191 pp.

———. *Social Mobility in Traditional China.* Leiden: Brill, 1962. 302 pp.

Eisenstadt, S. N. "Internal Contradictions in Bureaucratic Politics," *Comparative Studies in Society and History,* 1.1:58-75 (Oct., 1958).

———. "Sociological Analysis of Historical Societies (Review Article)," *Comparative Studies in Society and History,* 6.4:481-489 (July,1964).

Eitel, E. J. *Europe in China: The History of Hong Kong from the Beginning to the Year 1882.* London and Hong Kong, 1895. 575 pp.

Eliade, Mircea. " 'Cargo-cults' and Cosmic Regeneration," *Comparative Studies in Society and History,* suppl. II, 139-143 (1962).

Elliott, Aian J. A. *Chinese Spirit-Medium Cults in Singapore.* London: London School of Economics, 1955. 179 pp.

Emerson, Rupert. "Paradoxes of Asian Nationalism," *Far Eastern Quarterly,* 13.2:131-142 (Feb., 1954).

Endacott, G. B., and A. Hinton. *Fragrant Harbor, A Short History of Hong Kong.* Hong Kong: Oxford University Press, 1962. 216 pp.

Epigrafi Cinesi di Quang-Ceu, Ossia della città chiamata volgarmente dagle Europei "Canton," tr. Hager. 2nd ed Milan, 1818.

Essen, L. van der, and G. J. Hoogewerff. *Le Sentiment National dans les Pays-bas.* 2nd ed. Brussels: Editions universitaires, 1944. 106 pp.

Fairbank, John K. *Ch'ing Documents: An Introductory Syllabus.* 2nd ed rev. Cambridge, Mass.: Harvard University Press, 1959.

———. "Meadows on China: A Centennial Review," *Far Eastern Quarterly,* 14:3:365-371 (May, 1955).

———. "Patterns behind the Tientsin Massacre," *Harvard Journal of Asiatic Studies,* 20:480-511 (1957).

———. "Synarchy under the Treaties," in J. K. Fairbank, ed., *Chinese Thought and Institutions.* Chicago: University of Chicago Press, 1957. pp. 204-231.

———. *Trade and Diplomacy on the China Coast, the Opening of the Treaty Ports, 1842-1854.* 2 vols. Cambridge, Mass.: Harvard University Press, 1953. 489 and 88 pp.

———. "Tributary Trade and China's Relations with the West," *Far Eastern Quarterly,* 1:2:129-149 (Feb., 1942).

———. *The United States and China.* Rev.ed. Cambridge, Mass.: Harvard University Press, 1958.

———, and Masataka Banno. *Japanese Studies of Modern China, A Bibliographical Guide to Historical and Social Science Research on the 19th and 20th Centuries.* Rutland, Vt., and Tokyo: Charles E. Tuttle, 1955. 331 pp.

———, Edwin O. Reischauer, and Albert M. Craig. *East Asia: The Modern Transformation.* Boston: Houghton Mifflin, 1965. 955 pp.

———, and S. Y. Teng. *Ch'ing Administration: Three Studies.* Cambridge, Mass.: Harvard University Press, 1961. 246 pp.

———, and Mary C. Wright. "Documentary Collections in Modern Chinese History, Introduction," *Journal of Asian Studies,* 17:1:55-111 (Nov., 1957).

Fallers, Lloyd A. "Populism and Nationalism: A Comment on D. A. Low's 'The Advent of Populism in Buganda,'" *Comparative Studies in Society and History,* 6.4:445-448 (July, 1964).

Faure, B. *Les Sociétés secrètes en Chine.* Paris: Courtrai, 1933. 222 pp.

Fay, C. R. *Life and Labour in the Nineteenth Century.* Cambridge: Cambridge University Press, 1947. 320 pp.

Fei, Hsiao-t'ung. *China's Gentry: Essays in Rural-Urban Relations.* Rey. and ed. by Margaret Park Redfield. Chicago: University of Chicago Press, 1953. 289 pp.

———. "Peasantry and Gentry: An Interpretation of Chinese Social Structure and Its

Changes," in R. Bendix and S. Lipset, eds., *Class, Status and Power: A Reader in Social Stratification.* London: Routledge and Kegan Paul, 1954. pp. 631-650.

Feuerwerker, Albert. "From 'Feudalism' to 'Capitalism' in Recent Historical Writings from Mainland China," *Journal of Asian Studies,* 18:107-115 (1958).

Fishbourne, E. G. F. *Impressions of China and the Present Revolution: Its Progress and Prospects.* London, 1855. 441 pp.

FO 17: Foreign Office, General Correspondence, China. Filed in the Public Record Office, London.

FO 228: Foreign Office, Embassy and Consular Archives, China. Filed in the Public Record Office, London.

FO 677: Foreign Office, Superintendent of Trade, Records, China. Filed in the Public Record Office, London.

FO 682: Foreign Office, Papers in the Chinese Language. Filed in the Public Record Office, London.

FO 802: Foreign Office, References and Indices of General Correspondence China. Filed in the Public Record Office, London.

Fortune, Robert. *A Residence Among the Chinese: Inland, on the Coast, and at Sea, Being a Narrative of Scenes and Adventures During a Third Visit to China, from 1853-1856.* London, 1857. 440 pp.

Fox, Grace. *British Admirals and Chinese Pirates, 1832-1869.* London: Kegan Paul, Trench, Trubner and Co., 1940. 227 pp.

Freedman, Maurice. "Immigrants and Associations: Chinese in Nineteenthcentury Singapore," *Comparative Studies in Society and History*, 3.1:25-48 (Oct., 1960).

———. *Lineage Organization in Southeastern China.* London: The Athlone Press, 1958. 151 pp.

Fried, Morton H. *Fabric of Chinese Society.* New York: Praeger, 1953.

Gamble, Sidney D. "Daily Wages of Unskilled Chinese Laborers, 1807-1902," *Far Eastern Quarterly,* 3.1:41-73 (Nov., 1943).

Gao, Hwei-shung. "Police Administration in Canton," *Chinese Social and Political Science Review,* 10.2:332-354 (Apr., 1926).

Gerth, H. H., and C. Wright Mills, eds. *From Max Weber: Essays in Sociology.* London: Kegan Paul, 1948. 490 pp.

Greenberg, Michael. *British Trade and the Opening of China, 1800-1842.* Cambridge: Cambridge University Press, 1951. 221 pp.

Groot, J. J. M. de. *Sectarianism and Religious Persecution in China. A Page in the History of Religions.* 2 vols. Amsterdam, 1903.

Gutzlaff, Charles. *China Opened, or, a Display of the Topography, etc., of the Chinese Empire.* 2 vols. London, 1838. 510 and 570 pp.

——. *Journal of Three Voyages along the Coast of China in 1831, 1832, and 1833, with Notices of Siam, Corea and the Loo-choo Islands.* 3rd ed. London, 1840. 312 pp.

——. *The Life of Taou-Kwang, Late Emperor of China, with Memoirs of the Court of Peking.* London, 1852. 279 pp.

——. *A Sketch of Chinese History, Ancient and Modern.* 2 vols. London, 1834. 436 and 461 pp.

Hagen, Everett E. *On the Theory of Social Change: How Economic Growth Begins.* Homewood, Ill.: Dorsey Press, 1962. 557 pp.

Hail, William James. *Tseng Kuo-fan and the Taiping Rebellion.* New Haven: Yale University Press, 1927.

Halevy, Elie. *The Age of Peel and Cobden: A History of the English People, 1841-1852.* Tr. E. I. Watkin. London: Ernest Benn, 1947. 374 pp.

Hall, W. H., and W. D. Bernard. *The Nemesis in China, Comprising a History of the Late War in That Country with an Account of the Colony of Hong Kong.* London, 1855. 399 pp.

Hamberg, Theodore. *The Chinese Rebel Chief Hung-Siu-Tsuen and the Origin of the Insurrection in China.* London, 1855. 98 pp.

Hayes, Carlton J. H. *Nationalism: A Religion.* New York: Macmillan, 1960. 187 pp.

Henry, B. C. *Ling-Nam, or Interior Views of Southern China, Including Explorations in the Hitherto Untraversed Island of Hainan.* London, 1886, 511 pp.

Hirth, F. "The Hoppo-Book of 1753," *Journal of the North China Branch of the Royal Asiatic Society, New Series,* 17:221-236 (1882).

Ho, Alfred K. L. "The Grand Council in the Ch'ing Dynasty," *Far Eastern Quarterly,* 11:167-182 (1951).

Ho, Ping-ti. *The Ladder of Success in Imperial China: Aspects of Social Mobility, 1368-1911.* New York: Columbia University Press, 1962. 385 pp.

——. "The Salt Merchants of Yang-chou: A Study of Commercial Capitalism in Eighteenth-Century China," *Harvard Journal of Asiatic Studies,* 17:130-168 (1954).

——. *Studies on the Population of China, 1368-1953.* Cambridge, Mass.: Harvard University Press, 1959.

Hobsbawm, E. J. *Primitive Rebels, Studies in Archaic Forms of Socia Movement in the 19th and 20th Centuries.* 2nd ed. New York: Praeger, 1963. 208 pp.

Holt, Edgar. *The Opium Wars in China.* London: Putnam, 1964. 303 pp.

Holt, John B. "Holiness Religion: Cultural Shock and Social Reorganization," in J. Milton Yinger, ed., *Religion, Society and the Individual: An Introduction to the Sociology of Religion.* New York: Macmillan, 1957. 653 pp.

Hsiao, Kung-chuan. *Rural China: Imperial Control in the Nineteenth Century.* Seattle: University of Washington Press, 1960. 783 pp.

Hsieh, Kuo-ching. " Removal of Coastal Population in Early Tsing Period," *Chinese Social and Political Science Review,* 15.4:559-596 (Jan., 1932).

Hsieh, Pao-chao. *The Government of China (1644-1911).* Baltimore: Johns Hopkins Press, 1925.

Hsieh, Ting-yu. "Origin and Migrations of the Hakkas," *Chinese Social and Political Science Review,* 13:202-227 (1929).

Hsu, Francis L. K. "Influence of South-Seas Emigration on Certain Chinese Provinces," *Far Eastern Quarterly,* 5.1:47-59 (Nov., 1945).

Hsu, Immanuel C. Y. *China's Entrance into the Family of Nations: the Diplomatic Phase, 1858-1880.* Cambridge, Mass.: Harvard University Press, 1960. 255 pp.

Hu, Hsien-chin. *The Common Descent Group in China and Its Functions.* New York: Viking Fund Publications in Anthropology, 1948. 201 pp.

Huang, Yen-yü. "Viceroy Yeh Ming-ch'en and the Canton Episode (1858-1861), "*Harvard Journal of Asiatic Studies,* 6.1:37-127 (Mar.. 1941).

Huc, R. P. *A Journey through the Chinese Empire.* 2 vols. New York: Harper and Bros., 1856. 421 and 422 pp.

Hucker, Charles O. *China: A Critical Bibliography.* Tucson: University of Arizona Press, 1962. 125 pp.

Hughes, E. R. *The Invasion of China by the Western World.* New York: Macmillan, 1938. 324 pp.

Hummel, Arthur. *Eminent Chinese of the Ch'ing Period.* 2 vols. Washington, D.C.: United States Government Printing Office, 1943 and 1944. 1103 pp.

Hunter, W. C. *The "Fan-Kwae" at Canton before Treaty Days 1825-1844.* London, 1882. 160 pp.

Hutin, Serge. *Histoire mondiale des sociétés secrètes.* Paris: Productions de Paris, 1960. 415 pp.

Index to Foreign Office, Embassy and Consular Archives, China. 3 vols., n.d. Filed in the Public Record Office, London.

Irick, Robert L., Ying-shih Yü, and Kwang-ching Liu. *American-Chinese Relations, 1784-1941: A Survey of Chinese-Language Materials at Harvard.* Cambridge, Mass.: Harvard University Press, 1960. 296 pp.

Iwao, Seiichi, ed. *List of the Foreign Office Records Preserved in the Public Record Of-*

fice in London Relating to China and Japan. Tokyo: Toho Gakkai, 1958.

Jacobs, Norman. *The Origin of Modern Capitalism and Eastern Asia.* Hong Kong: Hong Kong University Press, 1958.

Jocelyn, Robert, Viscount. *Six Months with the Chinese Expedition, or Leaves from a Soldier's Note-Book.* London, 1841. 155 pp.

Kane, H. H. *Opium-Smoking in America and China: A Study of its Prevalence, and Efects, Immediate and Remote, on the Individual and the Nation.* New York, 1882. 156 pp.

Kato, Shigeshi. "On the Hang or the Associations of Merchants in China," *Memoirs of the Research Department of the Toyo Bunko,* 8:45-83 (1936).

Keer, J. G. "Description of the Great Examination Hall at Canton," *Journal of the North China Branch of the Royal Asiatic Society, New Series,* 3:63-69 (Dec., 1866).

Kirby, E. Stuart. *Introduction to the Economic History of China.* London: Allen and Unwin, 1954. 202 pp.

Kuhn, Philip. "The Militia in Nineteenth Century China." Ph.D. thesis, Harvard University, 1963.

Kulp, Daniel. *Country Life in South China: The Sociology of Familism.* Vol. 1, *Phoenix Village, Kwangtung, China.* New York: Columbia University Press, 1925. 367 pp.

Kuo, P. C. *A Critical Study of the First Anglo-Chinese War, with Documents.* Shanghai: Commercial Press, 1935. 315 pp.

Iaai, Yi-faai. "The Part Played by the Pirates of Kwangtung and Kwangsi Provinces in the T'ai-p'ing Insurrection." Ph.D. thesis, University of California, Berkeley, 1950. 362 pp.

——. "River Strategy: a Phase of the Taiping's Military Development," *Oriens,* 10:302-329 (1952).

——, Franz Michael, and John C. Sherman. "The Use of Maps in Social Research: a Case Study in South China," *Annals of the Association of American Geographers* (Jan., 1962).

Lane-Poole, Stanley. *Sir Harry Parkes in China.* London, 1901. 386 pp.

——. *The Life of Sir Harry Parkes.* Vol.1 *Consul in China.* London, 1894. 512 pp.

Lang, Olga. *Chinese Family and Society.* New Haven: Yale University Press, 1946. 395 pp.

Laufer, Berthold. "The Development of Ancestral Images in China," in William A. Lessa and Evon Z. Vogt, eds., *Reader in Comparative Religion, An Anthropological Approach.* Evanston: Row, Peterson, 1958. pp. 404-409.

Laurie, Peter G. *A Reminiscence of Canton, June 1859.* London, 1866. 58 pp.

Leavenworth, Charles S. *The Arrow War With China.* London: S. Low, Marston, and Co., 1901.

Lee, Edward Bing-Shuey. *Modern Canton.* Shanghai: The Mercury Press, 1936. 176 pp.

Leong, Y. K., and L. K. Tao. *Village and Town Life in China.* London: G. Allen and Unwin, 1915. 155 pp.

Levenson, Joseph R. *Confucian China and its Modern Fate.* 3 vols. Berkeley and Los Angeles: University of Califonia Press, 1958, 1964, and 1965.

Levy, Marion J., Jr. "Contrasting Factors in the Modernization of China and Japan," *Economic Development and Cultural Change,* 2:161-197 (1953).

——. *The Family Revolution in Modern China.* Cambridge, Mass.: Harvard University Press, 1949.

Li, Chi. *The Formation of the Chinese People: An Anthropological Inquiry.* Cambridge, Mass.: Harvard University Press, 1928. 283 pp.

Li, Chien-nung. *The Political History of China, 1840-1928.* tr. S. Y. Teng and Jeremy Ingalls. Princeton: Van Nostrand, 1956.

Li, Hsiu-ch'eng. *Autobiography of one of Hung Hsiu-ch'üan's Lieutenants, Ordered by Tseng Kuo-fan: Li Hsiu-cheng, the Chung Wang,* tr. W. T. Lay. Shanghai, 1865. 104 pp.

Liao, Tai-ch'u. "School Land: A Problem of Educational Finance," *Yenching Journal of Social Studies,* 2.2:212-233 (Feb., 1940).

Lin Yueh-hwa. *The Golden Wing: A Sociological Study of Chinese Familism.* London: Kegan Paul, 1948. 234 pp.

Linton, Ralph. "Nativistic Movements," in William A. Lessa and Evon Z. Vogt, eds., *Reader in Comparative Religion, an Anthropological Approach.* Evanston: Row, Peterson, 1958. pp. 466-474.

Lipset, S. M. *Agrarian Socialism: The Cooperative Commonwealth Federation in Saskatchewan.* Berkeley and Los Angeles: University of California Press, 1950. 315 pp.

List of Foreign Office Records to 1878 Preserved in the Public Record Office. Public Record Office Lists and Indexes, No. LII. H. M. Stationery Office, 1929.

Liu, Hui-chen Wang. "An Analysis of Chinese Clan Rules: Confucian Theories in Action," in David S. Nivison and Arthur F. Wright, eds. *Confucianism in Action.* Stanford: Stanford University Press, 1959. pp 165-181.

Loch, Henry Brougham. *Personal Narrative of Occurrences during Lord Elgin's Second Embassy to China, 1860.* London, 1869. 298 pp.

Lockhart, William. *The Medical Missionary in China: A Narrative of Twenty Years' Experience.* London, 1861. 104 pp.

Lord Palmerston's Foreign Policy in and out of Europe by a Late Residen in China. London, 1857. 62 pp

Low, D. A. "The Advent of Populism in Buganda," *Comparative Studies in Society and History,* 6.4:424-444 (July, 1964).

Lyman, Stanford M. "Chinese Secret Societies in the Occident: Notes and Suggestions for Research in the Sociologyof Secrecy," *Canadian Review of Sociology and Anthropology,* 1.2:79-102 (1964).

——, W. E. Willmott, and Berching Ho. "Rules of a Chinese Secret Society in British Columbia," *Bulletin of the School of Oriental and African Studies,* University of London, 27.3:530-539 (1964).

Ma, Feng-ch'en. "Manchu-Chinese Social and Economic Conflicts in Early Ch'ing," in E-tu Zen Sun and John de Francis, eds., *Chinese Social History.* Washington, D.C.: American Council of Learned Societies, 1956. pp. 33-51.

Mackie, J. Milton. *Life of Tai-Ping-Wang.* New York, 1857. 370 pp.

MacNair, Harley Farnsworth. *Modern Chinese History: Selected Readings.* Shanghai: Commercial Press, 1923. 922 pp.

Mancall, Mark. "Major-General Ignatiev's Mission to Peking, 1859-1860," *Papers on China,* 10:55-96 (1956).

Map of Gough's attack on May 25, 1841. London: Quartermaster-General's Office, 1841.

Maxwell, Sir Herbert. *The Life and Letters of George William Frederick, Fourth Earl of Clarendon.* 2 vols. London: E. Arnold, 1913.

Mayer, Harold M., and Clyde F. Kohn, eds., *Readings in Urban Geography.* Chicago: University of Chicago Press, 1959. 625 pp.

McPherson, D. *Two Years in China: Narrative of the Chinese Expedition From Its Formation in April, 1840, till April, 1842.* London, 1842. 391 pp.

Meadows, Thomas Taylor. *The Chinese and Their Rebellions,* London, 1856. 656 pp.

——. *Desultory Notes on the Government and People of China.* London, 1847. 250 pp.

Medhurst, W. H. *China: Its State and Prospects, with Especial Reference to the Spread of the Gospel.* London, 1838. 582 pp.

Meisner, Maurice. "The Development of Formosan Nationalism," *The China Quarterly,* 15:91-106 (July-Sept., 1963).

Michael, Franz. "Military Organization and Power Structure of China during the Taiping Rebellion," *Pacific Historical Review,* 18:469-483 (Nov., 1949).

Michie, Alexander. *The Englishman in China during the Victorian Era.* 2 vols. London: W. Blackwood and Sons, 1900. 442 and 510 pp.

Millot, Stanislas. "Extraits des chroniques de Kouang Tcheou Wan," *Bulletin de l'Association Amicale Franco-Chinoise,* 1.6:438-455 (Oct., 1909).

Miyakawa, Hisayuki. "The Confucianization of South China," in A. F. Wright, ed., *The Confucian Persuasion*. Stanford: Stanford University Press, 1960. pp. 21-46.

Morison, J. L. *The Eighth Earl of Elgin: A Chapter in Nineteenth-Century Imperial History.* London: Hodder and Stoughton, 1928. 317 pp.

Morse, Hosea Ballou. "Currency in China," *Journal of the North China Branch of the Royal Asiatic Society,* Vol. XXXVIII.

———. *The International Relations of the Chinese Empire: The Period of Conflict, 1834-1860.* London: Longmans, Green, 1910. 727 pp.

———. *In the Days of the Taipings: Being the Recollections of Ting Kienchang, otherwise Meisun.* Salem, Mass.: Essex Institute, 1927. 434 pp.

———. *The Gilds of China, with an Account of the Gild Merchant or Cohong of Canton.* London: Longmans, Green, 1909.

———. *The Trade and Administration of China.* 3rd ed. London: Longmans, Green, 1921. 505 pp.

Muramatsu, Yuji. "Some Themes in Chinese Rebel Ideologies," in A. F. Wright, ed., *Confucian Persuasion*. Stanford: Stanford University Press, 1960.

Murphy, Rhoads. "The City as a Center of Change: Western Europe and China," *Annals of the Association of American Geograhers,* 44:349-362 (Dec., 1954).

Nevins, John L. *China and the Chinese: A General Description of the Country and Its Inhabitants; Its Civilization and Form of Government; Its Religions and Social Institutions; Its Intercourse with Other Nations; and Its Present Condition and Prospects.* New York, 1869. 456 pp.

Nolde, John J. "The 'Canton City Question,' 1842-1849: A Preliminary Investigation into Chinese Antiforeignism and Its Effect upon China's Diplomatic Relations with the West." Ph.D. thesis, Cornell University, 1956.

———. "The 'False Edict' of 1849," *Journal of Asian Studies,* 20:299-315 (1960).

Oliphant, Laurence. *Narrative of the Earl of Elgin's Mission to China and Japan in the Years 1857, 1858, 1859.* 2 vols. London, 1958.

Owen, David Edward. *British Opium Policy in China and India.* New Haven: Yale University Press, 1934. 399 pp.

Parker, Edward Harper, tr. *Chinese Account of the Opium War.* Shanghai, 1888. 82 pp.

Pelcovits, Nathan A. *Old China Hands and the Foreign Office.* New York: American Institute of Pacific Relations, 1948. 349 pp.

Pickering, W. A. "Chinese Secret Societies," *Journal of the Straits Branch of the Royal*

Asiatic Society, Part I; 1:63-84 (July, 1878); Part II; 3:1-18 (July, 1879).

Pirenne, Henri. "Stages in the Social History of Capitalism," in R. Bendix and S. Lipset, eds., *Class, Status and Power: A Reader in Social Stratification.* London: Routledge and Kegan Paul, 1954. pp. 501-517.

Playfair, G. M. H. *The Cities and Towns of China: A Geographical Dictionary.* Hong Kong, 1879. 417 pp.

Pritchard, Earl H. "The Crucial Years of Early Anglo-Chinese Relations 1750-1800." Pullman, Wash.: Research Studies of the State College of Washington, 4.3-4:95-442 (Sept. and Dec., 1936).

Rait, Robert S. *The Life and Campaigns of Hugh, First Viscount Gough, Field-Marshal.* 2 vols. Westminster: A. Constable, 1903.

Redfield, Robert. "The Social Organization of Tradition," *Far Eastern Quarterly,* 15.1:13-21 (Nov., 1955).

Redford, Arthur. *Manchester Merchants and Foreign Trade, 1794-1858.* Manchester: Manchester University Press, 1934. 251 pp.

Reischauer, Edwin, and John K. Fairbank. *East Asia: The Great Tradition.* Boston: Houghton Mifflin, 1960.

Ribeiro, René. "Brazilian Messianic Movements," *Comparative Studies in Society and History,* suppl. II, 55-59 (1962).

Rowe, David Nelson, ed. *Index to Ch'ing Tai Ch'ou Pan I Wu Shih-mo.* Hamden, Conn.: Shoe String Press, 1960. 855 pp.

——. "Recent Acquisitions of Chinese Diplomatic Archives, Institute of Modern History, Academia Sinica. Taiwan, Republic of China," *Journal of Asian Studies,* 16.3:489-494 (May, 1962).

Scarth, J. *Twelve Years in China: The People, the Rebels, and the Mandarins.* Edinburgh, 1860. 328 pp.

Schafer, Edward H. *The Vermilion Bird: T'ang Images of the South.* Berkeley and Los Angeles: University of California Press, 1967.

Schlegel, Gustave. *Thian Ti Hwui, The Hung League.* Batavia, 1866.

Shepperson, George. "The Comparative Study of Millenarian Movements," *Comparative Studies in Society and History,* Suppl. II, 44-52 (1962).

——. "Nyasaland and the Millennium," *Comparative Studies in Society and History,* Suppl. II, 144-159 (1962).

Shih, Vincent Yu-chung. "The Ideology of the T'ai-p'ing Tien-kuo," *Sinologica,* 3.1:1-16 (1951).

——. "Interpretations of the Taiping Tien-kuo by Non-Communist Chinese Writers,"

Far Eastern Quarterly, 10.3:248-257 (May, 1951).

——. "Some Chinese Rebel Ideologies," *T'oung Pao,* 44.1-3:150-226 (1956).

Simmel, Georg. *The Sociology of Georg Simmel.* Translated, edited with an introduction by Kurt H. Wolff. Glencoe, Ill.: The Free Press, 1950. 445 pp.

Skinner, G. William. *Chinese Society in Thailand: an Analytical History.* Ithaca, N. Y.: Cornell University Press, 1957. 459 pp.

——. *Leadership and Power in the Chinese Community of Thailand.* Ithaca, N.Y.: Cornell University Press, 1958. 363 pp.

——. "Marketing and Social Structure in Rural China," Part I, *Journal of Asian Studies,* 24.1:3-42 (Nov., 1964); Part II, *Journal of Asian Studies,* 24.2:195-228 (Feb., 1965).

Smelser, Neil J. *Social Change in the Industrial Revolution: An Application of Theory to the British Cotton Industry.* Chicago: University of Chicago Press, 1959. 440 pp.

Spector, Stanley. *Li Hung-chang and the Huai Army: A Study in Nineteenth-Century Chinese Regionalism.* Seattle: University of Washington Press, 1964. 359 pp.

Stanton, William. *The Triad Society or Heaven and Earth Association.* Hong Kong: Kelly and Walsh, 1900. 124 pp.

Staunton, Sir GeorgeThomas. *Memoirs.* London, 1856. 232 pp.

Sun, E-tu Zen, and John de Francis. *Bibliography on Chinese Social History.* New Haven: Far Eastern Publications of Yale University, 1952.

Swisher, Earl. "Chinese Intellectuals under Western Impact, 1838-1900," *Comparative Studies in Society and History,* 1.1:26-37 (Oct., 1958).

Tawney, R. H. *Land and Labour in China.* 3rd impression. London: George Allen and Unwin, 1964. 207 pp.

Taylor, G. E. "The Taiping Rebellion, Its Economic Background and Social Theory," *Chinese Social and Political Science Review,* 16.4:545-614 (Jan., 1933).

Teng, S. Y. *New Light on the History of the Taiping Rebellion.* Cambridge, Mass.: Harvard University Press, 1950. 132 pp.

——, and Knight Biggerstaff. *An Annotated Bibliography of Selected Chinese Reference Works.* Cambridge, Mass.: Harvard University Press, 1950. 326 pp.

——, and John K. Fairbank. *Chind's Response to the West.* 2 vols. Cambridge, Mass.: Harvard University Press, 1954. 296 and 84 pp.

Thompson, Edgar T., and Everett C. Hughes, eds. *Race, Individual and Collective Behavior.* Glencoe, Ill.: The Free Press, 1958.619 pp.

Troeltsch, Ernst. *The Social Teaching of the Christian Churches.* Translated by Olive Wyon. 2 vols. New York: Harper, 1960. 1019 pp.

The Truth about Opium-Smoking. Proceedings at a Conference on Opium Smoking held at Exeter Hall in London by Rev. Moule, Rev. Sadler, *et al.* London, 1882. 124 pp.

Tsiang, T. F. (Chiang T'ing-fu). "The Government and Co-hong of Canton, 1839," *Chinese Social and Political Science Review,* 15.4:602-607 (Jan., 1932).

Tuveson, Ernest. "The Power of Believing (Review Article)," *Comparative Studies in Society and History,* 4.4:446-477 (July, 1963).

Twitchett, Denis. "The Fan Clan's Charitable Estate, 1050-1760," in David Nivison and Arthur F. Wright, eds., *Confucianism in Action.* Stanford: Stanford University Press, 1959. Pp. 97-133.

Vargas, Ph. de. "William C. Hunter's Books on the Old Canton Factories," *Yenching Journal of Social Studies,* 2.1:91-117 (July, 1939).

Waley, Arthur. *The Opium War through Chinese Eyes.* London: George Allen and Unwin, 1958. 257 pp.

Wallis, Wilson D. "Socio-Cultural Sources of Messiahs," in Milton Yinger ed., *Religion, Society and the Individual.* New York: Macmillan, 1957. 653 pp.

Wang, Yü-ch'üan. "The Rise of Land Tax and the Fall of Dynasties in Chinese History," *Pacific Affairs,* 9.2:1-220 (1936).

Ward, Barbara E. "A Hong Kong Fishing Village," *Journal of Oriental Studies,* 1:195-214 (1954).

Ward, J. S. M., and W. G. Stirling. *The Hung Society, or the Society of Heaven and Earth.* 3 vols. London: Baskerville Press, 1925-1926. 178, 193, and 148 pp.

Weber, Max. *The Religion of China, Confucianism and Taoism, tr.* and ed. Hans H. Gerth. 2nd printing. Glencoe, Ill.: Free Press, 1959. 308 pp.

Wiens, Harold J. *Chind's March Toward the Tropics.* Hamden, Conn.: Shoe String Press, 1954. 441 pp.

Williams, Lea E. *Overseas Chinese Nationalism: the Genesis of the Pan-Chinese Movement in Indonesia, 1900-1916.* Glencoe, Ill.: Free Press, 1960. 229 pp.

Williams, S. Wells. *The Middle Kingdom: A Survey of the Geography, Government, Literature, Social Life, Arts, and History of the Chinese Empire and its Inhabitants.* 2 vols. London, 1848. 1204 pp.

Wilson, Andrew. *The "Ever-Victorious Army."* London, 1868. 395 pp.

Wilson, Bryan A. "Millennialism in Comparative Perspective," *Comparative Studies in Society and History,* 5.1:93-114 (Oct., 1963).

Wu, Hung-chu. "China's Attitude Toward Foreign Nations and Nationals Historically Considered," *Chinese Social and Political Science Review,* 10.1:13-45 (Jan., 1926).

Wu, James T. K. "The Impact of the Taiping Rebellion on the Manchu Fiscal System,"

Pacific Historical Review, 19:265-275 (Aug., 1950).

Wynne, Mervyn Llewelyn. *Triad and Tabut. A Survey of the Origin and Diffusion of Chinese and Mohammedan Secret Societies in the Malay Peninsula,* A. D. 1800-1935. Singapore: Government Printing Office, 1941. 540 pp.

Yang, C. K. "The Functional Relationship Between Chinese Thought and Chinese Religion," in John K. Fairbank, ed., *Chinese Thought and Institutions.* Chicago: University of Chicago Press, 1957. pp. 269-290.

———. *Religion in Chinese Society: A Study of Contemporary Social Functions of Religion and Some of Their Historical Factors.* Berkeley and Los Angeles: University of California Press, 1961. 473 pp.

Yap, P. M. "The Mental Illness of Hung Hsiu-Ch'üan, Leader of the Taiping Rebellion." *Far Eastern Quarterly,* 13.3:287-304 (May, 1954).

Yinger, J. Milton. Religion, *Society and the Individual: An Introduction to the Sociology of Religion.* New York: Macmillan, 1957. 653 pp.

Yuan, Chung-teng. "Reverend Issachar Jacox Roberts and the Taiping Rebellion," *Journal of Asian Studies,* 23.1:55-68 (Nov., 1963).

Yuan, Tung-li. *China in Western Literature.* New Haven: Yale University Press, 1958.

———. *Economic and Social Development of Modern China. A Bibliographical Guide.* New Haven: Human Relations Area Files, 1956.

图书在版编目（CIP）数据

大门口的陌生人：1839—1861年中国南方的社会动乱：全新译本 /（美）魏斐德著；梁禾译． —— 北京：新星出版社，2022.10（2025.2重印）
ISBN 978-7-5133-4895-9

Ⅰ．①大… Ⅱ．①魏… ②梁… Ⅲ．①广东-地方史-1839-1861 ②鸦片战争(1840-1842)-史料 Ⅳ．① K296.5 ② K253.06

中国版本图书馆 CIP 数据核字（2022）第 056851 号

大门口的陌生人：1839—1861年中国南方的社会动乱

[美]魏斐德 著；梁禾 译

责任编辑：李文彧
责任校对：刘 义
责任印制：李珊珊
封面设计：冷暖儿

出版发行：新星出版社
出 版 人：马汝军
社　　址：北京市西城区车公庄大街丙3号楼　　100044
网　　址：www.newstarpress.com
电　　话：010-88310888
传　　真：010-65270449
法律顾问：北京市岳成律师事务所

读者服务：010-88310811　　service@newstarpress.com
邮购地址：北京市西城区车公庄大街丙3号楼　　100044

印　　刷：北京天恒嘉业印刷有限公司
开　　本：660mm×970mm　　1/16
印　　张：15.75
字　　数：210千字
版　　次：2022年10月第一版　　2025年2月第三次印刷
书　　号：ISBN 978-7-5133-4895-9
定　　价：68.00元

版权专有，侵权必究；如有质量问题，请与印刷厂联系调换。